高校思想政治理论课"四位一体"立体化
GAOXIAO SIXIANG ZHENGZHI LILUN KE "SIWEIYITI" LITIHUA

实践教学研究
SHIJIAN JIAOXUE YANJIU

李玉杰 著

河南大学出版社
HENAN UNIVERSITY PRESS

·郑州·

图书在版编目(CIP)数据

高校思想政治理论课"四位一体"立体化实践教学研究/李玉杰著. -- 郑州:河南大学出版社,2022.3
(高校思政课"四位一体"立体化实践教学论丛/马福运,蒋占峰总主编)
ISBN 978-7-5649-5063-7

Ⅰ.①高… Ⅱ.①李… Ⅲ.①高等学校-思想政治教育-教学研究-中国 Ⅳ.①G641

中国版本图书馆 CIP 数据核字(2022)第 049369 号

责任编辑		任湘蕊
责任校对		时 娇
封面设计		翟淼淼
出版发行		河南大学出版社
	地 址:	郑州市郑东新区商务外环中华大厦2401号
	邮 编:	450046
	电 话:	0371-86059701(营销部)
	网 址:	hupress.henu.edu.cn
排 版		郑州市今日文教印制有限公司
印 刷		河南瑞之光印刷股份有限公司
版 次		2022年3月第1版
印 次		2022年3月第1次印刷
开 本		710 mm × 1000 mm 1/16
印 张		14
字 数		230千字
定 价		45.00元

版权所有·侵权必究
本书如有印装质量问题,请与河南大学出版社营销部联系调换。

推动高校思政课"四位一体"立体化实践教学走深走实（总序）

高校思想政治理论课（以下简称"思政课"）实践教学是思政课教学的重要组成部分，是课堂教学的重要延伸和必要补充，是增强思政课亲和力、感染力和针对性、实效性的关键环节。2008年以来，河南师范大学根据中宣部、教育部颁布的《关于进一步加强和改进高等学校思想政治理论课的意见》，充分利用河南省红色文化资源丰富、精品多、区域特色明显等特点，依托"中国共产党革命精神与中原红色文化资源研究中心"，以"寓道于业、寓教于策、寓学于做、共同成长"为理念，以"深度参与、深度体验、深度整合、深度支撑"为主旨，统筹课内课外、校内校外、网上网下四维空间，探索形成了CPBN实践教学模式，极大地推进了实践教学的课程化、规范化建设，受到学界同行和主流媒体的广泛关注。

河南师范大学通过深入实施课堂叙事式教学、平台情景式教学、基地体验式教学、网络延展式教学四者相互渗透、有机融合、功能互补的"四位一体"立体化实践教学模式，成功协调并充分利用校内外教育教学资源，形成了思政课教学的新视野和大格局。

所谓课堂叙事式教学，指充分利用省内外红色文化资源，挖掘、整合"红色故事"所蕴含的教育主题，根据"小故事大主题、语言通俗易懂、贴近学生实际"的原则，按照"抓重点、有研究、讲故事、在主流"的要求，结合教材内容和知识点，凝练出"红旗渠工程与群众自觉""南水北调精神与党的群众路线""焦裕禄精神与党的工作作风"等不同教学主题，开展以"红色故事"为载体的课堂叙事式教学，诠释红色文化的历史积淀和时代价值；聘请"全国优秀乡镇党委书记"吴金印、"中国十大女杰"刘志华、"全国劳动模范"张荣锁、

"中国十大杰出青年农民"裴春亮、"全国道德模范"范海涛等8位新乡市先进群体代表人物,担任我校思想政治理论课特聘教授,走进思想政治理论课堂,开展叙事式教学活动,强化课堂教学的叙事性和说服力。

所谓平台情景式教学,指充分利用集开发、移植、整合、展演、制作于一体的多功能实践教学平台,以及微格教学系统、"口袋"博物馆、影视楼梯、理论回廊等设施,根据课程内容特点,把相关红色文化资源涉及的人物、故事、事件及调研报告、采访内容等,通过鉴赏型、活动型、研究型、模拟型、仿真型等教学形式,把教师的"教"演化在实践活动的策划之中,把学生的"学"转换在探究与体验的行动之中。结合专业特色,整合校园文化活动、社会实践活动、社团活动等校内载体,由团学工作系统和马院协商确定教学主题,教师拟定实践教学大纲,辅导员组织教学实践活动,推动大学生日常思想政治工作与思政课教学优势互补。成功组织了大学生暑假社会实践及成果展、五四主题歌会、未来学院青马班、党的创新理论宣讲、草地音乐节、社团文化展演、"思辨杯"辩论赛等实践教学活动。

所谓基地体验式教学,指先后在红旗渠干部学院、七里营刘庄、"改革先锋"吴金印所在的唐庄、"太行赤子"张荣锁所在的辉县回龙村等处,建立了10个校外实践教学基地,组织不同专业大学生代表,到红旗渠精神、大别山精神、焦裕禄精神、愚公移山精神、新乡先进群体精神等发祥地开展实践教学,通过参观考察、调研访谈或劳模授课,引导学生带着问题去感受历史,亲身了解和感悟先进事迹、了解红色历史遗存、追寻革命先辈足迹。每次活动结束后,不仅印制图文并茂的大学生实践教学论文集,而且由学生代表制作PPT进行朋辈讲授,分享实践教学的体会和收获。为了更好地开展基地体验式教学,学院每年组织教师到全国实践基地进行研修,先后出版了《红旗渠精神与大学生思想政治教育》《长征精神与大学生思想政治教育》《改革开放精神与大学生思想政治教育》等研修成果集。

所谓网络延展式教学,指依托多媒体、数据库、虚拟现实和网络通信等技术,建立共享性网络学习教学平台。一方面,通过学院网站的红色文化版块、网络精品教学资源等开展网络教学,不断提高教学内容的广度和深度;通过学院和校团委公众微信号,及时把"六个一"红色文化育人工程、《青春献礼十九大》《以青年的名义》、爱国三行诗征集、十九大报告原文诵读等活动向大学生推送。另一方面,建设"中国共产党革命精神仿真实践教学"项目,让大学生通过操控计算机、手机等终端平台,就能在实时互动的虚拟环境中体验红色文化资源蕴含的中国共产党革命精神。目前,已经上线运行的"红旗渠精神""冀鲁豫边区革命斗争史"虚拟教学获得省级立项,焦裕禄精神、大别山精神等实践教学项目已经上线,并不断拓展全国红色文化教学资源。

河南师范大学"四位一体"立体化实践教学模式,实现了对机制、资源、功能等现有实践教学要素的深度整合,实现了教学主体的同频共振,推动了课堂教学与实践教学同向同行。

实现了对思政课实践教学机制的深度整合。其一,明确目标管理机制,推动实践教学规范化。由学校教务部门主导,将思政课实践教学纳入教学计划和教学大纲;由学校思政课指导委员会宏观指导、马克思主义学院具体实施,精细化目标管理。其二,完善教学运行机制,提升实践教学效果。改变思政课教师单兵作战的实践教学运行机制,把学校相关部门教师、团学干部等纳入实践教学团队,吸收校外实践教学基地和党校、干部学院的相关教师。其三,创新考核评价机制,提高实践过程占比。打破以往学生成绩的单向结果性考试,增加了对学生调研报告、心得体会、师生互动等实践教学效果的过程化考核,实现了思政课过程考核与结果考核的统一。

实现了对思政课实践教学资源的深度整合。一则,对校内资源进行归类整合,实现资源效益最大化。主要包括:校史馆、荣誉馆、自然资源馆等校内文化设施;专门建设的思政课实践教学场所;大学生社团活动、红色电影节、社会实践活动等主题鲜明的校园文化活动。一则,对校外资源进行挖掘整合,达到社会力量同向化。本课题不仅通过开展实践教学、课题合作、协同育人等,整合了校外红色文化教育基地和先进典型地区的教育资源,而且整合了先进典型单位和模范先进人物等校外人力资源。一则,对线上资源进行创新整合,促成实践教学超时空化。利用信息技术,整合网络资源,创新课堂教学方法和实践教学形式,整合了网络教学资源。

实现了对思政课实践教学功能的深度整合。首先,着力深化学生的理论认知。通过不同场域的生动讲授、亲身体验和双向交流,增强学生对教材知识体系的理解以及对马克思主义的理论认同。其次,着力增进学生的爱国情感。在全程参与体验式教学或情景式教学的过程中,大学生能够切身感受中国特色社会主义的蓬勃生机,以及人民群众不断增强的获得感和幸福感,从而在双向交互作用中产生爱国情、强国志。最后,着力锻炼学生的综合能力。

在全程参与立体化实践教学的过程中,学会与不同阶层的群众打交道,学会用马克思主义的世界观和方法论观察当代中国、解读现实问题、指导社会服务,在锻炼中提升能力。

近几年来,全国各高校积极深化思政课教育教学改革,在探索中形成了一些具有学校和区域特色的实践教学模式,但是这些模式在学生参与程度、教学组织形式、效果反馈方式、长期运行机制等方面,还存在一些亟待改进的薄弱环节。而河南师范大学"四位一体"立体化实践教学模式,正是基于解决这些现实困惑而进行的有益探索。

克服了实践教学方法单一的问题。目前,由于认识和场域的限制,高校的思政课实践教学方法相对单一,往往只局限于考察、调研和参观等校外实践活动,或者与大学生的第二课堂互换概念。"四位一体"立体化实践教学模式打破了课堂、校园、社会和网络的界限,通过多样化教学方法实现了不同场域的优势互补。比如,平台情景式教学把讲台让给学生,让学生在演出、鉴赏、辩论、抢答、分享等活动中,深化对课本知识的理解和把握;基地体验式教学通过现场体验、口述史收集、参观红色遗存等形式,增强对中国共产党革命精神的体会和对中国特色社会主义的认同。

克服了大学生不能全员参与的局限。由于学生数量太多、班级规模过大,受制于安全、经费、接待等因素,大部分高校难以组织全体学生走出校门"现场体验",从而使实践教学成为"精英"活动。有些学生甚至认为,实践教学就是变相观光旅游,参加这样的活动简直是浪费时间。而在"四位一体"立体化实践教学中,深度参与和体验已经成为不可或缺的部分,每个学生都要参与其中并且有所作为。比如,平台情景式教学与课堂叙事式教学"混搭"进行,全体学生分组确定实践内容,从写剧本、做道具,到现场展示等,实现了全程参与、充分讨论、共同展示。

克服了实践教学效果难以呈现的难题。在以往一些思政课实践活动中,由于实践教学基地少、组织随意性大、不能全员参与等因素,学生不能得到持久的实践体验,部分老师为了应付这个"规定动作",只好在假期布置返乡社会调查,教学效果因此很难真实呈现。而"四位一体"立体化实践教学模式则很好地解决了这个问题。比如,通过课堂叙事式教学,学生可以在系统掌握教材知识体系的基础上,接受教师的实践教学设计和安排,教师也可以了解其他实践教学方式的效果;通过网络延展式教学中的即时答疑、话题引领、效果调查、作业检查、随堂考试等，可以现场呈现课堂教学和实践教学的实际效果。

克服了实践教学难以长效运行的弊端。"四位一体"立体化实践教学模式有效克服了因教师数量不足、学时和学分没有保证、实践教学没有抓手等造成的思政课实践教学"走过场"弊端。其一，通过健全体制机制，实现了对校内教学管理机构、宣传思想工作部门、团学工作系统的深度整合，为思政课实践教学常态化提供了组织保障。其二，立体化实践教学模式通过对校内资源、社会资源以及线上资源的深度整合，为思政课实践教学常态化提供了条件基础。其三，立体化实践教学模式实现了"课堂教学实践化"和"实践教学课堂化"，为思政课实践教学常态化提供了内在动力。

实施十几年来，"四位一体"立体化实践教学模式有效增强了学生学习的主动性、创造性和合作性，达到了"深度理解、情感接受、内化于心"的教学效果，推动思政课教学不断创新内容、形式和方法，提升了全体教师的教育教学技能，得到广泛认可和一致好评。

一是实践教学成果显著。"四位一体"立体化实践教学模式有效调动了大学生上思政课的积极性和获得感，荣获河南省高等教育教学成果特等奖；精心打造思政课实践教学案例，其中7项分别获"高校思想政治理论课实践教学优秀教学方案"一、二、三等奖；依托本研究项目获批近10项省级教改项目，发表教改论文近20篇，获得省级教学成果特等奖4项、一等奖3项；组织学生开展红旗渠精神口述史研究，已经完成110位修渠劳模的口述史采集与整理工作，发掘和保护了红旗渠精神研究的第一手资料，《太行记忆——红旗渠精神口述史》即将出版；2名教师获河南省思政课教学技能大赛一等奖、全国二等奖，1名教师获"全国思政课教学能手"，1名教师入选国家万人计划教学名师，1名教师荣获全国思政课教师奖教金二等奖，1名教师入选"全国思政课2017年度影响力标兵人物"，1名教师代表河南省思政课教师参加了习近平总书记主持召开的学校思想政治理论课教师座谈会；根据"四位一体"立体化实践教学理念申报的"全国思政课教师实践研修基地"，先后完成了对吉林大学、武汉大学等全国100多所高校近3000名教师的研修任务；依托"四位一体"立体化实践教学模式申报的"全国思政课名师工作室"、教育部哲学社会科学重大招标项目"'大思政课'的理论与实践研究"均获批立项。

二是实践教学形成品牌。2017年3月，在全省高校思想政治工作会议上，河南省委书记、省人大常委会主任谢伏瞻指出："像河南师范大学探索形成的课堂叙事式教学、实践教学基地体验式教学、实践教学平台情景式教学三者相互渗透、有机融合、功能互补的立体化实践教学模式，就取得了很好的效果，值得学习借鉴。"近几年来，时任河南省委书记卢展工、中央编译局局长贾高建、教育部社科司司长杨光、省纪委书记任正晓、省委宣传部部长江凌、省委统战部部长孙守刚、教育厅厅长郑邦山等领导，先后莅临学院或实践教学平台指导实践教学。《人民日报》《中国教育报》《河南日报》、人民网、学习强国、中国网、中青在线、《东方今报》、猛犸新闻等媒体先后进行了长篇报道。郑州大学博士生导师谷佳媚教授在《湖州师范学院学报》发表论文，对河南师范大学的"四位一体"立体化实践教学模式进行了系统分析并给予充分肯定。

三是教学模式得到推广。河南师范大学"四位一体"立体化实践教学模式，得到了国内同行的一致认可。兰州大学、南京师大、海南大学、首都师大、郑州大学等30多所高校的同行先后莅临考察交流；几十位马克思主义理论学界著名专家先后莅临学院讲课或指导工作；研究成果已被全国15所高校采用。其中，郑州航空工业管理学院采用"四位一体"立体化实践教学模式开展实践教学的理论成果，在《郑州航空工业管理学院学报》发表；漯河食品职业学院按照"四位一体"立体化实践教学理念开展实践教学的情况，先后在《漯河日报》《中国教育报》《中国食品报》报道；开封大学根据"四位一体"立体化实践教学模式开展实践教学的成果，在《河南教育》杂志发表。

为了把"四位一体"立体化实践教学模式固化下来，并在教学实践中不断完善和丰富这一成果，河南师范大学马克思主义学院设立了6项实践教学重点项目，推出了这套集理论性、实践性、指导性于一体的高校思政课"四位一体"立体化实践教学论丛。论丛共由6本书组成，1本为系统阐释"四位一体"立体化实践教学模式的综合性理论成果，其余5本系5门思政课程开展"四位一体"立体化实践教学具体过程的总结。论丛由马福运和蒋占峰担任总主编，李玉杰、米庭乐、马福运、刘瑞红、闫立超、范彬分别担任6本书的主编。本论丛是河南师范大学多年来开展思政课实践教学的经验总结，其中尚有不足之处，恳请各位专家批评指正。

马福运　蒋占峰
2022年元月于河南师范大学

目 录

第一章 高校思想政治理论课实践教学的理论渊源 ·········· 1
  一、高校思想政治理论课实践教学的思想溯源 ·········· 1
  二、高校思想政治理论课实践教学的学科理论基础 ·········· 17
  三、高校思想政治理论课实践教学的功能和意义 ·········· 24

第二章 高校思想政治理论课实践教学的政策回顾 ·········· 28
  一、社会主义过渡时期的政策初创(1949—1956) ·········· 28
  二、社会主义建设时期的政策曲折(1956—1976) ·········· 38
  三、改革开放进程中的政策发展(1976—2012) ·········· 48
  四、新时代的守正与创新(2012—2020) ·········· 58

第三章 高校思想政治理论课实践教学的基本经验 ·········· 62
  一、高校思想政治理论课实践教学实施的案例综述 ·········· 62
  二、高校思想政治理论课实践教学的现实要求 ·········· 79
  三、高校思想政治理论课实践教学的经验总结 ·········· 85

第四章 高校思想政治理论课实践教学的主要范式 ·········· 89
  一、高校思想政治理论课实践教学范式的意义源流 ·········· 90
  二、高校思想政治理论课实践教学的实施模式 ·········· 101
  三、高校思想政治理论课实践教学范式的经验分析 ·········· 112

第五章 高校思想政治理论课实践教学的问题梳理 ·········· 117
  一、高校思想政治理论课实践教学存在的主要问题 ·········· 117
  二、高校思想政治理论课实践教学问题的原因分析 ·········· 124

三、高校思想政治理论课实践教学效果的提升对策 …………… 129

第六章 "四位一体"的立体化实践教学模式探索 …………… 141
  一、思想政治理论课立体化实践教学的含义和设计 ………… 141
  二、思想政治理论课立体化实践教学的目标和原则 ………… 145
  三、思想政治理论课立体化实践教学的内容和形式 ………… 149
  四、思想政治理论课立体化实践教学的支撑和优化 ………… 155

第七章 "四位一体"立体化实践教学模式的现实省思 ……… 161
  一、构建立体化实践教学模式的理论支撑 …………………… 161
  二、"四位一体"立体化实践教学的资源整合 ………………… 168
  三、"四位一体"立体化实践教学的评价机制 ………………… 172
  四、健全立体化实践教学的制度保障机制 …………………… 178

附录：深度融合、深度支撑、深度体验
  ——基于河南师范大学思政课"四位一体"立体化实践教学的探索
  ………………………………………………………………… 183
  一、深度融合："四位一体"立体化实践教学模式的探索 …… 184
  二、深度支撑：构建高校思政课实践教学长效机制 ………… 191
  三、深度体验：高校思政课实践教学的基本功能 …………… 203

参考文献 ……………………………………………………………… 211
后记 …………………………………………………………………… 213

第一章　高校思想政治理论课实践教学的理论渊源

实践教学不仅是高校培养人才的重要途径，也是重要的教学方法，对增强大学生思想政治教育的有效性具有重要意义。开展有效的实践教学离不开理论的指导与思想的借鉴，实际上，古今中外许多教育家、哲学家都为今天的实践教学留下了诸多宝贵的思想源泉。本章简要概述了国内外关于实践教学思想的溯源和理论借鉴，包括马克思主义科学实践观、中国共产党的实践教学理论、中国古代实践育人思想以及西方实践育人思想理论等。

一、高校思想政治理论课实践教学的思想溯源

实践教学是高校思想政治理论课教学的重要组成部分，加强对实践教学的理论研究，从理论层面上阐明实践教学的理论基础，是高校思想政治理论课改革创新的重要组成部分，也是落实立德树人根本任务的基本要求。

（一）马克思主义科学实践观

马克思和恩格斯提出并创立的科学实践观，经历了酝酿、形成和成熟三个发展阶段。以《关于费尔巴哈的提纲》和《德意志意识形态》为代表的作品标志着马克思主义唯物史观的创立和实践观的成熟。从马克思主义形成和发展的历史来看，科学的实践概念和实践观是构建马克思主义哲学体系的核心和基本内容。马克思主义认为，人的认识不是来自人的精神或感觉，而是建立在实践的基础上，是主体作用于客体的能动过程，实践是人们改造客观世界的一切物质性活动，通过实践人们可以把大脑中的观念转变为现实

存在。

1. 辩证唯物主义认识论

马克思主义认识论反对唯心主义先验论,和旧唯物主义认识论相比,二者的共同点是都坚持唯物主义反映论和可知论。不同的是,旧唯物主义的认识论是一种照镜子式的直观、消极、被动的反映论。而马克思主义认识论认为,人的认识具有能动性和创造性。马克思主义哲学认为实践是认识的源泉,是认识产生和发展的动力,是检验认识真理性的唯一标准,也是认识的最终目的和归宿。

(1) 实践是认识的源泉

黑格尔认为劳动不仅具有社会性和普遍性,从根本上来说,劳动是"自我意识"真正得以自由的环节,是"精神"的自我异化并扬弃异化达到自身统一的一种活动方式。但是马克思始终坚持认为唯物主义是实践的哲学基础,同时认为自然界不仅是人类实践的基础,也是实践改造的对象。马克思说:"观念的东西不外是移入人的头脑并在人的头脑中改造过的物质的东西而已。"①因为人的认识对象是客观世界,而认识本身是主体对于客观世界的反映。要实现这种反映就要与客观世界发生联系,而实践能够把主、客观联系在一起。人们通过感官将客观世界反映到头脑中,使人们能够去认识客观世界。正如马克思在《1844年经济学哲学手稿》里说的:"没有自然界,没有感性的外部世界,工人什么也不能创造。它是工人的劳动得以实现、工人的劳动在其中活动、工人的劳动从中生产出和借以生产出自己的产品的材料。"②正是由于实践,主体对客体的反映才能成为可能,在实践中人们才能逐渐地认识事物本身以及事物之间的联系。所以马克思主义认为,人的认识离不开实践,否则任何人都无法获得正确的认识。但这并不是否认学习间接经验的重要性和必要性,人的精力和生命力都是有限的,不可能事事躬亲,所以大多数认识是通过间接方式获得的,只有把间接经验和直接经验相结合,才能形成比较完整的知识。

---

① 中共中央马克思恩格斯列宁斯大林著作编译局编译《马克思恩格斯选集》第 2 卷,人民出版社,1995,第 112 页。

② 马克思:《1844 年经济学哲学手稿》,中共中央马克思恩格斯列宁斯大林著作编译局编译,人民出版社,2000,第 53 页。

(2) 实践是认识产生和发展的动力

人们的认识随着实践的发展而发展。首先,实践是认识的动力。实践的发展为认识提出了新的问题,要求人们从事新的探索,促使人们去研究新的事物。人们也正是在这种不断实践,不断产生新认识、新课题,又不断研究和解决这些新课题的过程中提高自己的认识能力,不断获得新知识,推动认识不断向前发展。恩格斯说:"社会一旦有技术上的需要,这种需要就会比十所大学更能把科学推向前进。"①其次,实践促使人的认识能力得到不断的发展和提高。人们不断地实践不断地发现新事物、解决新问题,使自己的主观认识更加符合客观,提高自己的认识能力。不仅如此,实践的发展也不断地创造出新的认识手段,这些新手段也提高了人们认识世界的能力。恩格斯说:"人在怎样的程度上学会改变自然界,人的智力就在怎样的程度上发展起来。"②意思是说人们改造世界的能力达到什么程度与人们的智力水平和认识能力相吻合。

(3) 实践是检验认识真理性的唯一标准

马克思说:"人的思维是否具有客观的真理性,这不是一个理论的问题,而是一个实践的问题。人应该在实践中证明自己思维的真理性,即自己思维的现实性和力量,自己思维的此岸性。"③这说明,实践是检验认识真理性的唯一标准。检验认识的真理性就是检验主观与客观是否符合以及符合的程度。所以,既不能在主观意识的范围内找根据,也不能以客观事物为标准,只能通过实践将主观与客观联系起来,因此认识是否具有真理性,只能通过实践来检验。

(4) 实践是认识的目的

马克思在《关于费尔巴哈的提纲》中说:"哲学家们只是用不同的方式解释世界,而问题在于改变世界。"④科学理论的真正价值就在于回到实践中去为实践服务。正确地认识客观事物是为了有效地改造客观世界,我们认识一个事物的原理和规律是为了指导实践,所以认识本身不是目的,最终目的是

---

① 中共中央马克思恩格斯列宁斯大林著作编译局编译《马克思恩格斯选集》第4卷,人民出版社,1995,第732页。

② 中共中央马克思恩格斯列宁斯大林著作编译局编译《马克思恩格斯选集》第4卷,第329页。

③ 中共中央马克思恩格斯列宁斯大林著作编译局编译《马克思恩格斯选集》第1卷,人民出版社,1995,第55页。

④ 中共中央马克思恩格斯列宁斯大林著作编译局编译《马克思恩格斯选集》第1卷,第61页。

改变客观世界,正确有效指导实践,这也是认识客观事物的价值所在,否则就失去了认识的意义。毛泽东也说过,无产阶级认识世界,只是为了改造世界,此外再无别的目的。

2. 教育与生产劳动相结合理论

教育与生产劳动相结合理论对教育思想史产生了深远的影响,早在资本主义萌芽初期,有些进步思想家和教育家就发现了生产劳动的教育意义,并产生了把教育同生产劳动相结合作为实现人全面发展的手段的朴素思想。马克思和恩格斯批判地继承了历史上有关教育与生产劳动相结合的思想,根据历史唯物主义,对在现实大生产基础上产生的现代教育思想给予了科学的解释,形成了马克思主义教育与生产劳动相结合理论。

(1) 教育与生产劳动相结合是造就人全面发展的唯一方法

人实现自身全面发展的实质,是个性的全面发展并在此基础上实现脑力劳动与体力劳动相结合。马克思从欧文的教育与生产劳动相结合的实践中看到社会发展的未来方向,他说:"正如我们在罗伯特·欧文那里可以详细看到的那样,从工厂制度中萌发了未来教育的幼芽,未来教育对所有已满一定年龄的儿童来说,就是生产劳动同智育和体育相结合,它不仅是提高社会生产的一种方法,而且是造就全面发展的人的唯一方法。"①教育与生产劳动相结合,对个人实现脑力、智力等全面发展具有特别重要的意义,教育与生产劳动相结合是提高社会生产的一种方法。

马克思说:"劳动生产力是由多种情况决定的,其中包括:工人平均熟练程度,科学的发展水平和它在工艺上应用的程度,生产过程的社会结合,生产资料的规模和效能,以及自然条件。"②在诸多因素中,科学在生产上的应用成了提高生产力的关键。这就是现代大工业的突出特点,它不仅对生产水平、生产技术做了科学的要求,同时也对劳动力素质提出了要求。正如列宁所说:"没有年轻一代的教育和生产劳动的结合,未来社会的理想是不能想象的:无论是脱离生产劳动的教学和教育,或是没有同时进行教学和教育的生

---

① 中共中央马克思恩格斯列宁斯大林著作编译局编译《马克思恩格斯全集》第23卷,人民出版社,1972,第530页。

② 中共中央马克思恩格斯列宁斯大林著作编译局编译《马克思恩格斯全集》第23卷,第53页。

产劳动,都不能达到现代技术水平和科学知识现状所要求的高度。"①

(2) 教育与生产劳动相结合是树立正确劳动观的有效途径

教育同生产劳动相分离容易让人产生轻视劳动、轻视劳动人民的意识。资本主义剥削的产生是建立在旧的劳动分工基础上的,而旧的社会分工和生产关系造成了人的片面发展,其基本特征就是脑力劳动与体力劳动的分离和对立。教育与生产劳动相结合是消灭旧分工的有利因素,只有人人都参加劳动、人人都是生产者才会改变轻视劳动、轻视劳动人民的旧观念。通过教育与生产劳动的结合,消灭旧分工,改造旧的社会关系,当人人都是生产者的时候就会逐渐树立起正确的劳动观念,形成热爱劳动、崇尚劳动的正确思想。

(二) 中国共产党的实践教学理论

实践教学和课堂教育是高等教育体系的两个基本组成部分。实践教学作为课堂教育的必要延伸和素质教育的重要载体,对于提高大学生的思想道德素质和科学文化素养起着重要的作用。中国共产党历来重视大学生的实践教育,将教育与生产劳动相结合贯穿大学生教育始终。

1. 毛泽东实践教育思想

毛泽东不仅是伟大的无产阶级革命家、战略家、军事家、理论家,同时也是伟大的无产阶级教育家。毛泽东用"认识与实践关系"引出"知与行的关系",用"认识"范畴改造"知"范畴,用"实践"范畴改造"行"范畴,使中国思想史上的"知行观"发生了革命性变革。毛泽东在《实践论》中把实践分为三种:物质生产实践、改造社会关系实践及科学实验实践。以毛泽东为代表的中国共产党在领导中国革命和建设的伟大实践中,十分重视教育事业,把马克思主义、列宁主义关于教育的基本原理同我国的具体教育实践相结合,形成了毛泽东教育思想。毛泽东教育思想的核心始终十分明确,强调学校应该把握教育的服务方向,指出教育的任务是要解决好为谁培养人、培养什么样的人的根本问题。毛泽东认为,教育作为无产阶级革命事业的一部分,必须坚持教育为党的中心工作服务,为无产阶级政治服务。在抗日战争时期,毛泽东曾明确指出:"教育为长期抗战服务,为边区生产建设服务。"在党的工

---

① 中共中央马克思恩格斯列宁斯大林著作编译局编译《列宁全集》第 2 卷,人民出版社,1984,第 461 页。

作重心由农村转移到城市、由革命转向建设的关键时刻,他指出:"处在新形势下教育工作的首要任务是培养大批有文化知识、科学技术和革命思想的各种知识分子,以适应建设的需要。"而在全面建设社会主义初始阶段,毛泽东根据全国教育界对教育方针的讨论意见,明确提出了"教育必须为无产阶级政治服务,必须与生产劳动相结合"。教育与生产劳动相结合主要是为了培养人,提高教育质量,提高人的整体素质,使人得到全面的发展。毛泽东认为,通过生产劳动可以对学生进行劳动教育,使其树立正确的劳动观念和劳动态度,培养热爱劳动、热爱人民的思想情感,树立起全心全意为人民服务的世界观。毛泽东提出的教育与生产劳动相结合的内涵包括四个方面:一是知识分子与工农相结合;二是脑力劳动与体力劳动相结合;三是理论与实践相结合;四是学用相结合。把学习的理论知识运用到实际生活中去,是教育与生产劳动相结合的重要标志。学生参加生产劳动可以把书本上的理论知识应用于劳动生产实践,更能促进知识的内化。学生通过参加生产劳动实践,不仅获得了能力的培养与锻炼,同时也增强了体魄,对于德、智、体三方面的教育都有着重要的意义。

2. 邓小平实践教育思想

邓小平教育思想是毛泽东教育思想的继承和发展。邓小平的教育思想紧紧围绕教育要面向现代化、面向世界、面向未来,以培养有理想、有道德、有文化、有纪律的社会主义接班人为目标。在实践教育方面,邓小平始终坚持教育与生产劳动相结合,让青年人在实践中受教育、长才干。邓小平实践教育思想主要体现在以下三个方面:第一,根据当时的社会实际情况,他认为实践教育的方式主要是生产劳动,并且进一步提出,整个教育事业必须同国民经济发展的要求相适应。邓小平说:"为了培养社会主义建设需要的合格人才,我们必须认真研究在新的条件下,如何更好地贯彻教育与生产劳动相结合的方针。马克思、恩格斯、列宁和毛泽东同志都非常重视教育与生产劳动的结合,认为在资本主义社会里这是改造社会的最强有力的手段之一。在无产阶级取得政权之后,这是培养理论与实际结合、学用一致、全面发展的新人的根本途径,是逐步消灭脑力劳动和体力劳动差别的重要措施。"[①]第二,他认为实践教育是层次递进、阶段相连的,需要精心设计。邓小平说:"现代经

[①] 邓小平:《邓小平文选》第2卷,人民出版社,1994,第107页。

济和技术的迅速发展,要求教育质量和教育效率的迅速提高,要求我们在教育与生产劳动结合的内容上、方法上不断有新的发展。要做到这一点,各级各类学校对学生参加什么样的劳动,怎样下厂下乡,花多少时间,怎样同教学密切结合,都要有恰当的安排。"①第三,他把实践教学作为一个基本的方法和根本指导思想。邓小平主张从中国的基本国情出发,探索符合中国实际的、具有中国特色的社会主义教育道路,摆脱我国长期以来单一呆板的教育模式,形成充满活力的多层次、多形式的教育体系。邓小平不再把"生产劳动"简单地理解为某一具体的劳动项目,而是指整个社会经济建设的广泛领域。因此,他认为实践教育不仅是培养接班人的一种教育方法,而且是发展教育的根本之路。

3. 江泽民实践教育思想

江泽民教育思想是"三个代表"重要思想的组成部分,是对毛泽东教育思想、邓小平教育思想的继承和发展。江泽民教育思想内容丰富,其中教育创新思想是江泽民教育思想的精髓。在实践教学方面,江泽民多次提出:"我们的思想政治工作在继承和发扬优良传统的基础上,必须在内容、形式、方式、方法、手段、机制等方面努力进行创新和改进,特别要在增强时代感和加强针对性、实效性、主动性上下功夫。"②江泽民关于教育创新方法的论述,主要从微观的角度,提出教师必须转变"单向灌输"的教学方法,提倡师生在教学过程中相互交流、相互启发、相互激励。江泽民把培养学生的"实践能力"和"创新精神"相提并论,认为实践是创新的基础,只有通过实践才能达到创新的目的。江泽民提出寓思想政治教育于日常生活中,他在第三次全国教育工作会议上指出:"事实已经充分说明,象牙塔式的教育,不能适应当今时代的需要。教育与经济、科技、社会实践越来越紧密的结合,正在成为推动科技进步和经济社会发展的重要力量。"③因此,学校教育应构建起课堂教学为主、学校与社会相联系的新形式。

4. 胡锦涛实践教育思想

胡锦涛十分重视青年的教育工作,他的教育思想是毛泽东、邓小平、江泽民等同志的教育思想在新时期新阶段的创新发展,是马克思主义教育理论与

---

① 邓小平:《邓小平文选》第2卷,第107页。
② 江泽民:《江泽民文选》第3卷,人民出版社,2006,第86页。
③ 江泽民:《江泽民文选》第2卷,人民出版社,2006,第335页。

中国国情相结合的新成果。面对新时期新阶段大学生思想政治教育的新形势、新任务和新特征,胡锦涛深刻论述了加强和改进大学生思想政治教育的重要性和紧迫性,以理想信念教育为核心,以理论学习为重点,以着力解决好"培养什么人、如何培养人"为根本问题,科学提出了一系列关于大学生思想政治教育的新思想、新观点和新论断。首先,要对大学生深入进行以世界观、人生观、价值观为核心的理想信念教育;其次,要广泛开展爱国主义教育和民族精神教育,增强大学生的爱国热情,提升其民族自尊心和自豪感;再次,坚持以基本道德规范教育为基础,通过公民道德教育,促进大学生形成良好的道德素养和完善的人格;最后,深入开展素质教育,使大学生的思想素质、道德素质、科学文化素质和身体健康素质都得到全面的协调发展,以适应现代社会发展的需要。在实践教育方面,胡锦涛继续贯彻教育与生产劳动相结合的方针,在全国加强和改进大学生思想政治教育工作会议上指出"要坚持政治理论教育与社会实践相结合,既搞好课堂教育,又注重引导大学生深入社会、了解社会、服务社会"。2009年胡锦涛在同中国农业大学师生代表座谈时,号召青年把爱国主义作为始终高扬的光辉旗帜,把勤奋学习作为人生进步的重要阶梯,把深入实践作为成长成才的必由之路,把奉献社会作为不懈追求的优良品德。

5. 习近平实践教育思想

习近平以实现中华民族伟大复兴的中国梦为核心,在继承毛泽东、邓小平、江泽民、胡锦涛几代领导人教育思想的基础上,根据新时代青年面临的新情况、新问题,结合青年的思想特点、成长规律、价值追求等,对新时代的青年以及青年的思想政治教育工作做出了深刻的论述,形成了富有时代特色的青年思想政治教育体系,为当代中国开展青年思想政治教育工作指明了方向,提供了行动指南。习近平的青年教育思想是习近平新时代中国特色社会主义思想的重要组成部分,包含以下特征。首先,坚持方向性,习近平在全国高校思想政治工作会议上指出,高校思想政治工作关系高校"培养什么样的人、如何培养人、为谁培养人"这个根本问题。其次,根本任务是努力培养担当民族复兴大任的时代新人,培养德智体美劳全面发展的社会主义建设者和接班人。最后,在教育方法上要因事而化、因时而进、因势而新。遵循思想政治工作规律,遵循教书育人规律,遵循青年成长规律。在实践教学方面,习近平多次指出,要坚持理论性和实践性相统一,用科学理论培养人,重视思想政治理论课的实践性,把学校的小课堂同社会的大课堂结合起来,教育引导学生立鸿鹄志,做奋斗者。因此,不仅要加强青年的理论知识教育,还要鼓励青年自觉学习科学文化知识,提升科学文化素养,同时强调要重视青年的社会实践教育,帮助青年在参加实践活动的过程中提升综合能力。习近平指出:"所有知识要转化为能力,都必须躬身实践。要坚持知行合一,注重在实践中学真知、悟真谛、加强磨练、增长本领。"①习近平强调实践教育的作用,在中央党校建校 80 周年的庆祝大会上的讲话中提出:"增强本领就要加强学习,既把学到的知识运用于实践,又在实践中增长解决问题的新本领。……坚持学习、学习、再学习,坚持实践、实践、再实践。"

(三) 中国古代实践育人思想

"知"和"行"的关系问题是中国哲学史上争论久远且激烈的一个问题。从"先知后行"到"先行后知"再到"知行统一",在中国认识论史上,哲学家们为了探索、检验认识的真理标准,提出了种种思考,进行了多方面的论证,包括力行、躬行、践履、实践等。

1. 先秦时期的实践育人思想

先秦时期,由于私学的兴起和养士之风的盛行,形成了诸子百家争鸣的局面,其间产生的诸子百家思想,不仅为中国传统文化的形成奠定了基础,同时也促进了教育理论的形成发展和教育经验的丰富。中国古代教育思想强调教育的世俗功能,提出了知行合一的教育主张,代表人物有老子、孔子、墨子等。

老子是中国思想文化史上伟大的思想家、哲学家,是道家学派的创始人。老子的知行观建立在自然无为的天道观的基础上,他第一个提出了"道"作为哲学的最高范畴。老子以道为核心,提出了道的本体论、辩证法、人与自然、人与社会和人与自身等认识论的哲学思想体系。老子崇尚自然、直觉、思辨,他的知行观向来不为人理解甚至遭到批判,被视为"唯心论"。虽然老子比较重视"内省"的认识方法,有片面性和局限性,但他并不是一概反对"行"。恰恰相反,他是十分重视"行"的。老子反对的是"只行不思",反对

---

① 中共中央文献研究室编《习近平关于青少年和共青团工作论述摘编》,中央文献出版社,2017,第 53 页。

的是那种为行而行、刻意而行、并不能真正认识真理的行。一知半解、浅尝辄止式的行,可能反会因外面世界的精彩而产生迷惑,影响真知。老子说:"不出户,知天下;不窥牖,见天道。其出弥远,其知弥少。是以圣人不行而知,不见而名,不为而成。"这里老子所说的"知"包含了两方面的内涵:一是知天下,二是知天道。天下指的是天下的总体情况,天道指的是天的运行规律,用我们今天的话说,这都属于理性认识的范围。认识不能停留在感性认识上,得从感性认识上升华,因此,纯凭感觉经验是靠不住的。陷在感觉经验里无法深入事物的本质,也认识不到事物的全面,反而会牵制人的理性升华。正是在这个意义上,老子才讲"不出户""不窥牖",出户、窥牖容易陷进感性认识里去,人陷入感性认识是认识不到"大道"的。可见老子并不是在否定感性认识,也不是说认识可以不从实践中来,而是在强调对"大道"的认识,认为理性认识比感性认识更为重要。

老子的教学活动是他一生中的重要实践,他有着深刻的教育思想,在教育方面所做出的贡献和取得的成果是很突出的。老子认为育人的最高目的是"为道",只有满足了"闻道""得道"才能实现"为道"。"道"是道家教育的核心,它是指原始的客观实在、自然界物质的本源、万物万事运动发展变化的规律。老子认为,"闻道""得道"首先不能只从圣贤书中找现成的道,必须从大自然的造化中、在社会进化实践中体悟道,其次是要去除对物欲的追求才能开启心智,才能体悟物性,才能把握万事万物之间的规律。"闻道""得道"解决的是认识的问题,"为道"才是育人的最高目的。"为道"是在"闻道""得道"的基础上,如何遵循自然法则去提高自己的道德素质,在具体生活实践中体现"得道"的作用。从"闻道"进而"为道",是从无进而为有,亦即由无为而无不为。无为是无,无不为则是有。

孔子是我国古代伟大的思想家、教育家、政治家,是儒家学派创始人,他的思想对后世影响深远。孔子一生献身教育,重视教育的作用,提倡有教无类,以六艺为教学内容,采用灵活多样的教育方法,培养德才兼备的君子。孔子非常重视"学"与"知"、"知"与"行"的关系,强调以"学"为始,以"行"为终,达到言行一致、知行统一的教育目的。孔子的知行观与老子的天道观不同,孔子的知行观可以从"学""知""行"的内涵以及它们之间的关系去考察。孔子的知行学说包含着丰富的内容,首先,孔子是个可知论者,在认识的起源上他一方面主张"生而知之"的唯心主义先验论,另一方面又主张"学而知之"的唯物论。在孔子的教育实践中,他更是身体力行地践行了"学而知之"的主张。其次,在中国哲学文献中,"知"与"行"的内涵有广义和狭义之分,广义上的"知""行"指一般意义上的"知识""行为";而狭义上的"知""行"是知"道"与行"道"的问题,这里的"道"指的是道德或道理。孔子的知行观多指狭义上的"知""行"。

在教育实践上,孔子主张学以致用,强调读书学习是为了应用,学会做事情。他说:"诵《诗》三百,授之以政,不达;使于四方,不能专对;虽多,亦奚以为?"(《论语·子路》)在孔子看来,即便是能够背诵《诗经》三百篇,让他治理政事不能胜任,派他出使到国外又不能独自应酬,那书读得再多,又有什么用处呢?他还强调知行统一:"始吾于人也,听其言而信其行;今吾于人也,听其言而观其行。"(《论语·公冶长》)强调道德修养要落实到"行",要达到言行一致,以"行"检验"言"。由于孔子提出的"行"的内涵还存在着时代的局限性,因此孔子的教育实践观不仅是一般认识论的问题,他所指的"学""知""行"等内容更偏重于道德修养或道德实践,具有特殊的伦理学意义。

墨子是一位杰出的思想家、科学家、军事家,同时也是一位躬行实践的教育家,是墨家学派的创始人。墨子是一位实用主义者,在知行观上十分重视实践,与孔子创始的儒家学派不同,墨子更强调社会生产劳动知识和科学理论的实践。他提出检验客观事物是非真伪的"三表":第一表是"有本之者",意思是要根据前人的事例来立论;第二表是"有原之者",意思是要以当前群众眼见耳听的实际情况做证明;第三表是"有用之者",这是说要看政令对国家人民是否有利。墨子提出的这"三表"具有唯物主义因素,在中国哲学史上具有极重要的地位,对他的教育思想也有直接的影响。墨子在教育过程中贯彻了实践性原则,因此他的教学原则和治学方式是提倡理论联系实际。墨子反对仅停留于夸夸其谈而不付诸行动,说:"口言之,身必行之。"(《孟子·公孟》)意思是指说出去的话必须自己去实行做到,但现在,话说出去了,自己却做不到,不去实行,那不是自身混乱吗?墨子还强调学问付诸实践的重要性,反对坐而论道,认为学问虽然重要,但如果不能转化为能力,就不能算学到了真本领。

2. 秦汉六朝时期的实践育人思想

秦统一六国之后,在政治上坚持法家路线,采取了一系列专制措施来巩固统治,在思想文化领域也推行了专制主义的政策,在教育思想上也直接体现了这一点。秦祚短暂，这种专政并没有取得成功，教育思想没有得到彰显。到了汉代，汉武帝采纳了董仲舒的提议，实行了"罢黜百家，独尊儒术"的治国之策，这对其后的教育思想产生了重大的影响。在实践育人方面，汉代具有代表性的人物是董仲舒、王充、颜之推等。

董仲舒是西汉著名的儒学家和教育家。他重视教育的社会教化作用，把教育视为治国之根本，要求人们在道德修养方面不应该只停留在认识层面，还应表现在行为上，认为："强勉学问，则闻见博而知益明；强勉行道，则德日起而大有功。"（《汉书·董仲舒传》）意思是对于学习者来说，只要勤奋好学、努力进取，就会博识多闻、见地高明；只要尽力地去实践自己的所学或主张，就会使自己的德行日趋完善。在董仲舒看来，学习本身并不是一件轻松的事情，而是极为辛苦的，并且所学的内容也不都是令人感兴趣的，但是，作为一名学习者，贵在坚持刻苦，只有努力钻研才能有所修为。

王充是我国汉代重要的唯物主义哲学家。在学习上，王充反对知识的先验论，重视后天的学习。他说："人才有高下，知物由学，学之乃知，不问不识。"（《论衡·实知》）意思是说，人的先天条件虽然有所差异，但是可以通过学习，也只有通过学习来知道事情、认识世界；不学习，就不能认识世间万物。在实践育人方面，王充反对死读书，强调知行一致，重视实际效果。他认为知识不能停留在感觉经验阶段，必须用理性去审查感觉得来的知识。他说："凡贵通者，贵其能用之也，即徒诵读，读诗讽术，虽千篇以上，鹦鹉能言之类也。"（《论衡·超奇》）意思是学了不会用，学再多也只能像鹦鹉学舌一般。他非常重视以实际效果来检验所学知识的真伪，他说："凡论事者，违实不引效验，则虽甘义繁说，众不见信。"（《论衡·知实》）意思是凡是论述认识和理论的人，必须与客观事实相一致，必须通过实际效果来检验，符合事实效果就是正确的，否则就是错误的。违背事实的道理言论，说得再多也是不能令众人信服的。

颜之推是北齐教育家和音韵训诂学家，他主张"实学"，强调除了要学习儒家的"五经"，还要博览群书，践行孝悌仁义的道德观念，学习生活所需的各种知识和技能，包括工、农、书、数、琴、画、医等。其所著的《颜氏家训》在封建家庭教育发展史上具有重要的影响。在实践教学方面，颜之推提出了"勤学""切磋""眼学"的主张，其中最重视"切磋"。他反对"独学而无友"，强调学习需要相互切磋、相互交流才能相互启发。比如他提到："学为文章，先谋亲友,得其评裁,知可施行,然后出手,慎勿师心自任,取笑旁人也。"(《颜氏家训·文章》)颜之推认为,做文章要多和亲友商讨,多听听他们的评价,得到亲友认可了再发表,千万不要自以为是,以免贻笑大方。同时,他还认为,想要取得成就必须依靠自身的勤奋努力,即便再迟钝的人,只要勤奋好学,刻苦钻研,也可以达到熟练精通的程度。"眼学"出自"谈说制文,援引古昔,必须眼学,勿信耳受"(《颜氏家训·勉学》),意思是不论是交谈还是写文章,在引用古今材料的时候一定要亲自鉴别,不能道听途说。颜之推"实学"的教育主张,以及"勤学""切磋""眼学"的教育方法,其内涵都是一以贯之的。

3. 隋唐两宋时期的实践育人思想

隋唐时期是一个发展全面繁荣的阶段,也是思想大繁荣时期。这一时期,儒家、佛教、道教的思想都得到了极大的发展。"隋朝继汉代鸿都门学(艺术专科)之后,又设立了书学、算学、律学,唐朝在司天台、太仆寺、太乐署等进行职业性训练,从而使中国古代专科教育与职业教育走向正规化。"[1]由隋唐时期建立并逐步完备的科举制度与唐宋时期日趋完善的书院制度,都对古代的教育产生了前所未有的深刻影响。这时期的代表人物有韩愈、胡瑗、张载等。

韩愈是唐代杰出的文学家、哲学家。韩愈重视并直接从事教育工作,对教育有很多深刻的认识,在教育实践方面有着丰富的经验,提出了不少有价值的主张。他认为教师工作的基本任务就是"传道、受业、解惑"(《师说》)。在师生关系方面提出了"相师"的主张,认为师生之间也是可以相互学习的。而在教学方法上,韩愈认为:首先,学业的精通在于勤勉,所谓"业精于勤,荒于嬉;行成于思,毁于随"(《进学解》);其次,在博的基础上求精通,要求学生要广泛地读书,以求博学;最后,主张学而思,希望学生在深入思考的基础上,形成自己的观点。

胡瑗是北宋教育家。他从四十岁开始从事教育工作,日夜勤劳,提倡"明体达用"之学。"体"指的是六经道理,意思是明白六经的道理以后,能够按照这些道理去在生活中实践运用。另外,胡瑗主张学校应当教授通经致用的实学。也就是说,除了教授六经,还要教授实际的技能,比如农事、水利、算

---

[1] 朱永新:《中国教育思想史》,上海交通大学出版社,2011,第31页。

数、军事等。胡瑗在长期的教育实践中创造了很多新的教育理论和教育方法,他大胆改革教育,在中国教育史上首创分斋教学制度。他的"自学辅导、直观教学、游戏教学、考察游历等教学方法,也不守成法,别具风格"①。胡瑗非常重视实践的作用,提倡社会实践,开展游历考察,通过实践实现理论与实践相结合,以培养真正的"明体达用"的治世之才。胡瑗说:"学者只守一乡,则滞于一曲,隘吝卑陋。必游四方,尽见人情物态,南北风俗,山川气象,以广其闻见,则为有益于学者矣。"(《安定言行录》)除此之外,胡瑗反对闭门读书,在德育、智育为先的基础上,注重音乐、美术、体育等各方面的教育,鼓励学生参加投壶、射箭等体育锻炼,同时也提倡用音乐来陶冶情操,提高修养。

张载是北宋时期著名的教育家、哲学家,理学创始人之一。张载注重实践的教学方法,他首先鼓励学生立定志愿,有志于学。他说:"学者不论天资美恶,亦不专在勤苦,但观其趣向着心处如何。"(《理窟·学大原》)认为学习首先要立志,有了坚定的志向,学习才容易成功。其次主张教法有序,先易后难,循序渐进,因材施教。"知至学之难易,知德也;知其美恶,知人也。知其人且知德,故能教人使入德。仲尼所以问同而答异,以此。"(《正蒙·中正》)这里面既要注意学生的可接受性,不能强行灌输知识,还要注意教学内容的系统性。最后鼓励学生在学习的过程中多提问题,通过思考、答疑来巩固知识。他说:"学则须疑。"(《理窟·学大原》)认为学而不疑等于没学。张载的这些实践教学经验对后世有着深远的现实意义。

4. 元明清时期的实践育人思想

元明清时期社会处于大变革状态,各种学术思想也比较活跃,随着文教政策、学校教育发展和科举制度的改革创新,形成了一些新的教育观点。在实践育人方面,倡导实学、反理学倾向比较突出,代表人物有王夫之、颜元等。

王夫之是明末清初进步教育思潮的代表人物。在认识论方面,他主张通过接触外界客观事物而认识事物、获取知识,提出行先知后、知行并进。王夫之认为,知先行后把学者困于知见之中,结果必然是"废行",知和行是不可分的,没有离开行的知,行既是知的来源,也是检验知的标准。提倡行先知后,反对闭门读死书。王夫之在知行二者中更注重行,认为行是检验真知的标准,他说:"学者之于仁,其或存或去之实,则于其好恶验之矣……乃于其

---

① 朱永新:《中国教育思想史》,第 31 页。

事验其心。"(《四书训义·卷八》)意思是一个人的心中是否具有"仁",要通过其好恶的行事来检验。同时,王夫之还认为,所掌握的知识是不是真知,要靠"力行"来检验。"知者非真知也,力行而后知之真也。"(《四书训义·卷十三》)在实践育人方面,他更强调行,注重实践力行的作用,强调以"动"为主,注重学生在实践中、在活动中学习、检验、巩固知识。

颜元是清初思想家、教育家。他极力批判重文轻实的教育传统,主张通过教育培养求真务实、经世致用的人才,主张教育与生活实际相结合,培养实用人才。颜元针对传统"死""静"教育方法,提出了以"动"为中心的教育原则。他说:"一身动则一身强,一家动则一家强,一国动则一国强,天下动则天下强。"在教学中,颜元主张通过练习和实践巩固知识,认为只有"习行""力行""践履"才能学到有用的知识,同时把行作为检验认识的标准。这种教学方法与他的两个主要的哲学观点相联系,即"以行而求知"和"学问以用而见其得失"。颜元提倡的教育方法是通过"习行"的方法获得经验与知识,与理学倡导的把读书作为唯一求知途径的教育思想完全对立。虽然这种观点有些偏激,忽视了理论对社会实践的指导作用,但从他所处的时代来看,敢于冲破封建专制思想的束缚,提出与之相对立的教育主张,在我国古代实践育人史上具有重要意义。

(四) 西方实践育人思想理论

西方的德育理论受其哲学思想的影响,发展演变始终是围绕理性主义和功利主义的关系展开的。西方道德教育经历了不同的历史发展阶段,从古希腊、古罗马时期,柏拉图、亚里士多德、苏格拉底等人关于德育方面观点和主张的著述,再到18世纪中叶基于宗教的道德教育,发展到19世纪末以灌输为主的权威服从,再到20世纪的百年时间里,西方道德教育经历了漫长的发展,德育方法也随着不同时期道德教育主题的变化而变化。对当代西方道德教育理论、教育方法影响比较大的有认知发展道德教育理论、价值澄清理论、社会学习理论等。

1. 认知发展道德教育理论

认知发展道德教育理论是20世纪50年代以来在西方各国最具有影响力的一个道德教育理论,是由杜威作先导,皮亚杰建构理论体系之后由科尔伯格进一步发展。该理论的核心是道德发展的三水平六阶段和道德教育的两种方式。他们认为：首先，道德认知是道德心理发生的基础，道德认知的层次和水平，决定着道德发展的进度和程度，并认为道德认知的产生过程是一个主客体双向构建的过程。其次，个人的道德认知具有能动性，动力来源于其在社会化中扮演的角色的变化。也就是说一个人新道德水平的发展和新的道德认知结构的产生来自社会的道德要求和自身的道德需求。在道德教育方法方面，他们提出了两难故事法和公正群体途径。两难故事法也称新苏格拉底法，以诱导个体的认知冲突，促使个体产生积极的思维，从而形成良好的道德判断以达到预期的道德发展阶段。而公正群体途径和道德发展阶段论同等重要，认为教育和学校的气氛是道德教育最关键的问题，实践认知发展道德教育理论将要求重新组建学校，学校应该实行民主化的管理，让全体学生广泛参与，只有这样，道德教育才会有所作为。公正群体途径最显著、最根本的特征是要关心共同利益，形成群体意识。因此，学校或教师以教育为动力，构建起积极的伙伴群体关系，让学生构建起一种民主的、广泛参与的、协商的群体氛围，帮助学生形成公正生活的道德素养和道德要求。

2. 价值澄清理论

价值澄清理论是由澄清教学法演变而来的，是20世纪60年代美国道德教育复兴运动的产物。该理论以价值相对论为基础，认为在价值多元的社会里，应通过澄清价值的过程，提高分析、处理各种道德问题和社会问题的能力，以减少价值观的混乱。价值澄清理论鲜明地反对灌输，认为教师不应该把价值观直接灌输给学生，而是要遵循学生的认知规律，通过分析、评价等方法，循序渐进地引导、帮助学生形成适合本人的价值观体系。价值澄清理论强调四个关键因素：以日常生活为中心、接受现实、学会思考和反省并能做出多种选择、学会自我指导。除了这四个因素，还要通过选择、珍视、行动三个阶段和七个步骤来帮助个体形成价值观念。但由于价值澄清理论把个体经验作为确定价值观的标准，用它来衡量和评价自身社会行为，否定社会的客观价值标准，容易导致受教育者自行其是的后果，且容易忽视对道德教育内容的理解，注重程序而导致形式主义。

3. 社会学习理论

社会学习理论是教育心理学的基本理论，该学派不仅关注知识学习、技能获得，而且还关注品德的形成。班杜拉是社会学习理论的创始人，他认为人们可以通过观察他人的行为及行为后果间接地学习，重视人认知、行为和环境的相互作用。社会学习理论的主要观点有四个方面。一是观察学习,强调观察学习在人的行为获得中的作用,认为大多数人的行为是通过观察模仿而学得的。二是重视榜样作用,既然人的行为可以通过观察学习而获得,那获得什么样的行为则依赖于榜样的魅力和影响力。三是强调自我调节的作用,认为人的行为不仅受外界的影响,更重要的是受自我引发的行为结果的影响,主要是通过设立目标、自我评价等引发动机功能来调节行为。四是主张建立高度的自信心,认为自信心将决定一个人是否愿意面临困难的情景,如果缺乏自信就会产生焦虑不安的逃避行为。社会学习理论吸收了认知主义、行为主义、人本主义的思想,突破了传统行为主义学习理论的框架,它既强调行为的操作过程,又重视行为获得过程中的内部活动,是对行为主义学习理论的丰富和发展。

二、高校思想政治理论课实践教学的学科理论基础

思想政治教育学原理和思想政治教育方法论是高校思想政治理论课实践教学的学科理论基础,二者共同支撑高校思想政治理论课实践教学的有效开展。思想政治教育学原理是高校思想政治理论课实践教学的理论基础,思想政治教育方法论是高校思想政治理论课实践教学的方法指导。高校思想政治理论课的实践教学是思想政治教育理论性与应用性的具体体现。

(一) 思想政治教育学的基本理论

思想政治教育学的基本理论,是高校思想政治理论课实践教学的理论基础。这些基本理论既揭示了社会变化发展的客观规律、人的成长发展规律,同时也阐释了人思想形成、发展、变化的规律。思想政治教育学的基本理论是思想政治教育实践经验的系统的理论概括,高校思想政治理论课实践教学如果离开了思想政治教育学的理论指导就无法实现实践教学的科学性和有效性。

1. 教育目标和教育任务

思想政治教育学中提出的教育目标和教育任务,决定高校思想政治理论课实践教学的教育内容和教育方式。当前高校思想政治理论课的育人目标和任务是全面贯彻党的教育方针,落实立德树人的根本任务,培养堪担民族

复兴大任的时代新人。实践教学的内容与方式是实现教育目标、完成教育任务的中心环节，有什么样的教育目标和教育任务，就要有相应的实践教育内容与之相呼应、相匹配、相支撑。换句话说，高校思想政治理论课的实践教学就是为了实现思想政治理论课的教学目标和教育任务而采取的教学方式，是对思想政治理论知识的深化。因此，高校思想政治理论课实践教学必须遵循思想政治教育学的教育目标和教育任务。同时，高校思想政治理论课的教材具有系统性、完整性、规范性、理论性、时代性等特点，实践教学一是要与高校思想政治理论课教学内容密切相关，二是要以思想政治教育学中提出的教育目标和教育任务为指导，将这些抽象的理论通过实践教学实现教育内容情境化、信息化、主体化。

2. 教育原则和教育方法

思想政治教育学中提出的教育原则和教育方法是高校思想政治理论课实践教学的原则和方法，为高校思想政治理论课开展实践教学指明方向。思想政治教育原则是思想政治教育者在实施思想政治教育过程中处理各种关系、实现教育目标、确定教育内容、选择教育方法、增强教育效果的准则，它既受思想政治教育学基本理论的指导，反映思想政治教育规律，又是思想政治教育理论在教育实践过程中的具体化，而思想政治教育方法受思想政治教育原则的指导。在思想政治教育过程中方法和原则可以相互转化，但并不是任何教育方法都可以作为原则，只有那些在思想政治教育实践中经常使用并行之有效的方法才可以上升为原则。由于思想政治教育的原则在不同的思想政治教育活动中有着不同的体现，因此思想政治教育原则和方法具有整体性、层次性和辩证性。高校思想政治理论课实践教学不仅是思想政治理论课教学体系的重要组成部分，也是思想政治教育常用的基本方法之一，这种方法本质上来讲就是一种教学组织形式，包括教学情景的选择、课程和教具的运用等，只有遵循思想政治教育原则，选择科学的、适用的思想政治教育方法，才能有效实现育人目标。因此，思想政治教育学中提出的教育原则和教育方法为高校思想政治理论课开展实践教学指明了方向。

3. 思想政治教育与社会其他系统的关系

思想政治教育是一种有目的、有计划、有组织的具体的社会实践活动，它与社会发展紧密联系，与社会其他系统相互促进，相互结合，相互影响，共同服务于一定的政治与经济的关系。首先，这意味着思想政治教育不能脱离现实社会,是以社会发展的客观存在为基础,并为社会发展服务的;其次,人的思想状况和转化往往受社会发展过程中多种因素的影响,思想政治教育必须渗透于社会现实,在实际工作中交叉进行;再次,思想政治教育是社会大系统中的一个子系统,与其他子系统彼此联系,在相互作用的过程中发挥着不同的育人功能;最后,思想政治教育系统是由思想政治教育各个相互联系的因素共同构成的有机体,包括思想政治教育主体、思想政治教育客体、思想政治教育目标、思想政治教育内容、思想政治教育方法、思想政治教育载体、思想政治教育环境等。这些因素相互联系、相互作用,共同推动思想政治教育系统的运行和发展。因此,高校思想政治理论课的实践教学既要充分发挥自身教育系统的教育功能,也要注意把握自身与社会其他系统之间的关系,充分发挥每个系统中各要素的优势,构成不同类型的实践教学结构,发挥实践教学的育人功能。

(二) 其他学科知识借鉴

高校思想政治理论课实践教学是以理论为指导的实践性课程,除了以马克思主义基本理论作为理论基石,也需要从其他学科中借鉴相关的理论和研究方法来丰富自己的知识来源和理论体系,从而更好地指导教学活动的开展。比如教育学中的建构主义学习理论、心理学中的人本主义学习理论、社会学中关于人的社会化理论、伦理学中道德人的成长过程理论等。这些学科理论在增强高校思想政治理论课实践教学生命力的同时,也提高了开展实践教学的科学化水平。

1. 教育学中的建构主义学习理论

教育学是整个教育科学体系中的基础学科,主要研究教育的一般原理。高校思想政治理论课实践教学更侧重于在教育实践活动中培养人的思想政治素质和道德品质,而人的思想政治素质和道德品质的培养是整个教育过程的一部分,因此教育学中所揭示的教育本质、教育规律、教育原则、教育方法等对高校思想政治理论课实践教学有一定的指导作用,有助于建立高校思想政治理论课特有的理论、原则和方法。

教育学中的建构主义学习理论认为:"学习过程不是学习者被动地接受知识,而是积极地建构知识的过程。教师需要创设特定情境,使学生借助于老师、学习伙伴等外界条件,进行学习、探究,完成学习任务,实现意义建构,主要特征是主观性、情境性、社会性和交往性。"① 从建构主义学习理论的视角来理解，学习环境是一个支持和促进学习的场所，因此学习环境对学生的知识建构具有重要意义。学习环境既包括真实的社会环境，也包括教师创设的类似于真实情境的学习环境。因此，教育者在进行教学设计时，应该是针对学习环境的设计和运用，而不是教学环境的设计和运用。开展高校思想政治理论课实践教学，教育者要针对教学目标和任务创设相关的学习环境，让学生在这个环境中可以进行自由的探索和自主的学习，这是一个主动学习的过程。在此过程中，学生得到的学习支持来自两个方面，一是教师的帮助，二是学生之间的相互协作。学生的学习不再是原有认知的延续，也不再是盲目的接受和被动的记忆，而是通过主观性、能动性、社会性、交往性的学习过程去发现问题、解决问题，借助环境力量突破原有认识的局限，实现认识层面的意义建构。

2. 心理学中的人本主义学习理论

高校思想政治教育与心理学紧密联系，心理学是研究人的心理现象及其规律的学科，包括人的感觉、知觉、记忆、思维、意志、信念、想象、性格、动机、欲望等心理现象与心理活动。人的心理现象和心理活动，往往是思想产生的基础，而思想的产生又是心理的升华，二者相互促进、相互制约。辩证唯物主义认为，心理是在实践活动中人脑对客观现实的主观能动的反映，而思想是客观存在于人的意识中经过思维活动而产生的结果。心理学注重认知、情感和意志训练相结合形成完善的个性和品质，而高校思想政治教育更强调对教育对象进行思想品德素质的培养。② 思想政治教育和心理学虽有区别，但又具有一致性，二者都关注人自身的生存和发展。对心理学理论和方法的借鉴有助于增强高校思想政治理论课实践教学的针对性、预见性和有效性。

心理学中的人本主义学习理论认为，人都有自发追求满足高级的需求的动机，都有实现人的自我价值的渴望，因而学习应该建立在学生对学习渴望的天性之上。人本主义学习理论的主要代表人物之一罗杰斯认为，在合适的条件下，每个人所具有的学习、发现、丰富知识经验的潜能和愿望是能够被释放出来的，这种心理倾向是可以信任的。所以该理论强调学习是一种自我发

---

① 王有炜：《高校思想政治教育新模式"移动课堂"研究》，合肥工业大学出版社，2014，第60页。

② 呼勤、黄少平主编《高校思想政治教育学原理》，电子科技大学出版社，2016，第33页。

展、自我重视、自我价值实现的生命活动,而教育的根本目的也是要促进人价值的自我实现。因此在整个学习行为中,教育者要以学习者为中心,关心和尊重学习者的人格和尊严,重视学习者的价值和经验,注重启发学习者的创造性和潜能,帮助学习者从自己的角度感知世界并积极主动地完成学习任务,最终达到自我实现的最高境界。高校思想政治教育理论课实践教学的开展,也应充分尊重学生的自我意志和自我实现的需要,以人为本,为学生创设适当的学习环境,引导学生努力实现积极的人生目标。

3. 社会学中关于人的社会化理论

社会存在决定社会意识,人的思想形成和变化总会受到社会存在的诸多因素的影响和制约,比如社会发展过程中的经济文化成果、社会制度、社会风气、社会心理、社会思潮等,这些都是人思想形成、发展、变化的原因。社会学与思想政治教育虽然分别属于两个不同的学科,但二者紧密联系,研究内容和研究方法也有很多共同之处。比如,社会学中关于人的社会化理论与思想政治教育在本质上具有一致性。高校思想政治教育的任务是要培养把社会需要作为自己需要、能够堪担民族复兴大任、德智体美劳全面发展的社会主义建设者和接班人。因此,高校思想政治教育就是实现人政治思想和道德情操社会化的过程。

人的社会化是指:人从出生开始,一生中都处于动态的学习过程。也就是说,人作为社会学习者不断掌握社会知识、技能和规范,又作为社会参与者将这些价值观、知识、技能和规范内化为个人品格和行为并进行社会再创造。① 社会化是人全面发展的过程,是人社会性形成与发展的过程,也是使社会不断延续发展的过程。简单来说,人的社会化并不是个人单方面受环境影响和受教育的消极被动的过程,而是包括彼此相互联系和相互影响的两方面的内容:一是人通过在社会互动过程中学习,掌握知识、技能和规范等,获得社会人的资格;二是人在适应社会的过程中积极改造和创造新的社会文化和生活,促进社会发展。② 高校是大学生进行社会化的正式场所,是实现人社会化"质"的飞跃的地方。高校思想政治理论课实践教学应帮助大学生做好向社会人转变的准备,要通过有意识的选择和设计,将社会认可的价值观、

---

① 刘豪兴、朱少华:《人的社会化》,上海人民出版社,1993,第 8-9 页。
② 奚从清:《角色论——个人与社会的互动》,浙江大学出版社,2010,第 140-141 页。

规范、态度、角色、知识等有计划、有步骤地通过实践和高级神经活动内化为个人的人格,为实现从大学生角色向社会人角色转变做好充分的准备。

4. 伦理学中道德人的成长过程理论

伦理学是研究道德现象、揭示道德本质及其发展规律的学说。伦理学与思想政治教育在研究领域上存在较多的交叉关系,在道德形成、道德规范、道德信念、道德意志等方面为思想政治教育提供了理论和知识的依据。道德教育是高校思想政治理论课的重要内容之一,伦理学为高校思想政治教育提供了诸多重要的教育内容、教育原则和教育方法。高校思想政治理论课实践教学应遵循道德产生和发展的一般规律,借鉴伦理学所提供的教育原则和方法。

道德人的成长过程包括道德人的形成、道德的自律与他律以及对生命的珍惜。道德人的形成过程是一个漫长的过程,从大的方面来看有三个重要的途径:社会环境作用、自我作用和道德心理机制作用。从社会环境方面来说,人的道德形成和发展受社会物质环境、文化环境和社会群体环境的制约,在不同社会环境下有不同的内容和道德标准。从自我方面来看,个体道德的形成是一个自觉的、主动的、积极的过程,是在社会实践的过程中不断适应和接受社会环境和教育影响,逐渐与社会道德要求一致的过程。从道德心理机制方面来看,人的道德的形成和发展都受道德主体的心理状态和心理结构的影响。在道德实践中,这种心理机制表现为知、情、意等多种心理情感,包括善恶感、责任感、荣辱心、幸福感等。这些心理情感共同调控和推动人的道德不断发展。伦理学中道德人的成长过程理论,对高校思想政治理论课实践教学的开展具有深刻的启示意义。

5. 精神动力学理论

作为马克思主义的创始人,马克思、恩格斯在很早以前就阐述了精神动力的内涵。马克思在《〈黑格尔法哲学批判〉导言》中曾明确指出:"理论一经掌握群众,也会变成物质力量。"在这里明确指出了理论作为一种精神力量可以转化为推动群众实践活动的物质力量。在这之后,列宁对精神动力进行了更进一步的研究,他曾说:"共产主义是我们的理想和信念,无产阶级正是从这个理想中得到最强烈的斗争动力。"列宁首先肯定了理想信念是人类社会的重要精神动力,并以此为依据提出了关于理想动力的思想。中国共产党成立后,中国共产党人对革命和建设的动力也曾进行过深入探索,并且这种探索从未停止。刘少奇作为伟大的马克思主义者,在1944年曾提出了"把事业精神和固有的革命精神结合起来"的观点,以精神动力的重要作用来激发工人的积极性,极大促进了当时我国工业的发展。毛泽东虽然没有明确使用"精神动力"一词,但他十分重视精神动力的作用,曾提出过一个著名的论断——"人是要有一点精神的"。邓小平则直接使用了精神动力的概念,他提出:"对马克思主义的信仰,是中国革命胜利的一种精神动力。"邓小平十分重视物质文明与精神文明的发展,他认为坚实的物质条件是发挥精神作用的前提条件。当谈到社会主义精神文明建设时,邓小平始终坚持把物质文明放在重要位置,以改善物质条件为基础来改变人们的精神面貌,并以此为出发点激发人们的精神动力。进入新时代,习近平总书记同样重视精神动力的作用,他指出:"中国人民在长期奋斗中培育、继承、发展起来的伟大民族精神,为中国发展和人类文明进步提供了强大精神动力。"他曾多次强调"理想信念是共产党人精神上的'钙'"。在纪念红军长征胜利80周年大会上,他再次强调了精神的重要性:"人无精神则不立,国无精神则不强。"由此可见,人类社会的顺利发展离不开精神动力的作用,一旦离开精神动力,独立个人将什么都做不了,整个社会系统也会进入停滞状态,国家民族将会丧失发展壮大的前进动力。

思想政治教育的基本职能是以精神因素来激发人们的精神动力,提高人们的思想道德素质,培养适合社会发展所需要的人才,进而推动人类社会的发展,这些基本职能与精神动力学相关学科内容不谋而合。我国作为社会主义国家,十分重视思想政治教育作用的发挥,同时思想政治教育也为我国社会主义现代化建设提供着强大的精神动力。思想政治教育立足于中国国情,在中国共产党的坚强领导下,聚焦社会主义现代化建设的伟大事业,凝聚全党全国各族人民的力量不断完成社会主义建设过程中的各项任务。首先,从社会大角度来看,纵观我国历史演进,思想政治教育在改革开放战略的实行过程中,以及社会主义现代化建设事业推进过程中发挥着激发人民前进动力、凝聚群众力量的重要作用,保证了社会主义现代化建设一直沿着正确的政治方向前进,为新时代构建共同精神家园、增强民族凝聚力以及推动中国特色社会主义伟大事业的发展壮大提供根本保证。其次,从个人小角度来看,着眼人的全面发展过程,思想政治教育是促进人的全面发展的重要方式,它一直为人的全面发展提供着正确的价值导向和强劲的精神动力,提升人自身的思想道德水平和文明素养,促进健全人格的形成。重视精神动力作用是中国共产党在革命、建设、改革过程中形成的优良传统,而马克思主义的思想政治教育则是中国共产党的真正优势,二者相辅相成,缺一不可,实现二者的良性互动是我们破解当下思想政治教育难题的肯綮。总之,研究精神动力学的相关理论,能够为加强和改善思想政治教育实践教学提供理论借鉴,借助精神动力学学科知识,结合我国当下思想政治教育的实际情况,有利于更好发挥思想政治教育的育人作用,对高校思想政治理论课实践教学的顺利开展具有积极意义。

三、高校思想政治理论课实践教学的功能和意义

高校思想政治理论课是对大学生进行思想政治教育的主渠道和主阵地,承担着为党育人、为国育才的重要使命。实践教学是解决新时代思想政治理论课面临的困境和改革创新性的重要途径,对提高思想政治理论课教学的实效性具有重要的功能和深远的意义。

(一) 思想政治理论课实践教学的功能

思想政治理论课是落实立德树人根本任务的关键课程,肩负引导青年学生树立正确思想观念、价值观点、道德品质的重任。作为思想政治理论课重要组成部分的实践教学,其主要目的在于实践育人,通过实践锻炼引导青年学生形成和巩固良好的思想品德与行为习惯,在实际操作中,实践教学发挥着激励强化、价值导向、素质拓展功能。

1. 激励强化功能

思想政治理论课实践教学的激励强化功能是指通过利用社会实践这一思想政治教育载体,充分发挥受教育者在实践活动中的主体作用,激发青年学生的学习动力,增强其接受思想政治教育的积极性、主动性,从而实现强化理论教育的效果。激励强化功能主要表现在激发学习主动性、强化理论教育效果两个方面。

(1) 激发学习主动性

思想政治理论课实践教学改变传统教学重视教师理论讲授、淡化学生亲身参与的教学方式,根据青年学生的年龄特征、思想实际,选择并开展丰富的

实践教学活动,引导学生沉浸其中,促使其置身真实具体的社会大环境,聚焦社会热点,观照社会现实,在潜移默化中增强社会责任感。在实践活动中,青年学生会直观应对难题,对问题进行主动且独立的思考,在剖析问题本质的基础上进行逻辑判断,进而形成自己的观点。在此过程中,青年学生由被动接受者变为亲身参与者,学习积极性、主动性势必显著提高。

（2）强化理论教育效果

实践教学是思想政治理论课教学的重要组成部分,是课堂教学的延伸。强调实践教学,是因为实践教学可以更好地促使学生理解、巩固课堂上所学的理论知识,强化理论教育效果。实践教学注重理论联系实际,青年学生参与丰富多彩的实践活动,诸如志愿服务、勤工俭学、社会调查等,会使其自身思想观念在具体可感的实际情境之中不断进步,进一步体认课堂教学中所习得的理论知识、道德规范,并逐步将其内化于自身的思想意识、价值品质中,外化于举手投足之间,在此过程中,理论教育的效果必然会得到强化和巩固。

2. 价值导向功能

思想政治理论课实践教学的价值导向功能集中体现在通过多种形式的实践活动积极引导青年学生树立社会主义核心价值观。青年学生正处于身心发展的黄金阶段,有无限的未知与可能,身体走向成熟但心理又未完全成熟,因而正确世界观、人生观、价值观的形成和"三自"作用的发挥需要受教育者在学习科学文化知识的同时切身体验社会实践。

（1）培养正确的世界观、人生观、价值观

受经济全球化、文化多元化、时代信息化的影响,新时代的青年学生的个性呈多元复杂化的特点,多数学生具备一定的批判能力,敢于凭借自身的实践活动去挑战验证所接触的一切信息。实践教学可以根据青年学生的这一特点,将以爱国主义为核心的民族精神和以改革创新为核心的时代精神融入实践教学环节,让学生的认知得到发展,情感得到丰富,意志得到锻炼,行为得到引导,从而形成正确的世界观、人生观、价值观。

（2）发挥"三自"作用

受主客观条件的影响,青年学生在成长发展过程中会出现迷茫状态,对自身的定位难以准确把握,易出现对自身角色期望过高的问题。通过校内实践、社会实践等活动,让青年学生置身于社会之中,以社会参与者的身份分析应对社会,认识社会所需,领悟社会评判个人价值的尺度,同时在实践中思考自身的社会定位,更好进行自我管理、自我教育、自我服务,知晓不足,端正学习态度,调整思想状态,锐意进取以破解迷茫。

3. 素质拓展功能

思想政治理论课实践教学的素质拓展功能集中体现在通过引导青年学生参与社会调查、志愿服务等社会实践活动,开阔青年学生的视野,培养良好的团结合作精神和积极进取的人生态度,提高其观察分析能力、语言表达能力、创新实践能力、自我调控能力、组织引导能力、人际交往能力等。青年学生只有具备并不断提高自身各方面能力,才能在党和人民需要时挺身而出,贡献自身的青春力量。该功能主要表现在培养良好的团结合作精神和积极进取的人生态度、提升适应和服务社会的能力两个方面。

(1) 培养良好的团结合作精神和积极进取的人生态度

良好的团结合作精神和积极进取的人生态度是新时代人才必备的基本素质。合作与进取精神难以通过课堂理论讲授进行培养,它需要通过某种活动,通过人与人之间的交往进行培养,而实践教学恰好能补充这一空白。思想政治理论课实践教学根据青年学生的年龄特点,借鉴青少年素质拓展活动,创设富有趣味性、思想性的活动,以分组竞赛的形式展开实践教学活动,在活动中引导青年学生与他人交流合作,共同完成预先制定的任务,共同承担责任,领略团队的力量,同时以赛促学,锻炼青年学生的组织指导能力和协调人际关系能力,培养其奋发向上、锐意进取的精神。

(2) 开阔视野,提升适应和服务社会的能力

无论是创设校内场景,还是开设校外活动,其目的都是实践育人,引导学生走出书本理论知识的局限,最大限度拓展青年学生的学习空间。通过开展实践教学,引导青年学生走出校门,近距离接触社会,在广阔的天地之中去感知体验和探索研究,亲身体会建设富强民主文明和谐美丽的社会主义现代化强国的必要性和艰巨性,并以此推进职业生涯规划,增强适应社会、服务社会的能力,为日后步入社会奠定坚实基础。

(二) 思想政治理论课实践教学的意义

立德树人是高校的根本任务,思想政治理论课是高校铸魂育人的主渠道、主阵地。充分发挥思想政治理论课实践教学激励强化、价值引导、能力拓展的功能,有利于进一步增强思想政治理论课的实效性,增强青年学生的获

得感,构建课堂教学与实践教学协同发展的育人新格局。

1. 实践教学符合三贴近的育人原则,有利于增强思想政治理论课的实效性

实践教学是多维立体的课堂教学体系,是理论指导下的实践探究。课堂实践、课外实践、虚拟实践为实践教学的三大基本形式,教师在其中教育引导,学生在其中探究新知、锻炼能力、学以致用。相比理论式课堂教授空洞、泛化,实践教学更贴近学生、贴近实际、贴近生活。只有将立足课本与观照现实相结合,思政课才能把课本知识讲通、讲深、讲透,达到用令人信服的现实图景教育引导学生逐梦奋斗的教学目的,进一步增强思想政治理论课的实效性,增强吸引力和感染力。

2. 实践教学创新思想政治理论课教学方式,有利于提高青年学生思想政治素养

青年学生的思想政治素养水平,关系到社会主义现代化强国的建设和中华民族伟大复兴的实现。青年学生作为社会主义现代化建设的生力军,其思想政治素养的培养尤为关键。实践教学创新授课方式,在理论与实践的结合中发挥教育引导作用,进一步推动思想政治教育工作的创新与发展,有利于提升青年学生道德水准和精神风貌,引导青年学生积极投身社会主义现代化建设和中华民族伟大复兴的实践。

3. 实践教学符合教学相长原则,有利于提高教师整体水平

开展思想政治理论课实践教学的前提是教师的正确指导,这要求教师不断提升自我,随着社会大环境和校园小环境变化更新自身知识体系,提高自身实践能力。相对而言,实践教学的有效开展比理论知识讲授要复杂,教师需要在实践教学中了解学生群体的性格特点,把握实践教学规律,有目的、有意识、有组织地开展实践活动。在活动中,教师会与学生有更加直接的接触,教师为人处世的方式、管理协调的能力无疑会形成隐性的教育力量,对学生产生潜移默化的影响。同时,教师在指导学生有效开展实践教学的同时,自身的知识、能力相应会有所增长,更好实现教学相长。

第二章　高校思想政治理论课实践教学的政策回顾

高校思想政治理论课政策是为贯彻党在不同时期的路线、方针、政策而实施的开展高校思想政治理论教育的行动规范。高校思想政治理论课政策的好坏关系到"为谁培养人、培养什么样的人、怎样培养人"这个核心问题能否解决得好,关系到中国特色社会主义事业能否顺利推进。高校思想政治理论课实践教学政策就是高校思想政治理论课政策的重要部分。从构成形式看,高校思想政治理论课实践教学政策主要包括党和政府有关部门通过、颁布的高校思想政治理论课实践教学文件、意见、建议,党和国家领导人关于高校思想政治理论课实践教学的谈话、讲话、报告、批语、批示等。从构成内容看,高校思想政治理论课实践教学是党的阶段性任务在高校思想政治教育领域的体现,它随着党的路线、方针、政策的变化而变化,随着党的工作重心的转变而转变。从新中国成立到社会主义制度确立的历史阶段,高校思想政治理论课实践教学政策围绕向社会主义社会过渡的历史任务;从社会主义制度确立到改革开放的历史阶段,高校思想政治理论课实践教学政策服务于全面建设社会主义的实践探索;改革开放以来,高校思想政治理论课实践教学政策聚焦中国特色社会主义事业的开创;新时代,高校思想政治理论课实践教学政策致力于中国特色社会主义事业的守正创新。不同时期,高校思想政治理论课实践教学政策呈现出阶段性特征。

一、社会主义过渡时期的政策初创(1949—1956)

中华人民共和国的成立是中国进入新民主主义社会的标志,但新民主主义社会只是中国共产党的阶段性目标,它的发展前途是社会主义社会。从半殖民地半封建社会到社会主义社会之间的新民主主义社会建立在打破旧社会的基础上:一方面,它与旧社会有着不可忽视的联系;另一方面,它与旧社会在经济、政治、文化等构成社会的基础要素方面截然不同。新旧社会的联系和区别决定了新民主主义社会的建设既不能完全与旧社会隔离开来,也不能把旧社会完全复制过来,而必须处理好继承、批判、发展、创新等之间的关系。毫无疑问,新中国成立初期的新民主主义社会具有显著的过渡性,高校思想政治理论课实践教学的政策也必然体现这种过渡性,即从旧社会向社会主义新社会的转变。

(一) 改造国民党政府旧教育中的实践教学形式

1949年9月,中国人民政治协商会议第一届全体会议通过了《中国人民政治协商会议共同纲领》,这部具有临时宪法性质的根本法中就提出"人民政府的文化教育工作,应以提高人民文化水平,培养国家建设人才,肃清封建的、买办的、法西斯主义的思想,发展为人民服务的思想为主要任务"。据此要求,同年12月,在第一次全国教育工作会议上,教育部部长马叙伦指出:"我们中央和各级人民政府的教育工作,就是要推行这种教育,而以提高人民的文化水平,培养国家的建设人才,肃清封建的、买办的、法西斯主义的思想,发展为人民服务的思想为我们的主要任务,我们要实施的这种新教育和旧教育是性质上完全相反的东西,是势不两立的。"这些方针、政策、思想为高校思想政治理论课实践教学政策的创建指明了方向。

所谓改造旧教育,就是改造国民党政府时期建立的一套高校思想政治教育体系。国民党政府建立的教育体系是为代表大地主大资产阶级利益的少数人服务的,对新中国的学校生活和各科教学产生了很大影响。因此,新中国成立后,面对接管旧学校的艰巨任务,最为棘手的不是撤换反动的学校校长和清除反动分子,而是转变人的观念,建立新中国的高校思想政治教育体系。

人民政府在接管教育之初,就非常重视对高校思想政治教育的改造和重建工作,采取了一系列重大举措。其一,制定相应的政策法规,把接管教育和重建高校思想政治教育作为一件大事来抓,反复强调和确定新教育的方针和基本内涵。其二,坚决打击特务分子和反动政客,清理学校管理阶层中的不法分子,并开展肃反运动,基本上清理了隐藏下来的特务和反动分子。其三,整顿思想政治教育秩序,废除旧的反动思想政治理论课程,其中最突出的:一是重新明确思想政治教育在学校工作中的重要位置,指出旧教育的危害,积极倡导新学校教育;二是废除"党义"公民课和政治训育等宣传反动政治观点的科目,取消反动的宣誓活动;三是取缔"三青团"等反动组织,断绝其与国外帝国主义有关机构的联系;四是对旧教育的错误观念进行批判,肃清国民党散布的各种谬论,教育师生明政策、辨是非,大力倡导新教育、新观念,在学校中举办了各种展览,开展"三反""五反"运动,进行抵制资产阶级思想腐蚀的教育,利用土改和肃反成果,揭露反动派面目和旧德育的反动性质,提高师生思想觉悟。

(二) 继承老区思想政治教育中的实践教学经验

新中国成立之初,高校思想政治理论课实践教学顺利实现新旧过渡的一个重要因素,是全面地继承了老解放区思想政治教育经验,发扬了中国共产党在革命斗争中创办思想政治教育的优良传统。新中国成立初期,面对遗留下来的旧教育的烂摊子,党提出"以老解放区的教育为基础,吸收旧教育的有用经验,借助苏联经验"的工作方针。由于高校思想政治教育的特殊性,更加强调了"老解放区的教育"和"苏联经验",其中老解放区的经验因为是中国革命斗争的产物,尤被推崇。这些经验是从第一、二次国内革命战争时期以来逐步形成的,当时从苏区①到后来的根据地都创办了各种类型的学校,在办学中形成了一套成功的思想政治教育经验,其中凝聚了从井冈山的红军大学到延安的抗日军事政治大学等解放区人民抗击侵略者和反动派的教育智慧和优良的革命传统,这些思想政治教育经验对培养一代革命者的英勇顽强的品质有非常积极的作用,是中国革命战争取得最后胜利的重要保证。

毛泽东对革命战争年代的思想政治教育作用作了精确的概括:"苏维埃文化教育的总方针在什么地方呢?在于以共产主义的精神来教育广大的劳苦民众,在于使文化教育为革命战争与阶级斗争服务,在于使教育与劳动联系起来,在于使广大中国民众都成为享受文明幸福的人。"这一教育方针成了

---

① 根据地工农民主政府沿用苏联的"苏维埃"称谓而把管辖地称为"苏区",抗日战争时期建立的根据地则称为"解放区",老解放区是相对于新解放区而言的。

当时及后来解放区思想政治工作的指南。概括起来,苏区思想政治教育经验主要有:其一,用共产主义思想教育劳苦民众;其二,强调政治思想教育是为无产阶级政治服务、为赢得战争服务的;其三,从实际出发,利用各种生动活泼的事例和形式来教育学生,启发学生的政治觉悟;其四,开设正规的德育课程,注重培养青少年勇敢、坚毅、爱国、不屈不挠的中华民族美德,注重进行阶级斗争教育,使学生学会爱憎分明、分清敌我等;其五,运用民主教育方法,如开展批评与自我批评等,并积极引导学生参加各种社会政治运动、生产劳动等。老解放区思想政治教育的成功经验有力地推动了对旧学校思想政治教育的剥削性、反动性的批判,这种批判又为推行老解放区的思想政治教育开辟了道路。也正是由于把老解放区思想政治教育应用于旧学校改造,才使接管工作得以顺利进行。

新中国成立以来,各地高校思想政治理论课实践教学纷纷学习苏区思想政治教育经验,创办"抗大式"大学和各种学习班,进行形象生动的思想政治理论课实践教学,形成以学生积极参加社会斗争实践活动为中心的实践教学形式。各高校在重视系统思想政治理论课学习外,还注重推广老区理论联系实际、开展生动活泼思想政治教育的经验。一是进行多样化的形势时事教育,结合形势宣讲政治理论。二是进行党的政策教育,讲解多种政策,使学生理解体会,并对群众进行宣传。三是开展群众性大辩论,从中讲解政治理论和开展宣传,同时也能对症下药做群众工作。这对帮助群众加深对国民党的反动本质的认识,尤其在抗美援朝时清除恐美心理起到了很好的教育作用。四是现身说法教育,即让当时出身贫苦或有深仇大恨的学生现身说法,深刻形象地揭露地主阶级、国民党反动派的残忍以及日本、美国的侵略罪行。这一老区经验很灵验,直到20世纪60年代依然是高校思想政治理论课实践教学的重要方法。五是举办各种展览和报告会,有效地教育学生。同时,学校还广泛组织师生参加各种社会实践。这些良好的教育方法,对形成新的学校教育秩序和制定新的高校思想政治理论课实践教学政策发挥了重要作用。

(三) 学习苏联思想政治教育中的实践教学经验

新中国成立初期,对高校思想政治理论课实践教学政策的形成影响深远的一项工作是学习苏联高校思想政治教育经验。苏联作为社会主义阵营的排头兵,是世界上第一个社会主义国家,积累了一定的社会主义建设经验,包括高校思想政治理论课实践教学经验。当时中国的国情与苏联相似,因此对于社会主义事业刚起步的中国而言,把苏联作为学习的榜样是必然选择。

1949年12月30日,教育部副部长钱俊瑞在第一次全国教育工作会议的总结报告中,首次明确提出借鉴苏联的教育经验。之后,各种报刊及图书开始陆续引介苏联教育,介绍列宁、斯大林的教育观点,介绍苏联的各种教育理论、教育方法以及教科书,甚至把苏联对有关教育问题的争论也整个搬来介绍。这些观点和思想,对新中国成立初期接管旧教育有很大的参考价值,尤其是这些被证明为"成功的社会主义教育经验"和老区教育经验有本质上的吻合,于是被照搬过来。

1952年后,接管教育工作基本完成,新中国基本转向社会主义改造时期,教育领域转向创建新中国教育的重要阶段,学习苏联的经验就显得更加迫切了。1953年,中央提出过渡时期的总路线,提出要逐步实现国家的社会主义工业化,并实现对农业、手工业和资本主义工商业的社会主义改造。1952年11月号的《人民教育》发表了一篇名为《进一步学习苏联的先进教育经验——迎接中苏友好月》的社论,阐述了全面学习苏联教育经验的必要性和紧迫性。文章指出,由于新中国不走资本主义的道路,而是由新民主主义走向社会主义,因而资本主义那套理论、制度、内容、方法等对我们根本不适用,"只有苏联先进的经验,足以供我们借镜"。文章指出前几年学习苏联教育经验的收获,号召广大教育工作者为了发展社会主义教育,"要以如饥似渴的心情,来大量吸收苏联教育经验的补品。只有大量吸收这种优良的补品来滋养我们的头脑,才能使我们更有力量来担负起教育改革和教育建设的伟大任务"。这篇社论实际上成为全盘照搬苏联教育的重要文件。在此前后,高校思想政治教育大力学习苏联的做法,苏联高校思想政治理论课实践教学政策体系、教材、理论等都成为学习的对象。

新中国成立初期全面学习苏联高校思想政治教育的经验,对推进新中国高校思想政治理论课实践教学政策的创立,起了重要的作用。它提供了社会主义国家推行高校思想政治教育的完整模式和实践体系。以此为指导,新中国在改造旧的教育体系、继承老区教育经验的过程中逐渐明晰了前进的道路,形成了新中国高校思想政治理论课实践教学的初步政策。

(四) 创建高校思政课的实践教学"52方案"

1952年10月7日,教育部发布了《关于全国高等学校马克思列宁主义、毛泽东思想课程的指示》,具体规定了不同类别学校思想政治理论课程的内容及实践教学要求,包括课程种类、学时、讲授顺序等。这一课程体系从1952年起贯彻实施,被称为"52方案"。

建立思想政治理论课课程体系是新中国教育事业发展的当务之急,也是开展高校新民主主义和社会主义思想政治教育的迫切要求。新中国成立后,党和政府成功接管了原来国民党统治区的高等学校,相继取消了国民党时期的党义课程(国民党党义、国父实业计划、宪法、新唯实论)、不适应社会主义发展需要的课程(唯心主义类、旧法学类和宗教类)和某些应用类课程(实用主义教学、旧社会学等)。取消国民党反动课程体系后,如何建立高校思想政治理论课课程体系就成为当时的关键问题。其实,早在抗日战争时期和解放战争时期,党就对思想政治理论课课程体系进行过有益探索,如在中国人民抗日军事政治大学开设过系统的政治理论课程,包括"联共党史""政治经济学""社会科学概论"等。解放战争期间,解放区各高校纷纷将马列主义列为必修课,把思想政治教育放在首位。这些教育课程既为革命战争输送了大量思想过硬的人才,也为新中国成立后高校马克思主义课程设置提供了经验。根据《中国人民政治协商会议共同纲领》的要求,高等学校废除反动课程(包括国民党党义、六法全书等),添设马列主义的课程,并逐步地改选其他课程。1949年10月,华北人民政府高等教育委员会发布《华北专科以上学校一九四九年度公共必修课过渡时期实施暂行办法》,规定各年级必修辩证唯物主义与历史唯物主义(包括社会发展史)、新民主主义论(包括近代中国革命运动史);文、法、教育(或师范)学院毕业班学生必修政治经济学。[①] 不久,华北人民政府高等教育委员会又颁布了《各大学专科学校文法学院各系课程暂行规定》,具体规定了文学院和法学院的公共必修课程为辩证唯物论与历史唯物论(包括社会发展简史)、新民主主义论(包括近代中国革命运动史)和政治经济学,并规定了具体的学时及学程。同年11月,教育部接连召

[①] 教育部社会科学司组编《普通高校思想政治理论课文献选编(1949—2008)》,中国人民大学出版社,2008,第2页。

开座谈会，推广华北区开设政治理论课程的经验。1951年9月，教育部颁布了《关于华北区各高等学校1951年度上学期进行"辩证唯物论与历史唯物论"等课教学工作的指示》，规定了在华北区各高校设置"辩证唯物论与历史唯物论""新民主主义论""政治经济学"三门课程，收到了良好的效果。由于我国接管旧教育、回收教育主权是从高校开始，后来才逐步推进到中学和其他层次学校的，因此，在高校废除反动课程，设立马克思主义理论课程，被认为是新中国思想政治理论课程建设的起点，为"52方案"的提出奠定了实践基础。

1952年，全国高等院校进行了大规模的院系合并、院校增设与专业调整，至1952年末，全国大多数高校完成了调整工作，中国高校新格局初步形成。1952年10月，依据三年高校思想政治理论课程建设的经验，教育部颁布了《关于全国高等学校马克思列宁主义、毛泽东思想课程的指示》，该指示不仅规定了全国高等学校思想政治理论课程的学时和名称，还规定了不同类型高校思想政治理论课程的具体科目学时和总学时。例如，规定了综合性大学及师范、财经、艺术等院校，依照第一、二、三年级次序分别开设"新民主主义论""政治经济学""辩证唯物论与历史唯物论"三门课程，思想政治理论课程总学时为336学时；专门学院（理工农医等）和三年制专科学校开设新民主主义论和政治经济学两门课程，思想政治理论课程总课时数为236学时；二年制专科学校思想政治理论课程总课时数为100学时。此外，还规定了思想政治理论课的课堂讲授及课堂讨论的时间和次数，规定要对大学生进行时事政策教育。这是新中国第一轮高校思想政治理论课建设的方案，它标志着我国高校思想政治理论课程的初步形成。

其后，各高校对"52方案"进行了有益的修正与补充。1953年6月，根据高等学校课程改革发展的实际情况和现实要求，鉴于当时部分课程的重复性设置，教育部决定从1953年起将高校一年级开设的"新民主主义论"统一改为"中国革命史"，并规定该课程的教学目的在于阐明马克思主义在中国的胜利，系统地讲授毛泽东思想的基础知识。毛泽东思想开始成为高校政治理论课的最主要课程，为大学生理解中国革命的基本问题，理解中国政治发展规律以及中国共产党的路线、方针、政策提供了一个很好的途径。1956年9月，《中华人民共和国高等教育部关于高等学校政治理论课程的规定（试行方案）》颁布，系统全面地总结了新中国成立以来高校思想政治理论课课程体系设立的历史经验，确定了高等学校思想政治理论课程为"马列主义基础""中国革命史""政治经济学""辩证唯物主义与历史唯物主义"四门,并明确规定了各门课程讲授的学时、顺序,分配了课堂讲授与讨论的学时比例,明确了考试与考查的方式,规定高校一年级开设马列主义基础,二年级开设中国革命史,三年级开设政治经济学,四年级开设辩证唯物主义与历史唯物主义。这一方案有力推动了我国高校思想政治理论课课程体系建设的系统化、规范化,在一定意义上成为我国高校思想政治理论课课程体系初步建立的标志。

在"52方案"指导下,这一时期思政课实践教学呈现出以下三个特点。一是目标明确,主要围绕彻底肃清帝国主义、封建主义和官僚资本主义反动思想,树立全心全意为祖国、为人民服务的世界观,坚定新民主主义、社会主义和共产主义必胜的信念,努力提高学生的思想觉悟和道德品质而展开。二是方法灵活,着重用系统的理论知识联系思想实际,克服教学中枯燥无味的教条主义偏向,理论学习配合生产劳动、群众斗争及社会活动等,使感性认识与理论知识相印证,来巩固和提高教学效果。三是针对性强,通过讲述、讲解和讲演等方式对青年学生进行辩证唯物论与历史唯物论、新民主主义论、政治经济学的教育,对不同层次学校的学生进行区分,在各级各类学校开设相应的思政课,使实践教学具有针对性。总之,"52方案"反映了时代要求,象征着我党对高校教育教学主权的成功回收,标志着我国高校思想政治理论课课程体系的初步确立,为高校思政课实践教学奠定了基础。

(五)形成新中国思政课实践教学的初步政策

在新中国成立初期的高校思想政治理论课教学活动中,实践教学是非常重要的组成部分。通过改造国民党旧教育、继承老区思想政治教育经验、学习苏联思想政治教育经验,新中国实现了社会主义国家高校思想政治理论课的一般理论与中国由新民主主义过渡到社会主义客观实际的结合,形成了具有中国特色的初步的高校思想政治理论课实践教学政策。

1. 把理论与实际结合起来

1949年12月30日,钱俊瑞在第一次全国教育工作会议上作总结报告时指出,为了有效地进行政治思想教育,"理论学习必须密切结合学生的思想实际,即把理论学习作为改造思想的武器,改造思想作为理论学习的直接目的","这种学习应当与自己参加劳动生产,参加群众斗争,参观解放军或工厂等活动结合起来,才能收到大的成效"。① 所谓理论联系实际,既是思想政治理论课教学所应坚持的基本原则,也是有效开展高校思想政治理论课的基本方法。作为基本原则,理论联系实际着重强调把握学生思想的实际状况,从学生的思想实际出发,做到有的放矢,提高思想政治理论课教学的效果,从而达到用理论改造学生思想的目的。作为基本方法,理论联系实际着重强调回归理论产生的基础,让学生参与斗争实践、生产实践,通过理论与实践的相互作用,提升思想政治理论课的教学实效。

新中国成立初期的高校思想政治理论课实践教学政策一开始就注意把理论与实际联系起来,经过几年的实践,理论联系实际的原则和方法得到深入贯彻,理论联系实际的内涵也随之丰富起来。1955年4月25日,国家高教部副部长刘子载结合新中国成立几年来高校思想政治教育取得的成果和存在的问题,进一步阐释了理论联系实际的意义及内涵。他指出,教师必须用创造性的方法进行教学,一方面要注意正确地、适当地启发和引导学生联系自己的思想实际,也就是要善于引导他们运用自己所学的马克思列宁主义的观点和方法,批判和检查自己的错误观点和思想方法,使学生能够通过马克思列宁主义理论的系统学习,达到提高认识、改造思想、树立正确的世界观和人生观的目的。另一方面还要特别注意引导和帮助学生能够恰当地、逐步深入地联系生产建设的实际、阶级斗争的实际,特别是联系我国社会主义建设和社会主义改造的重大实际问题,以及党和国家的总路线和重要政策,来加深学生对政治理论课的理解,丰富学生的知识。这就必须注意把四门政治理论课相互有机地联系起来,并使它们与时事政策教育和其他课程的教学相互密切地配合起来。同时还要与有计划地组织学生参观工厂、国营农场、农业生产合作社以及听取各种有关当前重要实际问题的报告适当地配合起来。这样才能提高政治理论课程的教学效果,成为学生最爱好的课程之一。②

2. 把课外活动与课内教学结合起来

从本质上看,课外活动与课内教学的有机结合是理论联系实际原则方法的具体展现。从历史上看,中国共产党是一个实事求是的党,善于从实际出发,把理论之外的实践活动作为深化理论、学习理论的重要环节,特别是在老

---

① 教育部社会科学司组编《普通高校思想政治理论课文献选编(1949—2008)》,第4页。
② 教育部社会科学司组编《普通高校思想政治理论课文献选编(1949—2008)》,第21页。

区的思想政治教育中,实践活动是必不可少的环节。在向社会主义过渡的特殊时期,适当地组织课外活动,对于向学生进行共产主义道德教育和引导他们进行自我教育,对于锻炼他们的组织性和领导才能,丰富他们的文化知识和增强他们的体质,都是有重大意义的。

为更好地落实课外活动,发挥课外活动的作用,有关部门作了进一步要求:课外活动的方式应该是多种多样的,内容要生动活泼有趣,同时又富有教育意义,使学生感到轻松愉快。但课外活动必须结合教学工作,由党和行政领导统一妥善安排,有领导、有计划地来进行,切实防止由于加强政治思想教育工作,而又产生课外活动过多、会议过多,以致妨碍正常课业学习和加重师生负担的现象。已经发生这一情况者要纠正。课外活动一般可采取下列方式进行:一是建立经常的时事教育制度。结合当前国际、国内的重大事件、党和国家重大方针政策以及重要纪念日和节日定期举行各种专题讲演或报告。每个班可组织时事学习小组,定期举行时事座谈和漫谈。学校应注意开展直观的宣传和鼓动工作,结合上述活动编制标语、挂图、模型及建立广播站,定期出墙报、组织小型展览会等。二是适当地组织有关青年修养问题及其他问题的专题报告和座谈,使学生能与英雄、模范、作家、科学家等直接见面并向他们学习。高年级学生可以自愿参加科学研究小组,在有关教师的领导和帮助下,进行科学研究工作。三是积极开展群众性的正常文娱体育活动,采取多种多样的形式(如组织歌咏团、剧团、墙报社、舞蹈社、各种球队、劳卫制锻炼等),把广大学生群众吸收和组织到这些活动中来。更重要的是应引导学生适当地参加各种有益于身心健康的集体活动,如组织学生集体观剧、看电影、参观、旅行,在适当时间到工厂或农村去做些社会服务工作等,必要时可在上述活动后适当组织座谈。四是适当地组织学生进行一些对公众有益的社会劳动,这也是培养学生道德品质的良好方法之一。如参加义务劳动、制作实物教学用具、布置教室、绿化学校和街道、在实习园地工作等。

在高校思想政治理论课实践教学政策的引导和影响下,各地高校积极开展各种实践教学活动。一是组织学生开展校内各种有益身心健康的思想政治教育活动,如五四青年节以及国庆、校庆等活动。二是开展各种社会宣传活动,组织学生编演一些革命性的戏剧,在学校和社会广为演出,教育自己和大众;利用各种方式来宣传党的方针政策,揭露旧社会的黑暗和反动分子的阴谋。三是发动师生积极参加各种实际斗争活动,如参加批判旧教育的活动,师生谈体会,清除旧教育的毒害。许多大学生还深入农村,参加土地改革运动,受到很大的锻炼,转变了思想。

二、社会主义建设时期的政策曲折(1956—1976)

1956年生产资料私有制的社会主义改造基本完成,标志着中国进入全面建设社会主义的新时期。从党的指导思想主题特征看,这一时期又可划分为全面建设社会主义时期(1956—1966)和"文化大革命"时期。在全面建设社会主义时期,中国共产党"正确处理人民内部矛盾"的指导思想受"左"的错误的影响,呈现了正确的探索与"左"的错误趋向博弈、交织的态势,最终"左"的错误占据上风,党的指导思想也因此发生改变,发展为抓"阶级斗争",这一时期的高校思想政治理论课实践教学政策的政治斗争性逐渐突出。"文化大革命"时期,党的指导思想的主题是"以阶级斗争为纲",挖"党内走资本主义道路的当权派",这一时期的高校思想政治理论课实践教学政策集中体现为以"大鸣""大放""大批判""大辩论"等为主要特征的政治斗争。

(一) 全面建设社会主义时期的实践教学政策

本时期高校思想政治教育实践教学政策受到国家经济发展和政治生活的重大影响:一方面,高校思想政治教育不断受到重视,思想政治理论课的重要性越提越高;另一方面,高校教育的政治性越来越突出,思想政治教育被强化为进行阶级斗争教育的主渠道和政治斗争的重要形式。受此影响,高校思想政治理论课实践教学政策的实践性、斗争性也越来越突出。

1. 实践教学要以生产劳动为中心

高校思想政治理论课实践教学政策受党的教育方针的指导,随党的教育方针政策的变化而变化。随着社会主义改造基本完成和社会主义建设全面拉开,国家迫切需要大量具有先进思想政治素质和扎实专业技术的新型人才,这就给教育工作提出了新的要求。为此,国家制定了社会主义建设时期的教育工作方针。1956年2月,毛泽东在《关于正确处理人民内部矛盾的问题》的讲话中,首次提出:"我们的教育方针,应该使受教育者在德育、智育、体育几方面都得到发展,成为有社会主义觉悟的有文化的劳动者。"他着重强调了思想政治教育的重要性,指出:"没有正确的政治观点,就等于没有灵魂。"所以,全部受教育者都要"学习马克思主义,学习时事政治",在思想和政治上都得到进步。① 1958年4月15日至24日、6月10日至28日,中共中央在北京召开了全国教育工作会议,中共中央宣传部部长陆定一在会上强调,教育是阶级斗争的工具,教育要为政治服务,为生产服务。他还批评了教育部门的教条主义和右倾保守主义思想,批判了教育脱离政治、脱离生产劳动、脱离实际的错误倾向,提出了教育事业"大跃进"的目标,并将党的教育工作方针阐述为:"教育为无产阶级的政治服务,教育与生产劳动相结合。为了实现这一方针,教育工作必须由党来领导。"根据这一会议精神,9月,中共中央、国务院下发《关于教育工作的指示》,进一步阐述了党的教育工作方针。文件指出:"党的教育工作方针,是教育为无产阶级的政治服务,教育与生产劳动结合……"关于党与教育工作的关系,文件强调为了实现上述方针,"教育工作必须由党来领导。没有党的领导,社会主义的教育是不能设想的";关于教育工作的任务和目标,文件指出就是要"为社会主义革命和社会主义建设服务,为消灭一切剥削阶级和一切剥削制度的残余服务,为建设消灭城市与乡村的差别和消灭脑力劳动与体力劳动的差别的共产主义社会服务","教育的目的,是培养有社会主义觉悟的有文化的劳动者";关于人才培养标准,文件指出:"共产主义社会的全面发展的新人,就是既有政治觉悟又有文化的、既能从事脑力劳动又能从事体力劳动的人,而不是旧社会的只专不红,脱离生产劳动的资产阶级知识分子。"②社会主义教育方针的确立,对推动我国教育事业的发展有着重要的现实意义,并对高校思想政治教育产生深远的影响,指明了高校思想政治理论课实践教学政策在社会主义建设时期的根本方向,即把生产劳动摆在突出的位置。但是由于受到全社会"大跃进"浪潮的冲击,这一时期思政课实践教学政策带有鲜明的"大跃进"特征。

这一时期高校思政课实践教学坚持贯彻落实党的教育工作方针,开展了"双反"运动、"红专"辩论等活动。1958年3月,中共中央发出《关于开展反浪费反保守运动的指示》,明确指出"这是一个社会主义生产大跃进和文化大跃进的运动,是在全民整风运动中改进整个国家工作和促进全民大干劲的一个带有决定性的运动"。各高校迅速响应中央号召,停课开展群众性的

---

① 中共中央文献研究室编《毛泽东文集》第7卷,人民出版社,1999,第226页。
② 中共中央文献研究室编《建国以来重要文献选编》第11册,中央文献出版社,1995,第490-491、493页。

"双反"运动,历时两至三个月,先前正常有序的高校思政课教育教学工作开始被"双反"运动所替代。"双反"运动号召广大学生开展"大鸣、大放、大字报、大辩论",举办现场会、展览会,揭发学校"三风"(官僚主义、宗派主义、主观主义作风)、"五气"(官气、暮气、阔气、骄气、娇气)等保守现象,要求各级领导对群众意见做好梳理,并向群众做检查;同时,动员学生开展"自觉革命,向党交心"运动,深挖自我错误思想,进行自我批判,广大学生出于对党的热爱和信赖,纷纷坦诚向党交心,很快形成了热潮。在"双反"运动的基础上,高校广泛开展专题辩论和专题批判活动,其中集中在红与专的问题上,主要形成了"先红后专"、"先专后红"和"边红边专"三种观点,其中第一种观点占压倒性优势,运用大字报、大辩论的方式,对后两种观点展开了批判,重点批判了那些平日参与政治活动不主动且学有专长的学生,指责他们走的是"白专"道路,于是各高校又掀起了"拔白旗、插红旗"运动,并将他们向党交心的材料公布于众。需要指出的是,这种用大批判替代正常教育活动的做法,违背了教育规律,给高校思政课教学带来了严重损失。

为纠正党的教育工作方针执行过程中的种种偏差,中央转发制定了一系列文件,为高校思政课实践教学调整提供了政策指导。针对高校思政课教学在贯彻党的教育方针过程中过于强调生产劳动实践,忽略教育教学质量的问题,1958年12月,中共中央转发了《教育部党组关于教育问题的几个建议》,规定"全日制的高等学校每年的全部生产劳动时间,一般定为2、3或4个月,但最大限度不得超过4个月","安排生产劳动时,要注意尽量与教学结合","既要继续克服只重视教学而忽视生产劳动的偏向,又要防止只注意生产劳动而忽视教学的现象"。① 针对高校思政课教学放松深入细致的思想工作而热衷表面文章,滥用批判斗争,采取强迫命令的办法等错误做法,1959年6月,中共中央先后批转了共青团中央《关于对学生进行思想政治教育中几个问题的报告》和教育部党组、共青团中央《〈关于学校进行评比竞赛和建立教学秩序的报告〉的批示》两个文件,强调实践教学要按照学校、学生特点开展,不能硬搬工农业生产的某些形式和做法,要善于运用各种方法,不能把某一种形式绝对化,要具体问题具体分析,严格区别敌我矛盾和人民内部矛盾,

---

① 何东昌主编《中华人民共和国重要教育文献(1949年~1997年)》,海南出版社,1998,第867-868页。

坚持说服教育的方法,反对简单粗暴的压服方法。

对于高校如何贯彻教育方针,突出思想政治理论课与生产劳动紧密结合,《人民日报》1959年9月19日发表的社论作了清楚的描述:"我们必须继续坚持教育为无产阶级的政治服务的方针。在一切学校中,今后必须继续加强马克思列宁主义的政治教育和思想教育,培养教师和学生的工人阶级的阶级观点,反对资产阶级的观点;培养群众观点和集体观点,反对个人主义;培养劳动观点,即脑力劳动与体力劳动相结合的观点,反对轻视体力劳动和劳动者、主张劳心劳力分离的观点;培养辩证唯物主义观点,反对唯心主义和形而上学的观点。……理论必须联系实际,学生必须参加政治运动。学校是社会生活的有机组成部分,学校不能脱离社会生活,变成'世外桃源'。所以,学校应当结合政治形势向学生进行教育,并且要组织学生参加全民性的政治运动,使学生从中受到锻炼,受到教育,更好地为社会主义建设事业服务。""在一切学校中,必须把生产劳动列入教学计划,安排学生参加各种体力劳动,或者参加学校举办的工厂和农场中的生产劳动,或者下乡、下厂参加生产劳动,或者参加一定的社会公益劳动。生产劳动能与教学要求结合进行的,应当尽可能结合;不能结合或不能直接结合的,也必须按规定时间进行,不应片面强调结合教学而忽视生产劳动。"当时,虽然没有明确提出实践教学是思想政治理论课教学的重要组成部分,但是,教学与生产劳动的结合实际上已表明以生产劳动为特征的实践教学对于思想政治理论课教育不可或缺。

这些指示精神及其贯彻落实,有效纠正了高校思政课教学在贯彻党的教育工作方针中的错误和偏差,对于思政课实践教学工作调整起了重要作用。之后,高校思政课实践教学开始以教学为主,合理安排学生的学习、劳动和生活,强调学生的根本任务是学习,实践教学应围绕帮助学生更好地学习来开展。

2. 实践教学要以革命化为导向

以提高学生的社会主义觉悟为核心任务,通过纪念活动强调革命教育。这一时期高校思想政治理论课实践教学政策突出阶级性,其特征是把阶级和阶级斗争教育作为实践教学重要内容,大力强化学生的阶级斗争意识。具体措施是结合节日、纪念日开展革命传统教育。每年的"五四""一二·九"等纪念日,广泛开展各种形式的纪念活动。另外主要是利用"四史"进行教育,通过组织学生深入工厂、农村、矿山等地,开展"四史"调查;请老贫农、老工人、老红军做忆苦思甜报告;利用宣传、演讲、文艺表演、观看电影、实地参观等形式进行教育。其中运用较多的是对比教育,如新中国成立前后经济状况对比,新中国成立前后灾年情况对比,"大跃进"前后生产情况对比,新中国成立前后学校变化、工人或农民家庭变化、两种社会制度的对比。通过教育使学生懂得阶级和阶级斗争的道理,激发其阶级感情,坚定其阶级立场,提高其政治觉悟。

组织学生参加生产劳动、社会实践,以社会教育促进其思想革命化。在本时期,生产劳动、社会实践在学校比任何时候都更受重视。由于当时在学生中存在着轻视体力劳动特别是农业生产劳动的现象,于是教育与生产劳动相结合的问题被提出来,并作为教育方针加以强调。本来教育与生产劳动相结合是人的全面发展和现代科学技术发展的内在要求,但当时在我国却成为革命与否的外在"试金石",认为如果"知识分子不参加体力劳动,就不可能彻底改变资产阶级的世界观,就谈不到又红又专。只有工农群众的知识化,没有知识分子的劳动化,就谈不到消灭脑力劳动和体力劳动的差别。如果我们将来普及了高等教育,但是培养出来的人都不能参加体力劳动,那就只有亡国"①。所以,青年一代愿不愿意、能不能够成为劳动者,是有没有社会主义觉悟的最重要的标志,也是检验社会主义学校教育成败的最重要的标志。有人认为:"教育为政治服务,教育与生产劳动结合,教育必须由党来领导,这三者是互相联系的。教育既然脱离生产劳动,就必然在一定程度上忽视政治和忽视党的领导。这样,教育就脱离我国的实际,势必发生右倾的和教条主义的错误。"②在这种认识下,当时的学校把开展生产劳动当作政治任务来抓,积极组织师生参加劳动,以为参加的劳动越多,参加的体力劳动越笨重,思想就越革命,这叫作"茧在手上,红到心里"。这时期学生参加生产劳动有三种形式:(1)在学校设立的工厂、农场中进行劳动,这便于教育与生产劳动相结合;(2)到工厂、农场、人民公社参加劳动;(3)参加校内外公益劳动。至于社会实践,强调社会即教员,要求师生走出课堂,到工厂、农村、街道等参加各种活动,充分运用调查、参观、访问、参加生产劳动等方法去接触社会实际,从中受教育。所谓"讲课不如做报告,报告不如辩论,辩论不如参观访问",便是强调社会教育以及感性知识的重要性。而群众性的政治运动更被认为

---

① 林枫:《大搞文化革命,实现工农群众知识化,知识分子劳动化》,《人民日报》1960 年 6 月 2 日。
② 陆定一:《教育必须与生产劳动相结合》,《红旗》1958 年第 7 期。

具有教育价值,所以 1957 年的反右派斗争、1958 年的大炼钢铁、1959 年的"反右倾""拔白旗"、1962 年后的大抓阶级斗争,都成为学生实践教学的重要途径。

通过《高教六十条》,纠正教育革命的偏误。《高教六十条》,即《教育部直属高等学校暂行工作条例(草案)》。由于该条例共分为 10 个章节 60 个条目,所以简称为《高教六十条》。《高教六十条》坚持马克思主义的立场、观点和方法,批判了 1958 年至 1960 年"教育大革命"期间高等教育出现的教条主义、"左"倾狂热和右的偏差,纠正了脱离中国国情和党的领导,违背教育规律的错误倾向,总结了我国高等教育的初步经验,集中了群众智慧,提出了社会主义高校办学的方向、方针、目标、道路和方法等,反映了我国高等教育的客观规律,是指导这一时期思政课实践教学的一个纲领性文件。

《高教六十条》科学修正了"教育大革命"的失误和偏差,是经过广泛调查和充分酝酿后形成的具有中国特色的纲领性文件。"教育大革命"是指 1958 年至 1960 年间,受全国范围"大跃进"浪潮的冲击,高等学校在教育教学上片面追求走群众路线,搞全民办学,盲目增加学校数量、扩大学校规模,以大兵团作战方式自编教材,搞献礼性质的科研突击,致使高校科研工作停滞不前,教学质量严重下降。这些都促使中央于 1960 年冬对教育工作的政策进行调整。这次调整下大力气缩小了迅速膨胀的教育规模,提出要重新加强教材建设,加强教育立法,制定法规条例,力求使高校工作制度化、规范化。1961 年 3 月,在邓小平同志的直接领导下,教育部开始进行关于高等教育工作条例的起草工作。教育部副部长、清华大学校长蒋南翔负责领导条例的起草工作,并带领调查工作组多次深入地方,调查高校教学、管理等工作的实际状况。针对调查所发现的问题,起草小组多次召开座谈会,听取高校领导和教授们的意见,讨论、修改,数易其稿,最终拟定了《教育部直属高等学校暂行工作条例(草案)》。

《高教六十条》围绕思想政治工作的目标、任务、内容、原则、方法和体制等问题进行了深刻总结和阐释,对高校思政课实践教学进行了系统规定。一是教学目标。《高教六十条》指出高校学生培养的总体目标是"具有爱国主义和国际主义精神,具有共产主义道德品质,拥护共产党的领导,拥护社会主义,愿为社会主义事业服务、为人民服务;通过马克思列宁主义、毛泽东著作的学习,和一定的生产劳动、实际工作的锻炼,逐步树立无产阶级的阶级观点、劳动观点、群众观点、辩证唯物主义观点；掌握本专业所需要的基础理论、专业知识和实际技能，尽可能了解本专业范围内科学的新发展"①。高校思政课实践教学要紧密围绕这个总体目标展开，不能另搞一套。二是工作任务和内容。《高教六十条》指出高校思政课实践教学的主要任务是"在全校师生员工中宣传马克思列宁主义、毛泽东思想，宣传党的总路线和各项方针政策，不断地提高他们的思想政治觉悟和道德品质；团结全校师生员工，充分调动他们的积极性，贯彻执行党的教育方针，保证学校的教学工作和其他各项工作任务的完成"。主要内容是引导大学生正确处理红与专的关系，使他们认识到"红与专是统一的……高等学校师生的红，不但应该表现在政治思想方面，而且应该表现在他们教学和学习的实际行动中"，"加强对青年进行艰苦奋斗建设社会主义的教育"，使他们懂得我们国家还是个贫穷的国家，要靠青年和全体人民团结奋斗才能富强起来，引导他们积极参加劳动锻炼，向工农群众学习，同工农群众相结合。② 三是工作原则方法。《高教六十条》指出实践教学应坚持民主集中制原则，"形成又有集中又有民主，又有纪律又有自由，又有统一意志又有个人心情舒畅、生动活泼的政治局面"；在处理人民内部矛盾时，"必须根据'团结—批评—团结'的原则，采取民主的方法、和风细雨的方法、自我教育的方法来解决。不能采取简单粗暴的、强制压服的方法。在人民内部，不容许用对敌斗争的方法"；"要经常地进行，细水长流，深入细致，讲求实效，反对形式主义。要在教学、生产劳动和群众生活的各个方面，结合各类人员的实际情况和特点进行工作"。③ 四是组织制度。《高教六十条》规定思想政治工作应该在学校党委领导下进行，校党委是领导核心，对学校思想政治工作实行统一领导；系党总支对本系思想政治工作发挥保证监督作用；青年团应该更好地发挥党的助手作用；学生会应该在党委领导下，团结全体同学。同时，《高教六十条》规定要完善高校思想政治工作运行机制，要求在一、二年级设政治辅导员或者班主任，从专职的党政干部、政治理论课教师和其他青年教师中挑选有一定政治工作经验的人担任，要逐步培养和配备一批专职的政治辅导员。

---

① 中共中央文献研究室编《建国以来重要文献选编》第 14 册，中央文献出版社，1997，第 581 页。
② 中共中央文献研究室编《建国以来重要文献选编》第 14 册，第 598-600 页。
③ 中共中央文献研究室编《建国以来重要文献选编》第 14 册，第 598-600 页。

1961年7月29日到8月5日,中央书记处会议在北戴河召开,会上对草案进行了逐条讨论和修改,最后获得通过。会后邓小平、陆定一等联名致信毛泽东和政治局常委,报告草案的起草和修改情况,并决定由陆定一组织继续修改,教育部组织专门人员到北京大学、天津大学、复旦大学征求意见。9月,在庐山中央工作会议上,与会代表们对草案进行了最后讨论并最终批准实施。毛泽东对《高教六十条》表示赞许,认为"这次总算有了我们自己的东西"。此后该草案进入试行阶段。《高教六十条》最初的试行范围是26所教育部直属高校。1962年3月,周恩来在第二届全国人大三次会议上宣布:"全国的高等学校,凡是具备条件的,都应该试行教育部直属高等学校暂行工作条例草案。"①至1963年初,全国试行条例的高等学校共200多所。

《高教六十条》颁布实施后受到了高等学校广大师生的热烈欢迎和拥护,普遍赞扬这个文件符合高等教育的发展规律。各高校在试行《高教六十条》过程中,认真总结1958年以来的经验教训,正确处理好红与专的关系,对学生的生产劳动和社会活动进行了合理安排,使思政课实践教学工作有了明显改进和加强。

3. 实践教学要以同资产阶级争夺青年一代为根本任务

1963年在农村开始的"清账目、清仓库、清财物、清工分"的"四清运动"逐渐发展为全国范围的社会主义教育运动。随着运动的深入,毛泽东认为社会主义教育运动已不是"四清"与"四不清"的问题,而是阶级斗争的问题,是党内出修正主义的问题。受这种思想影响,高校思政课实践教学的指导思想也发生偏转,要求与修正主义做斗争,摆脱资产阶级思想、资本主义道路的影响。1964年10月11日,中共中央宣传部、高教部党组、教育部临时党组发布的《关于改进高等学校、中等学校政治理论课的意见》(以下简称《意见》)明确规定了高校思想政治理论课与资产阶级争夺青年一代的根本任务"是用马克思列宁主义、毛泽东思想武装青年,向他们进行无产阶级的阶级教育,培养坚强的革命接班人;是配合学校中各项思想政治工作,反对修正主义,同资产阶级争夺青年一代"②。

《意见》还进一步分析了同资产阶级争夺青年一代的原因和艰巨性:"社

---

① 中共中央文献编辑委员会编《周恩来选集》下卷,人民出版社,1984,第384页。
② 中共中央文献研究室编《建国以来重要文献选编》第19册,中央文献出版社,1998,第215页。

会主义时期,存在着资产阶级和无产阶级的阶级斗争,存在着资本主义和社会主义两条道路的斗争,因而也存在着资本主义复辟的危险。这个斗争是长期的、反复的、曲折的、复杂的,有时是很激烈的。在高等学校和中等学校中也是这样。资产阶级为了培养自己的接班人,他们通过家庭关系、社会影响和其它各种手段,对学生施加影响,对他们进行拉拢和腐蚀。青年学生虽然绝大多数拥护党,拥护社会主义,愿意接受党的教育,可是,他们没有经过阶级斗争和革命风暴的锻炼,对剥削阶级思想或修正主义思想,缺乏分辨能力或抗拒的能力。特别是出身于剥削阶级家庭的许多学生,对家庭划不清界限。在青年学生当中,有许多人在对待国内外阶级斗争、学习目的、个人前途等问题上,表现出大量的错误观点和个人主义思想,有的人甚至成了资产阶级和修正主义的俘虏,还有极少数人公开站到反党反社会主义的立场上,成了新生的反动分子。因此,在学校中同资产阶级争夺青年一代的任务,是十分艰巨的。"①

同时,《意见》还强调了实践教学的重要意义,即"在学校中进行兴无灭资的斗争,改造学生的思想,单靠政治理论课是不行的,必须同劳动锻炼、下乡下厂,同各项政治运动,同经常的党团工作、班级工作结合起来进行。但是,把政治理论课教好,也是不可缺少的一个重要方面,它是学校思想政治工作中的一个重要环节"②。实践中,各种政治斗争、政治运动、政治批判已在此前展开。

(二)"文化大革命"时期的实践教学政策

"文化大革命"的"大字报、大辩论、大鸣大放、大揭露、大批判的大民主方式"使教育界陷入动乱,高校思想政治理论课遭受严重冲击。

1. 各种政治运动对实践教学政策的冲击

"文化大革命"开始后,高校首先受到冲击。1966年5月25日,北京大学哲学系党总支书记聂元梓等七人公开贴出大字报,把矛头指向北京市委和北京大学党委,在全国引起强烈反响。随后,短短几天里,全国几乎所有的大中学校都出现了学生造反的"革命行动"。学生们在学校里贴大字报,开辟

---

① 中共中央文献研究室编《建国以来重要文献选编》第19册,第215-216页。
② 中共中央文献研究室编《建国以来重要文献选编》第19册,第216页。

论会,矛头指向校党委、党支部及教师。一些学校的批判迅速升级为对校领导和教师的批斗,正常的教学秩序已经难以维持,校内出现无政府状态。1967年初,"文化大革命"进入夺权阶段,学校思想政治教育的政治斗争哲学已完全演变为极端的社会政治斗争实践。"文化大革命"初期学生的造反行动,用暴力迅速打破了现存的社会秩序、伦理秩序和道德规范,相应地,学校传统的思想政治理论课教学也受到直接的全面的冲击,失去了正常运转的方向和依据。随着"文化大革命"的深入,高校思想政治理论课政策走向极左,实践教学也变为造反派与保守派之间的批判和斗争。

2. 实践教学政策的特征

"文化大革命"中高校思想政治理论课实践教学一方面受到前所未有的重视,被强化到无以复加的地步,另一方面又遭到前所未有的践踏,其内涵和本质特征被全部篡改,丧失了作为教育活动最重要的育人功能。该时期的实践教学政策的特征可归纳为以下几方面。

一是高度突出无产阶级政治,全心全意为政治斗争服务。"文化大革命"期间,高校思政课实践教学的思想发展到了极端。思想政治教育的目标、内容、方法发生根本性变化,即目标是培养反修防修的共产主义接班人,内容是以学习马列著作和毛主席语录为主,方法是"灌、批、查",完全背离了新中国成立初期和全面建设社会主义时期党和政府对高校思想政治理论课实践教学政策的积极探索。

二是思想政治理论课教育沦为政治斗争的工具。高校思想政治理论课完全丧失了培养人、塑造人的教育工作的特性而被纳入了政治的轨道,沦为政治斗争的工具。

三是形式主义和教条主义泛滥。对于所谓的"革命者"而言,突不突出政治是态度问题,而不是科学问题;只是愿不愿意的问题,而不是适度不适度的问题。既然越是突出政治越是革命,大家都鼓足干劲,政治"浮夸风"因此越刮越甚,形式主义、教条主义也接踵而至。如高扬工人阶级、贫下中农领导一切,但凡工人、贫下中农出身的人,都是领导阶级。搞阶级教育,必定是请老贫农或老工人讲家史、村史或厂史,报告后便要吃"忆苦餐",如此等等,不一而足。至于教条主义,最典型的莫过盲目照搬领袖的教导,要求学生"理解的要执行,不理解的也要执行"。

总之,"文化大革命"前形成的高校思想政治理论课实践教学政策已经被破坏,正常的思想政治理论课和思想政治教育工作被迫中断。同时,接踵而至的斗争、大批判政治运动成为高校思想政治理论课实践教学的常态。

三、改革开放进程中的政策发展(1976—2012)

1976年10月,党中央一举粉碎了"四人帮"反党集团,结束了十年的"文化大革命",为高校思想政治教育工作正常化奠定基础。为了尽快治愈"文化大革命"造成的重创,党和国家把工作重心扭转到经济建设上,采取了各种强有力的措施,大力推进改革,从而给高校思想政治理论课教育带来新的发展和繁荣。1992年,党的十四大决定在中国建立社会主义市场经济体制,为高校思想政治教育营造了新的环境,思想政治理论课政策也随之进行了创新性调整。随着社会主义市场经济的深入发展,高校思想政治理论课的发展也进入新阶段,其实践教学政策也随之进一步拓展。

(一)实践教学政策的恢复(1976—1994)

党的十一届三中全会以后,随着高考制度的恢复和拨乱反正工作的开展,在"文化大革命"期间偏离正确轨道的思想政治教育工作逐渐恢复与重建,为适应改革开放和社会主义现代化建设的需要,思想政治教育工作不断在改革中前进、在创新中发展。

1. 高校思想政治理论课教育教学的拨乱反正

"文化大革命"结束后,高校思想政治理论课教育教学面临着艰巨的拨乱反正的任务。为了恢复"文化大革命"前党和国家制定的高校思想政治理论课教育教学相关政策,高校思想政治理论课建设主要从以下方面开展正本清源的工作。

一是批判"四人帮"反革命集团在教育上推行的反动路线。首先,批判"四人帮"的反革命罪行,纠正平反大量的冤假错案。其次,进行理论方面的清算,集中批判"以阶级斗争为纲""无产阶级专政下继续革命的理论"等极左思想纲领,对"四人帮"在"文化大革命"期间制造的各种谬论或歪曲马列主义理论的观点进行清理和纠偏,正确认识马列主义、毛泽东思想及其在高校思想政治理论课中的指导意义。最后,对高校思想政治理论课本身进行反思。反思包括,高校思想政治理论课育人功能在"文化大革命"中丧失的原因,新中国成立后高校思想政治理论课实践教学政策与当前政治任务及政策的关系,高校思想政治理论课政策的制度化等。

二是重新确立高校思想政治理论课教育的重要地位。1978年4月全国教育工作会议召开,邓小平在开幕式上作了重要讲话,阐明了贯彻德智体全面发展的教育方针、造就宏大的又红又专的工人阶级知识分子队伍,这是无产阶级政治的要求。他特别指出思想政治教育与学习知识的关系,他指出:"毫无疑问,学校应该永远把坚定正确的政治方向放在第一位。但这并不是说要把大量的课时用于思想政治教育。学生把坚定正确的政治方向放在第一位,这不仅不排斥学习科学文化,相反,政治觉悟越是高,为革命学习科学文化就应该越加自觉,越加刻苦。"①邓小平还特别强调学校要大力加强革命秩序和革命纪律,造就具有社会主义觉悟的一代新人,促进整个社会风气的革命化。他指出,我们要"把青少年培养成为忠于社会主义祖国、忠于无产阶级事业、忠于马克思列宁主义毛泽东思想的优秀人才,将来走上工作岗位,成为有很高的政治责任心和集体主义精神,有坚定的革命思想和实事求是、群众路线的工作作风,严守纪律、专心致志地为人民积极工作的劳动者"②。这些论述,深刻地阐明学校思想政治教育在新时期学校工作中的地位,对"文化大革命"后学校思想政治教育的开展起了重要的指导作用。这次大会还重申了高校思想政治理论课对于帮助学生逐步树立无产阶级的世界观,提高应用马列主义的立场、观点、方法去分析问题和解决问题的能力的重要作用,提出"为了充分发挥理论课对转变学生思想的作用,培养又红又专的人才",必须加强高校思想政治理论课教育。③

三是积极整顿、恢复高校思想政治理论教育工作秩序。为了把被"四人帮"破坏的学校德育秩序恢复过来,在党中央部署下,拨乱反正的同时开展整顿学校秩序的工作。一方面是通过各种方式来提高全体教育工作者对新时期学校德育重要性的认识,提高其开展德育工作的自觉性。1978年4月,教育部办公厅印发的《关于加强高等学校马列主义理论教育的意见》,说明了高校思想政治理论课的作用、目的、任务、教材、教学方法等问题。1980年4月,教育部与共青团中央联合发出《关于加强高等学校学生思想政治工作的

---

① 教育部社会科学司组编《普通高校思想政治理论课文献选编(1949—2008)》,第66页。
② 教育部社会科学司组编《普通高校思想政治理论课文献选编(1949—2008)》,第67页。
③ 教育部社会科学司组编《普通高校思想政治理论课文献选编(1949—2008)》,第70页。

意见》,指出:"高等院校必须正确处理政治与业务、红与专的关系,把学生的思想政治工作放在重要的地位。"1981年8月,根据《关于建国以来党的若干历史问题的决议》精神,教育部召开全国学校思想政治教育工作会议,全面总结了新中国成立以来我国学校思想政治工作的历史经验,对一些重大问题作了较深入的探讨,提出了新时期加强学校思想政治教育的意见,这对学校思想政治教育走向正轨起了决定性的作用。

2. 高校思想政治理论课实践教学政策的重构

在高校思想政治工作拨乱反正的同时,以社会主义现代化建设为中心的高校思想政治理论课规章制度也在重构。高校思想政治理论课实践教学政策往往以教学原则、方法等问题出现在党和国家的有关文件中,随着高校思想政治理论课的运行而形成。

早在1978年全国教育工作会议上的讲话中,邓小平就把实践教学的问题提了出来,他从教育事业必须同国民经济发展的要求相适应出发,指出:"现代经济和技术的迅速发展,要求教育质量和教育效率的迅速提高,要求我们在教育与生产劳动结合的内容上、方法上不断有新的发展。要做到这一点,各级各类学校对学生参加什么样的劳动,怎样下厂下乡,花多少时间,怎样同教学密切结合,都要有恰当的安排。"①在这次会议上,教育部从加强高校马列主义理论教育出发提出,在课堂讲授之外,自学、课堂讨论或小组讨论也是必要的教学环节。要提倡认真看书学习,深入钻研原著。课堂讨论或小组讨论是为了加深学生对基本原理的理解,启发学生独立思考,提出问题,充分准备,热烈讨论。② 1980年7月,教育部印发《改进和加强高等学校马列主义课的试行办法》,对高校思想政治理论课的实践教学问题作了进一步规定:学生必须认真完成教师布置的自习任务,加深并巩固对基本知识和基本原理的理解和掌握。教师要引导学生积极参加讨论,并针对学生提出的问题作好答疑和小结。必要时,可组织学生进行参观和社会调查。③ 1984年9月,中宣部、教育部印发《关于加强和改进高等院校马列主义理论教育的若干规定》,要求高校思想政治理论课教育必须加强教学的各个环节,改进教学方

---

① 教育部社会科学司组编《普通高校思想政治理论课文献选编(1949—2008)》,第68页。
② 教育部社会科学司组编《普通高校思想政治理论课文献选编(1949—2008)》,第73页。
③ 教育部社会科学司组编《普通高校思想政治理论课文献选编(1949—2008)》,第87-88页。

法,除了加强课堂教学,还要大力改进教学方法,实行启发式教学,培养学生的独立思考能力,把教学变为师生一起运用马列主义的立场、观点、方法研究和讨论问题的过程,坚决克服"注入式"的教学方法。所有教师不仅要向学生传授理论知识,而且要对他们进行思想政治教育。为了提高教学效果,应该围绕教学内容,适当地组织学生参加社会活动和进行社会调查,鼓励他们在接触实际中接受教育。① 同年9月,教育部印发的《关于高等学校开设共产主义思想品德课的若干规定》指出,课堂讲授应辅之以生动活泼的教育活动,以增强感染力,提高教育效果。如推荐阅读有教育意义的文学作品、放映优秀影片和录像片、组织参观访问等。引导学生注重实践,身体力行,积极运用和发展行之有效的自我教育形式,如举行专题讨论会、向先进人物学习、开展多种形式的社会实践活动等。② 这些论述和规定是拨乱反正后,高校思想政治理论课在实践中的有益探索,实际上也成为实践教学的主要原则、形式、方法。

对高校思想政治理论课实践教学政策的重构产生重要影响的是1985年8月1日中共中央发出的《关于改革学校思想品德和政治理论课程教学的通知》(以下简称《通知》)。《通知》开宗明义地指出:"为了适应我国社会主义现代化建设的需要,适应现代科学技术和现代经济政治的巨大发展变化,适应新时期青少年心理发展的具体状况,以及各方面改革的需要,我国现行的以马克思主义为指导的思想品德和政治理论课(从小学的思想品德课、中学的思想政治课到高等学校的马克思主义理论课)的课程设置、教学内容和教学方法也必须进行认真的改革。这已成为培养一代有理想、有道德、有文化、有纪律的建设人才的迫切任务之一。"③ 为了提升高校思想政治理论课的教学质量,实践教学的问题也受到关注,《通知》对高校思想政治理论课教师提出要求,即"要善于引导学生通过自己的学习和思考来提高认识,寻求问题的答案","要精心组织学生进行自由活泼的课堂讨论,积极组织学生参加丰富的切实的社会实践和社会调查,以培养他们发现、提出和解决理论问题及实

---

① 教育部社会科学司组编《普通高校思想政治理论课文献选编(1949—2008)》,第96页。
② 教育部社会科学司组编《普通高校思想政治理论课文献选编(1949—2008)》,第101页。
③ 教育部社会科学司组编《普通高校思想政治理论课文献选编(1949—2008)》,第106页。

际问题的能力"。① 《通知》是这个时期高校思想政治理论课改革的纲领性文件,关于实践教学的原则规定指明了实践教学政策的发展方向,此后,高校思想政治理论课实践教学的制度规定越来越具体化。1987 年 5 月 29 日,中共中央《关于改进和加强高等学校思想政治工作的决定》进一步要求改进高校思想政治工作的内容、形式和方法,文件指出要积极引导学生参加社会实践,使青年学生虚心地向实践学习、向群众学习,并用自己所学的知识为群众和社会服务。应根据不同学科、不同年级的特点,采取不同的内容和方法组织学生参加社会实践。业务实习、军事训练和公益劳动、生产劳动都要纳入教学计划,还要鼓励学生利用假期进行各种有益的社会实践活动。有条件的高等学校应逐步建立业务实习和社会实践的基地。② 之后,我国高校的思想政治工作出现了新的转机,马克思主义理论教育开始受到普遍重视,1991 年 8 月《国家教育委员会关于加强和改进高等学校马克思主义理论教育的若干意见》对提升教学质量的实践教学方法提出了比较具体的意见和建议,如应围绕教学内容适当组织学生参加社会实践活动,使学生在接触实际中接受教育。社会实践的形式可以是有组织地参观、调查,也可以到大学生社会实践基地、思想政治理论课教学实践基地进行社会实践活动。同时,还应积极利用现代化教学手段,根据教学要求,制作一些观点正确、材料丰富生动的电化教学片,适当开展电化教学。③

总之,一系列关于高校思想政治理论课政策的实施,丰富了实践教学的内容和形式。

(二) 实践教学政策的调整(1994—2004)

历史上每一次重大的社会变革总要伴随着相应的思想解放运动。经济体制转变的同时,道德思想的变革为高校思政课实践教学的进一步调整准备了必要的思想条件。1992 年,党的十四大提出建立社会主义市场经济体制,

---

① 教育部社会科学司组编《普通高校思想政治理论课文献选编(1949—2008)》,第 107 页。
② 教育部社会科学司组编《普通高校思想政治理论课文献选编(1949—2008)》,第 124 页。
③ 教育部社会科学司组编《普通高校思想政治理论课文献选编(1949—2008)》,第 141 页。

为高校思政课实践教学冲破"左"的束缚,彻底解放思想,提供了巨大的精神动力,也为高校思想政治理论课的调整指明了方向。

1. 高校思想政治理论课体系的因势调整

1994年8月,《中共中央关于进一步加强和改进学校德育工作的若干意见》是党在新形势下提出的调整高校思想政治理论课的指南。文件指出,这个新形势是深化改革、扩大开放和加快社会主义现代化建设步伐的形势,以邓小平同志1992年初重要谈话和党的第十四次代表大会为标志。显而易见,社会主义市场经济体制作为中国经济运行的基本体制的确定是引发这个新形势的最根本力量。因此,高校思想政治理论课的体系调整必然伴随社会主义市场经济体制确立的内在要求而进行。

文件指出,新形势对学校思想政治工作提出了更高的要求:在经济体制发生重大变化,以公有制和按劳分配为主体,其他多种经济成分和分配方式并存的条件下,如何坚持社会主义意识形态的主导地位,用马克思列宁主义、毛泽东思想和邓小平同志建设有中国特色社会主义理论教育青少年;在进一步扩大对外开放,学习国外先进科学技术和管理经验的条件下,如何教育青少年正确认识我国国情,继承和发扬中华民族优秀文化传统和中国共产党领导下的革命斗争传统,树立民族自尊、自信、自强、自立的精神;在新旧体制转换过程中还存在各种矛盾,社会生活中还有需要克服的消极现象的情况下,如何引导学生逐步树立正确的世界观、人生观和价值观,培养良好的道德品质;在人民生活水平有了较大改善和提高的情况下,如何培养学生具有自力更生、艰苦奋斗的精神和坚强的意志品质;在科学技术迅速发展、社会主义市场经济体制逐步建立的情况下,如何指导学生在观念、知识、能力、心理素质方面尽快适应新的要求……这些都是学校思想政治工作需要研究和解决的新课题。

针对新形势下学校思想政治教育面临的难题,文件把学校思想政治理论课摆在突出的位置:学校政治理论课和思想品德课是系统地对学生进行马克思主义理论教育和品德教育的主渠道和基本环节,要重点进行教学内容和方法的改革。要向青年学生简明扼要地讲授马克思列宁主义的基本观点,让其学习毛主席的重要哲学著作,特别是学习邓小平同志建设有中国特色社会主义理论;要从学生思想实际出发,紧密结合改革开放和社会主义现代化建设的丰富实践,回答学生普遍关心的问题;指导学生逐步学会运用辩证唯物主义和历史唯物主义的立场、观点、方法,分析现实社会生活中的政治、经济、文化、道德现象,评价各种社会思潮,确立为建设有中国特色社会主义而奋斗的政治方向。

关于实践教学问题,加强实践环节被作为一个重要的问题提出来。文件要求:各级各类学校都要把组织学生适当参加一定的物质生产劳动作为一门必修课,列入教学计划,统筹安排,各级教育行政部门要进行具体督促检查。高校要把社会实践纳入教学、教育计划,组织学生参加社会调查、生产劳动、科技文化服务、军政训练、勤工俭学等活动。要加强对社会实践活动的管理和指导,明确教育目的,提高教育实效。①

之后,在中央陆续下发的关于加强和改进高校思想政治工作的文件精神指导下,高校思想政治理论课的开展出现变化。

2. 实践教学政策的因势改革

随着高校思想政治理论课体系的调整,实践教学政策也因势产生了新变化。为了贯彻落实《中共中央关于进一步加强和改进学校德育工作的若干意见》,进一步推进高校思想政治理论课(包括马克思主义理论课和思想品德课,时称"两课")教学改革,使高校思想政治理论课教学更好地在新形势下为培养德、智、体等方面全面发展的社会主义建设者和接班人发挥重要作用,1995年10月,国家教育委员会印发了《关于高校马克思主义理论课和思想品德课教学改革的若干意见》,指出:要努力改进教学方法,积极探索在新形势下有效进行思想理论教育的新形式和新途径;要配合教学组织必要的参观、考察和利用假期进行社会调查等活动,使学生在接触社会实际中接受教育;要鼓励和组织教师开展课外教学,支持和指导学生骨干和积极分子开展课外理论学习;要充分利用影视资料,开展电化教学,有关部门要组织制作配合课程教学使用的电视教学片。② 同年11月,国家教委颁布试行《中国普通高等学校德育大纲》,大纲对高校思想政治教育的总则、目标、内容、原则、途径、考评、实施作了明确规定。大纲指出,高校要把劳动教育、军政训练、社会实践纳入教学、教育计划,有组织地开展各类社会实践活动,在活动中加强思

---

① 教育部社会科学司组编《普通高校思想政治理论课文献选编(1949—2008)》,第151-154页。

② 教育部社会科学司组编《普通高校思想政治理论课文献选编(1949—2008)》,第159-160页。

想政治教育。学校应努力争取和借助社会各种教育力量,与社会企事业、部队、农村、机关共建社会实践基地。①

1996年3月27日—30日,全国高校"两课"管理工作座谈会在广州召开,出席会议的有来自全国28个省(自治区、直辖市)教委或高校工委主管马克思主义理论教育和思想品德教育工作的主任或书记、职能处处长以及总政宣传部院校局负责人和有关同志70余人。这次会议的任务,是研讨在新形势下如何进一步强化"两课"声音,深化"两课"改革,加强"两课"管理,使"两课"改革取得突破性进展。会议提出,要总结推荐一些单位在改革教学方法、加强实践环节、吸引学生积极参与、生动活泼地进行学习等方面的成功经验。② 1996年10月,《国家教育委员会关于进一步加强高等学校〈形势与政策〉课程建设的意见》要求继续加强实践环节,引导学生广泛参加社会调查、社会考察以及充分利用暑期学生社会实践活动,丰富和加深学生对我国经济建设和社会发展巨大进步的认识,提高形势政策教育的效果。③ 2003年2月,《教育部关于进一步深化"三个代表"重要思想"三进"工作的通知》指出:要注意抓好读(原著)、听(专题报告)、讲(系统讲授)、谈(讨论交流)、看(录像)、走(社会实践)、写(调查报告、读书心得、学术论文)等教学环节,特别要重视发挥社会实践教育的作用和现代教育技术的作用,力争在教学方法和手段上有新的突破。④

该时期,实践教学只是作为课堂教学的延伸,重在从方法上改进思想政治理论课的教学质量,没有作为思想政治理论课教学的一个独立环节而设置。

(三) 实践教学政策的发展(2004—2012)

随着经济的快速发展,中国社会各领域都发生了翻天覆地的变化,中国

---

① 教育部社会科学司组编《普通高校思想政治理论课文献选编(1949—2008)》,第167页。
② 教育部社会科学司组编《普通高校思想政治理论课文献选编(1949—2008)》,第172页。
③ 教育部社会科学司组编《普通高校思想政治理论课文献选编(1949—2008)》,第176页。
④ 教育部社会科学司组编《普通高校思想政治理论课文献选编(1949—2008)》,第195页。

已经融入世界。如何在世界范围内保持和增强竞争力,最终依靠和发挥人才的强国作用,这也是社会主义市场经济的内在要求。因此,在新的形势和新的任务面前,加强思政课实践教学,提升高校大学生的思想政治素质,把他们培养成为中国特色社会主义事业的建设者和接班人,具有重大而深远的战略意义。

1. 实践教学是高校思想政治理论课教学的重要组成部分

为适应新形势、新任务的要求,中共中央、国务院出台了《关于进一步加强和改进大学生思想政治教育的意见》,意见认为,大学生是十分宝贵的人才资源,是民族的希望,是祖国的未来。改革开放特别是党的十三届四中全会以来,党中央坚持"两手抓,两手都要硬"的方针,加强和改进思想政治教育工作,对于培养高素质人才,对于党和国家事业的发展发挥了重要作用。国际国内形势的深刻变化,使高校思想政治教育工作既面临有利条件,也面临严峻挑战。经济成分、组织形式、就业方式、利益关系和分配方式日益多样化,促进了大学生树立自强意识、创新意识、成长意识等,但西方不良社会思潮、腐朽没落的生活方式等也对大学生了产生了价值取向扭曲、政治信仰迷茫、理想信念模糊、社会责任感缺乏等消极影响,加强和改进大学生思想政治教育成为一项极为紧迫的重要任务。意见阐述了加强和改进大学生思想政治教育的指导思想、基本原则、主要任务、课堂教学的主导作用,同时强调了开展社会实践的重要作用,提出高等学校要把社会实践纳入学校教育教学总体规划和教学大纲,规定学时和学分,提供必要经费。① 意见虽没有直接涉及实践教学问题,但已明确了社会实践是高校教育的总体规划和教学大纲的构成内容之一。

2005年2月,中共中央宣传部、教育部印发《关于进一步加强和改进高等学校思想政治理论课的意见》,这是为贯彻中共中央、国务院《关于进一步加强和改进大学生思想政治教育的意见》精神,制定的关于新形势、新任务下高校思想政治理论课建设的纲领性文件。这个文件从教育教学方式和方法角度首次提出了高校思想政治理论课实践教学问题,文件指出:"高等学校思想政治理论课所有课程都要加强实践环节。要建立和完善实践教学保障机

---

① 教育部社会科学司组编《普通高校思想政治理论课文献选编(1949—2008)》,第202-205页。

制,探索实践育人的长效机制。围绕教学目标,制定大纲,规定学时,提供必要经费。加强组织和管理,把实践教学与社会调查、志愿服务、公益活动、专业课实习等结合起来,引导大学生走出校门,到基层去,到工农群众中去。要通过形式多样的实践教学活动,提高学生思想政治素质和观察分析社会现象的能力,深化教育教学的效果。"①此后,实践教学成为高校思想政治理论课教学的重要组成部分,实践教学作为课程教学的环节之一展开了独立性建设,如"毛泽东思想和中国特色社会主义理论体系概论""中国近现代史纲要"等课程先后增设了实践教学学分。

2. 社会实践为思政课实践教学提供了平台和途径

为推动高校思政课实践教学政策落到实处,2004年8月,中共中央、国务院发出《关于进一步加强和改进大学生思想政治教育的意见》,强调"社会实践是大学生思想政治教育的重要环节……要建立大学生社会实践保障体系,探索实践育人的长效机制"②。文件的颁布标志着大学生社会实践活动在组织领导上得到了进一步加强,在内容和形式上更加丰富和全面,在层次和水平上有了进一步的提高。这一阶段后期,"三下乡"与社会实践相结合,组织博士服务团,强调大学生在社会实践中"受教育、长才干、作贡献",突出"作贡献"。代表性的社会实践活动主要有:万支大中专学生志愿队暑期科技文化行动,中国大中学生志愿者扫盲与科技文化服务活动,中国大中学生志愿者暑期科技文化卫生"三下乡""四进社区"活动,学习宣传践行"三个代表"重要思想活动。

2005年2月,中宣部、中央文明办、教育部、共青团中央印发《关于进一步加强和改进大学生社会实践的意见》。这个阶段大学生社会实践活动紧扣时代发展脉搏,先后开展了以"永远跟党走""服务和谐社会建设,提高思想政治素质""科学发展促和谐,服务农村作贡献""勇担强国使命,共建和谐家园""共建家园迎奥运,改革开放伴成长""服务新农村建设""支援抗震救灾""上海世博会志愿服务"等社会实践活动。从1999年开始,北京大学每年派出一支研究生支教团到西藏、青海、云南、新疆、宁夏、山西、河南等7个

---

① 教育部社会科学司组编《普通高校思想政治理论课文献选编(1949—2008)》,第216页。

② 教育部社会科学司组编《普通高校思想政治理论课文献选编(1949—2008)》,第205页。

省、区开展支教扶贫的实践活动,受到了党中央的高度关注。2011 年 5 月 10 日,胡锦涛在给北京大学第十二届研究生支教团成员回信中勉励青年学生要"向实践学习、向人民群众学习"。2010 年,重庆市委、市政府联手推动大学生社会实践工作,明文规定该市 75 万名大学生在校期间要有不少于 4 个月的社会实践,以促进大学生深入了解国情、市情、民情,同时要求全市大学生进行以"六个一"为主要内容的社会实践,规定在渝大学生就读期间要种 100 棵树,带薪实习 1 个月,到农村与农民同吃、同住、同劳动 1 个月,到企业或服务一线做工 1 个月,开展学军 1 个月,撰写 1 篇有价值的社会调研报告。这些实践活动引导大学生在实践中学习,极大地提高了大学生的认知能力和实践能力。

大学生社会实践活动为高校思政课实践教学提供了有效的途径,是让大学生在实践中受教育、在实践中增长才干、在实践中奉献力量的大平台。要进一步促进高校思政课实践教学的发展,就要不断推动大学生社会实践活动的持续开展。邓小平曾经指出:"教育要面向现代化,面向世界,面向未来。"高等教育要符合时代的需要,适合世界形势的需要和社会发展的需要,就要求大学生社会实践活动在内容和形式上不断丰富和创新。每年的实践主题都与国家经济社会发展的重大决策相结合,以鲜明的活动主题引导大学生了解国情、认识社会,积极为国家经济社会发展作贡献。实践证明这是顺潮流、得人心,符合大学生成长成才的内在需要,符合地方和人民群众需要的,因此大学生衷心拥护,踊跃参与,地方和人民群众真诚欢迎,有关方面和社会各界也给予了有力支持,上下齐心,形成合力,确保了活动取得成功。因此,适应时代特征的、不断丰富内容和创新形式的大学生实践活动,能够保障高校思政课实践教学的实效性和持续性,能够真正成为大学生受教育、长才干和作贡献的重要途径和平台。

四、新时代的守正与创新(2012—2020)

党的十八大以来,中国特色社会主义进入新时代,党和国家面临着从富起来到强起来的伟大转变,担负着实现两个一百年目标,实现中华民族伟大复兴,建成社会主义现代化强国的伟大使命。党和国家从解决好培养什么人、怎样培养人、为谁培养人这个根本问题出发,提出高校的根本任务是立德树人,对新时代高校思想政治理论课实践教学做了部署。

1. 强化思政课实践教学

2017年2月27日,中共中央、国务院印发了《关于加强和改进新形势下高校思想政治工作的意见》,对高校实践育人环节提出了新的要求:"要强化社会实践育人,提高实践教学比重,组织师生参加社会实践活动,完善科教融合、校企联合等协同育人模式,加强实践教学基地建设,建立健全国家机关、企事业单位、社会团体接收大学生实习实训制度,开设创新创业教育专门课程,增强军事训练实效,建立健全学雷锋志愿服务制度。"

2018年4月,教育部印发《新时代高校思想政治理论课教学工作基本要求》,对高校开展思想政治理论课教学工作做了具体部署。文件要求,鼓励思想政治理论课教师结合教学实际,针对学生思想和认知特点,积极探索行之有效的教学方法,自觉强化党的理论创新成果的学理阐释,努力实现思想政治理论课教学"配方"先进、"工艺"精湛、"包装"时尚。课堂教学方法创新要坚持以学生为主体,以教师为主导,加强师生互动,注重调动学生积极性主动性。实践教学作为课堂教学的延伸拓展,重在帮助学生巩固课堂学习效果,深化对教学重点难点问题的理解和掌握。要制定实践教学大纲,整合实践教学资源,拓展实践教学形式,注重实践教学效果。

2. 创新思政课实践教学方案

2019年3月18日,习近平总书记主持召开学校思想政治理论课教师座谈会并发表重要讲话,从党和国家事业长远发展的战略高度出发,深刻阐明学校思政课的重要意义,就如何办好新时代思政课做出部署、提出要求,为做好新时代学校思想政治工作、培养担当民族复兴大任的时代新人提供了重要遵循。此后,中共中央办公厅、国务院办公厅印发《关于深化新时代学校思想政治理论课改革创新的若干意见》,中共中央宣传部、教育部印发《新时代学校思想政治理论课改革创新实施方案》,创新了高校思政课实施方案,是新时代高校思政课实践教学的行动指南。

在学校思想政治理论课教师座谈会上,习近平总书记指出:"青少年是祖国的未来、民族的希望……青少年阶段是人生的'拔节孕穗期',这一时期心智逐渐健全,思维进入最活跃状态,最需要精心引导和栽培。'蒙以养正,圣功也。'就是说青少年教育最重要的是教给他们正确的思想,引导他们走正路。思政课是落实立德树人根本任务的关键课程,思政课作用不可替代,思政课教师队伍责任重大。""当前形势下,办好思政课,要放在世界百年未有之大变局、党和国家事业发展全局中来看待,要从坚持和发展中国特色社会主义、建设社会主义现代化强国、实现中华民族伟大复兴的高度来对待。""办好思政课,最根本的是要全面贯彻党的教育方针,解决好培养什么人、怎样培养人、为谁培养人这个根本问题。新时代贯彻党的教育方针,要坚持马克思主义指导地位,贯彻新时代中国特色社会主义思想,坚持社会主义办学方向,落实立德树人的根本任务,坚持教育为人民服务、为中国共产党治国理政服务、为巩固和发展中国特色社会主义制度服务、为改革开放和社会主义现代化建设服务,扎根中国大地办教育,同生产劳动和社会实践相结合,加快推进教育现代化、建设教育强国、办好人民满意的教育,努力培养担当民族复兴大任的时代新人,培养德智体美劳全面发展的社会主义建设者和接班人。"习近平总书记指出,为推动思政课改革创新,不断增强思政课的思想性、理论性和亲和力、针对性,应做到"八个相统一",即坚持政治性和学理性相统一,坚持价值性和知识性相统一,坚持建设性和批判性相统一,坚持理论性和实践性相统一,坚持统一性和多样性相统一,坚持主导性和主体性相统一,坚持灌输性和启发性相统一,坚持显性教育和隐性教育相统一。其中,理论性与实践性相统一是关于新时代思政课实践教学的根本规定,即"思政课要用科学理论培养人,遵循不同学段学生的认知规律,把马克思主义基本原理讲清楚、讲透彻。同时,马克思主义是在实践中形成并不断发展的,要高度重视思政课的实践性,把思政小课堂同社会大课堂结合起来,在理论和实践的结合中,教育引导学生把人生抱负落实到脚踏实地的实际行动中来,把学习奋斗的具体目标同民族复兴的伟大目标结合起来,立鸿鹄志,做奋斗者"。

为深入贯彻落实习近平新时代中国特色社会主义思想和党的十九大精神,贯彻落实习近平总书记关于教育的重要论述,特别是在学校思想政治理论课教师座谈会上的重要讲话精神,全面贯彻党的教育方针,解决好培养什么人、怎样培养人、为谁培养人这个根本问题,坚持不懈用习近平新时代中国特色社会主义思想铸魂育人,2019年8月,中共中央办公厅、国务院办公厅印发《关于深化新时代学校思想政治理论课改革创新的若干意见》,意见指出:"全面贯彻党的教育方针,坚持马克思主义指导地位,贯彻落实习近平新时代中国特色社会主义思想,坚持社会主义办学方向,落实立德树人根本任务,坚持教育为人民服务、为中国共产党治国理政服务、为巩固和发展中国特色社会主义制度服务、为改革开放和社会主义现代化建设服务,扎根中国大地办教育,同生产劳动和社会实践相结合,加快推进教育现代化、建设教育强国、办好人民满意的教育,努力培养担当民族复兴大任的时代新人,培养德智体美劳全面发展的社会主义建设者和接班人。""坚持开门办思政课,推动思政课实践教学与学生社会实践活动、志愿服务活动结合,思政小课堂和社会大课堂结合,鼓励党政机关、企事业单位等就近与高校对接,挂牌建立思政课实践教学基地,完善思政课实践教学机制。"对新时代思政课实践教学建设方案作出了规定。

2020年12月,中共中央宣传部、教育部关于印发《新时代学校思想政治理论课改革创新实施方案》的通知,要求"各高校要规范实践教学,把思想政治教育有机融入社会实践、志愿服务、实习实训等活动中,切实提高实践教学实效"。

第三章 高校思想政治理论课实践教学的基本经验

思想政治理论课是落实立德树人根本任务的关键课程。2019年3月18日,习近平总书记在学校思想政治理论课教师座谈会上对思政课的办学方向、办学目标、办学手段提出了战略性要求,他指出:"办好思想政治理论课,最根本的是要全面贯彻党的教育方针,解决好培养什么人、怎样培养人、为谁培养人这个根本问题。"以习近平同志为核心的党中央高度重视思想政治理论课建设,做出一系列重大决策部署。

大学生处于心理发展从不成熟到成熟的过渡期,处于人生观、世界观、价值观形成的关键时期。随着改革开放的深入和社会多元化的出现,政治思想的矛盾性、价值取向的多元性、道德取向的功利性无一不影响着大学生心理发展过程。

提升高校思政课的实效性,不仅要抓住课堂教学的主阵地,同时,还要真正实现入脑入心,内化于心,外化于行,而培养大学生以理论指导实践并在社会实践中深化思想认识,正是高校思政课应该承担的特定使命。

一、高校思想政治理论课实践教学实施的案例综述

2015年中共中央宣传部、教育部印发的《普通高校思想政治理论课建设体系创新计划》中明确提出,要努力强化实践教学,建设与课堂教学相互促进的思想政治理论课第二课堂教学体系,提出:"注重发挥教与学两个积极性,形成第一课堂与第二课堂、理论教学与实践教学、课堂教学与网络教学相互支撑,理念手段先进、方式方法多样、组织管理高效的思想政治理论课教学体

系。"2018 年 4 月教育部印发的《新时代高校思想政治理论课教学工作基本要求》进一步明确了高校思政课实践教学的要求：从本科思政课现有学分中划出 2 个学分，从专科思政课现有学分中划出 1 个学分，开展思政课实践教学。

（一）思想政治理论课实践教学案例

为贯彻落实中共中央宣传部、教育部对思政课实践教学的要求，各高校普遍开设了思政课的实践教学，在实践教学模式的研究方面成果比较丰富，主要体现在课堂实践教学、校园实践教学、校外（社会）实践教学、科研实践教学等方面，同时也形成了多样化的实践教学模式。探索实践教学的各种创新模式，进而提高各个层面的实践教学水平，对于解决"培养什么人、怎样培养人、为谁培养人"的根本问题具有十分重要的意义，也是高校实现中华民族伟大复兴中国梦、落实立德树人根本任务的必然要求。我们通过以下几个典型的高校思政课实践教学模式，了解我国高校思政课实践教学现状。

案例 1 "中原红色精神口述史实践调研"——河南师范大学"四位一体"立体化实践教学模式

河南师范大学马克思主义学院依托"中国共产党革命精神与中原红色文化资源研究中心"，充分利用河南省红色文化资源数量多、精品多、区域特色鲜明的特点，发掘红色文化资源蕴含的思想政治教育价值，把红色文化资源作为实践教学的主要内容，在原有的立体化实践教学模式基础上适应新媒体网络环境下高校思政课的需求，创造了课堂叙事式教学、基地体验式教学、平台情景式教学和网络延展式教学相互渗透、有机融合、功能互补的"四位一体"立体化实践教学模式。

1. 课堂叙事式教学

红色文化资源由众多的历史事件组成，包含许多令学生敬仰、认同、感动的红色故事，这些红色故事具有深厚的价值底蕴。河南师范大学马克思主义学院按照小故事大主题、语言通俗易懂、贴近学生实际的原则，精心提炼"红旗渠工程与群众自觉""南水北调精神与党的群众路线""大别山精神与中国梦""新乡先进群体精神与社会主义核心价值观""焦裕禄精神与党的工作作风"等不同红色故事主题，力求生动诠释红色精神的历史积淀和时代内涵，结合特定教学内容，在课堂上开展以讲红色故事为主要形式的课堂叙事式教学。同时，学院还聘请吴金印、刘志华、裴春亮等先进群体代表为特聘教授，深化以红色文化资源为主要内容的课堂叙事式教学。

2. 基地体验式教学

河南师范大学马克思主义学院充分利用河南省以及新乡市丰富的红色文化资源，深入挖掘其蕴含的教育价值，大力构建校外实践教学基地，先后与红旗渠干部学院、南水北调干部学院、新乡县七里营刘庄、全国文明村回龙村、共青团河南省委、新乡市委组织部和宣传部等紧密合作，建立了十多个思想政治理论课校外实践教学基地。每年寒暑假充分利用"三学院""三基地"对全院教师进行红色教育，每学期由思政课教师带领学生党员、学生代表到基地进行实践教学、社会调研，引导学生带着问题去思考和感受历史，接受革命传统教育的熏陶。同时，成立校级特色科研平台——中国共产党革命精神与中原红色文化资源研究中心，与红色资源教育基地开展协同创新。教师在红色教育基地学习、调查研究、科研合作的基础上，结合思想政治理论课具体教学内容，围绕当前国际国内形势、党的路线方针政策，挖掘、整合出红色文化资源所蕴含的教育主题。2018年7月10日—19日，河南师范大学马克思主义学院组织开展以中原红色精神口述史实践调研为主题的暑期"三下乡"社会实践系列活动，组织学生奔赴爱国主义教育示范基地、国家红色教育基地——林州红旗渠考察学习。调研团的队员们在红旗渠教学基地参观纪念馆和青年洞，亲身感受"自力更生、艰苦创业、团结协作、无私奉献"的红旗渠精神。此外，为发扬红旗渠精神，再现生动修渠史，实践调研团用专业的录音录像设备，采取"口述历史"的研究方法，获取这些劳模回忆当年修建红旗渠的第一手口述资料，通过追寻往昔红色记忆，凝聚当代青春力量，传承中原红色精神。

3. 平台情景式教学

河南师范大学马克思主义学院以学生为主体，鼓励学生充分利用实践教学平台，把相关人物故事、历史事件、调研报告、采访内容等，做成案例或改编成艺术形式，采用"历史场景再现""舞台模拟""虚拟实践"等形式，分享自己在红色基地的亲身体验。通过同辈群体的演绎，增强思想政治理论课的说服力、感染力，把实践教学真正扩展到每一名学生。目前，学院正着手把"口袋博物馆"引入实践教学，更好地推动平台情景式教学向纵深发展。

4. 网络延展式教学

2016年4月，习近平总书记在网络安全和信息化工作座谈会上指出："互联网是一个社会信息大平台，亿万网民在上面获得信息、交流信息，这会对他们的求知途径、思维方式、价值观念产生重要影响，特别是会对他们对国家、对社会、对工作、对人生的看法产生重要影响。"在微传播、自媒体、大数据、圈群共享时代，网络延展式教学充分运用现代教育技术手段，建立网络教学资源集成平台，跨界融合视频、音频、图片、动态信息资料等资源，实现资源共享，满足师生对教学资源和学习资源的多样化需求，及时获取具有代表性、前沿性的信息资源，吸引学生积极主动参与，实现线上线下有机结合。

案例2 焦桐树下，一堂生动的高校思政课——华北水利水电大学"四课联动"实践教学模式①

人间四月天，焦桐花开艳。

清晨六点半，华北水利水电大学学生刘世博、赵如意、张东伟等人，一大早就来到焦裕禄生前手植的泡桐树前，听守候焦桐一辈子的魏善民老人讲故事。老人讲得动情，学生听得专注，朝阳给每个人脸上铺上了金色的光辉。

这是同学们来到焦桐树下的第二天。2019年4月12日，华北水利水电大学从思想政治理论课成绩优秀的学生中选拔出44名代表，由马克思主义学院副院长张梅、李心记带领，到兰考县焦裕禄干部学院进行思政课的现场实践教学。师生们共同组成的"学习焦裕禄精神代表团"，将进行为期三天的学习实践教学活动。听魏善民老人讲故事，是同学们被感染后的"自选动作"。

在兰考县展览馆参观，在焦裕禄纪念园纪念，在焦桐树下缅怀……44名同学听故事，看实物，纷纷拿出笔记本记下感受，用镜头录下文物。讲解员和带队老师不时引导，孩子们不住点头认同。

亲身感受焦裕禄精神，让学员张东伟心潮澎湃，他说："艰苦时代塑造伟大精神，强国时代仍在呼唤使命担当。今天我们走出来，就是要用伟大的时代精神点燃我们的内心，呼唤出我们强烈的使命担当。因此，我们应该不忘初心，牢记青春使命，勇做新时代的弄潮儿，在一次又一次生动的社会实践中

---

① 《焦桐树下，一堂生动的高校"思政课"》，http://www.sohu.con/a/307658061_11473；王晖：《华北水利水电大学"四课联动"调出思政课全新"味道"》，《河南日报》2018年3月5日第1版。

铸造自己的青春梦想,书写自己的人生华章!"

"通过下午的现场教学,我深刻领悟到了焦裕禄同志事迹的生动感人,经历了一次世界观、人生观的再教育,受益匪浅。作为90后的自己,内心受到了震撼,思想得到了升华,信念更加坚定。"学员张乾刚回到住处就迫不及待写下感受。

"我非常赞成刘世博同学的感悟。他说,焦裕禄以一己之力燃起了一座城市的革命激情,让他真正感受到什么是星星之火可以燎原,更加坚定了他把红色革命精神带回学校的信心,相信大家也必将在学校里燃起不灭的红色激情。这就是我们这次'四课联动'的目的所在。"华北水利水电大学马克思主义学院副院长张梅说。

"四课联动"是华北水利水电大学开展的思政课实践教学新探索。具体做法:在思想道德修养和法律基础教学中开展演讲比赛,在中国近现代史纲要教学中开展历史情景剧比赛、在马克思主义基本原理教学中开展辩论赛、在毛泽东思想和中国特色社会主义理论体系概论教学中开展微视频大赛,通过教师与教师、学生与学生、教师与学生、理论教学与实践教学以及课堂内外的联动,变传统思政课老师讲、学生听的模式为学生积极主动地参与,让思政课真正活起来。华北水利水电大学构建了一个统筹协调、多方参与的育人体系,建立了一支"师为主导、生为主体"的思政育人队伍,搭建了一个"纵横交错、互融互通"的"四课联动"教学实践集成平台,探索出"春风化雨、润物无声"的华水思政育人模式。真正实现了思政教育由"灌"到"引"、由"被动"到"主动"、由"高冷"到"亲和",学生由"客"到"主"、由"知"到"行"的转变。

近年来,华北水利水电大学积极打造更活的高校思政课,通过"车轮上的思政课""爱国教育基地现场实践教学""文化活动表现思政课"等形式,不断探索增强思想政治理论课的生动性、趣味性、吸引力和亲和力,取得了良好的教学实践效果。

"四课联动"的魅力在持续发酵:在学校思政课演讲比赛中获得一等奖的大一新生王哲,寒假返乡后看到村里小学翻新了校舍,敬老院的老人过年穿上了免费的新衣,立刻就投入创作状态,一边录像一边采访,他要拍一部思政课的微视频,名字就叫《暖》。

传统思政课堂上,老师是"导演"加"主演",学生永远是"观众"。华北水利水电大学打破原有的课堂模式,重构传统的师生关系,老师依然是"导演",但"主演"却是由老师和学生共同担纲。马克思主义学院副院长张梅收到过一条学生发来的短信:"一堂堂热气腾腾的思政课,就像一次次直抵人心的精神洗礼,谢谢老师像厨师一样为我们的思政课调出了全新'味道'。"

案例3 皖西学院"一·八·六"思政课实践教学模式

皖西学院坐落在皖西革命老区中心城市——六安市,这里是中国革命的重要策源地,是人民军队的重要发源地,红色文化资源得天独厚。近年来,皖西学院结合思想政治教育的新形势和大学生的学习特点与思想实际,以教学模式改革为突破口,大力推动思政课实践教学改革,充分发挥思想政治理论课主渠道作用,形成了"一·八·六"思政课实践教学模式,学生在思政课堂上的获得感明显增强。

所谓"一·八·六"思政课实践教学模式,即一个主题——皖西红色文化资源;八个实践教育基地——大别山革命历史纪念馆、金寨革命烈士陵园、天堂寨国家森林公园刘邓大军千里跃进大别山前方指挥部、许继慎纪念园、苏家埠战役纪念馆、立夏节起义旧址、独山革命旧址群、皖西博物馆;六种实践教学方式——观、听、思、访、议、讲。

依托一个主题——皖西红色文化资源。皖西红色文化资源数量多、分布广泛,各个辖区和县都有大量的红色文化资源,为"一·八·六"实践教学模式提供了丰富的实践教学资源。无论是思想道德修养与法律基础中的爱国主义教育、理想信念教育、人生观价值观教育,还是毛泽东思想和中国特色社会主义理论体系概论中的马克思主义中国化教育,以及中国近现代史纲要中的新民主主义理论教育,都可以从皖西红色文化中找到合理合适的教育资源,便于实践教学就地取材,科学利用。

利用和建设八个实践教育基地。皖西学院在皖西地区建立了大别山革命历史纪念馆、金寨革命烈士陵园、天堂寨国家森林公园刘邓大军千里跃进大别山前方指挥部、许继慎纪念园、苏家埠战役纪念馆、立夏节起义旧址、独山革命旧址群、皖西博物馆等八个实践基地,为"一·八·六"实践教学模式提供了强有力的保障。

实施六种实践教学方式。"看",在"一·八·六"教学模式实践教学活动中处于首要位置。即组织学生参观、游览革命旧址、纪念地等。要求学生有选择地看,但不能走马观花,敷衍了事,心不在焉,而是要带着问题认真地看,边看边思考。"听",在"一·八·六"教学模式实践教学活动中处于重要位置。听报告,听实践基地讲解员讲解。"思",是"一·八·六"教学模式实践教学活动中的重要阶段。要求学生不仅要看,更要思,思考得到的收获,思考观后感受或是与本次实践教学相关的一些问题。"议",是"一·八·六"教学模式实践教学活动中的内化环节。结合实际参观的内容和学生写出来的心得体会设定一些问题进行讨论:此次实践教学活动的经验及不足之处,红色文化精神的启示,大学生应怎样继承和弘扬革命前辈的精神;最后由教师点评、总结,师生共同给出成绩。"访",是"一·八·六"教学模式实践教学活动中的应用环节。让学生根据社会热点问题,设计访问题目,编制访问提纲,确定访问方法,设计访问流程,利用周末或节假日,根据所要探究的内容和问题,进行访谈,并写出调查报告。"讲",是"一·八·六"教学模式实践教学活动中的亲身体验环节。即让学生上讲台讲课,让学生将实践中看到的、听到的、思考的讲出来。

通过实践体验来理解理论、验证理论,使理论知识真正入脑入心,使学生做到真学、真懂、真用。"一·八·六"实践教学模式的实施,改进了皖西学院思政课实践教学效果,促进了思政课实践教学的制度化、规范化、科学化和常态化,也得到了学生的好评。

案例4 讲出学生真心喜爱的思政课——天津师范大学"五同"实践教学模式①

"中国早期的马克思主义者大多受过良好教育,个人前景光明,为什么却走上为劳苦大众代言的艰辛革命道路?"这是中国近现代史纲要课的教师李思聪在课堂教学中提出的问题。

为了回答上述问题,一节名为"认清历史选择 坚定理想信念"的实践教学课在周恩来邓颖超纪念馆开始了。"我们来到这里,就是为了寻找历史与人民选择马克思主义和社会主义、一直跟党走的奥秘。"辅导员张家玮做了上述动员,旁边的思政课专业教师李思聪频频点头。几十名学生带着疑问,在纪念馆寻找答案。两位老师现场回答学生们一个个犀利又不乏深度的提问。

这种授课模式,是天津师范大学坚持了13年的辅导员与思政课教师两支队伍优势互补、实践教学与课堂教学"五同"的实践教学模式。李思聪深

---

① 陈建强、刘茜:《讲出学生真心喜欢的思政课》,《光明日报》2019年1月31日第5版。

有感触地说:"在授课过程中,张家玮老师发挥了解学生思想的优势,这正是思政课教师的短板;我发挥了解课程、熟悉历史的优势,这是辅导员的短板。我们优势互补,有效提升了实践教学辅助课堂教学的成效。"

在这一教学模式中,实践教学与课堂教学同对象、同目标、同重点、同问题、同考试的"五同"机制是重要保障。"课堂教学中的重点难点问题,在实践教学中得到深化。实践教学全员性难保证、与课堂教学'两张皮'等难题得到了解决。"教育部"思想政治理论课实践教学研究"课题主持人杨仁忠深有体会。

学生是最大受益者。"实践教学课的内容紧密围绕教学重点难点展开,教师在课堂上所讲的观点和眼前的实物突然有机联系起来了。"上实践教学课的一年级学生王宇泽很激动,"我们仿佛可以穿越时空,触摸到中华民族从站起来、富起来到强起来的历史,这也让我对理论课教师在课堂上所讲的'四个选择'的理解更深刻了。"

为了讲好一堂堂可触摸、能互动、有效度的思政课,2018年天津师范大学以思想政治理论课实践教学创新课"品味最牛'创业'史"为平台,探索设计微视频等学生喜爱的实践教学形式,先后与天津市园林规划设计院、周恩来邓颖超纪念馆等基地共建,拓展主阵地与主渠道结合,校内与校外结合,理论与实践结合,真正让学生在田间地头学懂有字之书。

案例5　在实践活动中坚定理想信念——西安交通大学思政课实践教学①

"看到庄严的国徽,看到电视节目上的庭审现场真实地呈现在自己的眼前,我心中对于法律更有了一份真切的敬畏。活动让我收获颇多,真正地将书本上的知识应用到现实生活中,十分受益!"西安交通大学2018级本科生张钟源同学参加完"法庭审判"实践教学后激动地说。"法庭审判"是西安交大马克思主义学院思政课实践教学活动之一。除了"法庭审判",学院还探索了多种形式的思政课教学实践活动,在实践活动中升华理论、坚定理想信念。

1. 在校园"法庭审判"中感受法治正义

"法庭审判"是西安交大马克思主义学院思政所邀请西安市雁塔区人民

---

① 在实践活动中坚定理想信念——西安交大思政课实践教学记述,https://www.eol.cn/shaanxi/campus/201903/t20190305_1647629.shtml。

法院,将真实的庭审搬进校园,在校园里进行真实案件的现场审判并让学生观摩,这是西安交大思想道德修养与法律基础课有着十多年历史的品牌教学实践活动。将法院的公开庭审活动引入思政课实践教学环节,使大学生在亲身经历法庭庭审过程中,不仅体会到法律的公正严谨与威严神圣,而且进一步加深对社会主义法律的本质特征和运行机制的理解,进而培养自身敬畏法律、维护法律的法治意识。而在庭审后所安排的学生向法官提问的环节,旨在通过互动,使大学生更加明确自身权利与义务的范围,明确不断提升自身法治素养的重要性,意识到自身在全面依法治国、建设法治中国进程中所肩负的时代责任。

2. 在西迁精神滋养中弘扬爱国奋斗精神

西安交大是百年名校,拥有丰富的校园文化资源。以校园文化景点和西迁博物馆为载体,运用情景式教学法,在讲述交大校史中让学生感悟西迁精神,这种"西迁精神现场教学"已成为西安交大思政课实践教学的一大亮点。党的十八大以来,习近平总书记明确提出和阐释了"中国精神"这一概念。从2015年起,"中国精神"写入了思想道德修养与法律基础课程教材,"中国精神"已成为高校思政课教育教学的重要内容。而"胸怀大局、无私奉献、弘扬传统、艰苦创业"的西迁精神正好体现了以爱国主义为核心的民族精神。每年秋季新生开学,参观西迁博物馆成为西安交大学生入学后的第一堂思政课,通过西迁精神的现场教学,用鲜活生动的人物、故事、实物对大学生进行教育,使青年学子以特有的视角感知西迁精神的力量,进而传播与践行西迁精神,让西迁精神植根于青年内心,成为引领青年成才的精神力量,完成对青年学子的价值塑造与人格培养,坚定做好西迁精神新传人,在民族复兴道路上续写爱国奋斗新篇章。

3. 在优秀企业参观中感悟诚信力量

参观银桥乳业道德教育基地是西安交大思政课教学实践活动的又一特色。该实践活动是西安交通大学少年班以及部分大一本科生走进校企共建道德教育基地——西安银桥乳业集团参观学习。西安银桥乳业诚信经营,用心做奶,连续六年被国家七部委授予"全国食品安全示范单位"称号,集团党委书记、董事长刘华国是全国道德模范。青年学生观看该企业的宣传片,深入了解该企业的经营理念和企业文化,并参观该企业的生产流水线及产品质量检测中心。学习银桥乳业"质量求发展,诚信铸品牌"的理念及"奶品就是人品,质量就是生命"的先进企业文化,培养大学生道德文明意识与诚信、奉献的职业操守。

4. 在优秀朋辈身上学习美好品质

优秀学生标兵演讲也是西安交大思政课教学实践活动的特色之一。该实践活动每年邀请西安交大评选的优秀学生标兵,与大一新生分享他们在大学生活中的心得体会。标兵们分别从自己的专业背景出发,以自己在西安交大的学习生活经历为案例,为各专业新生做学业指导和职业规划分享,使新生对于各自专业有了更为深刻的理解。有的标兵甚至还以自身某方面的失误为反面案例,为新生们打了预防针。这些案例贴近实际,生动活泼,使新生对于大学生活有了更多认识。

习近平总书记指出:"人生的扣子从一开始就要扣好。"青年的价值取向决定了未来整个社会的价值取向,而青年又处在价值观形成和确立的时期,抓好这一时期的价值观培养十分重要,对于大学生正确世界观、人生观、价值观、道德观、法治观的养成具有重要作用。思政课实践教学在教学过程中发挥了积极作用,使理论知识更加形象化、生动化,增强了广大学生的获得感,提高了思政课的实效性和感染力,广受学生的好评。在实践活动中坚定理想信念,西安交大思政课实践教学活动已成为一抹亮丽的风景。

案例6　立体教学让思政课由外灌到内需——北京科技大学思政课实践教学改革

"红军不怕远征难,万水千山只等闲……"随着开场舞蹈《新长征路上的摇滚》的精彩演绎,北京科技大学马克思主义学院举办的党史知识竞赛在学校教职工活动中心火热开赛。这是北科大探索新媒体在思政课校园实践应用的一种新尝试。

北京科技大学具有崇尚实践的优良传统,历来重视实践教育。近年来,学校深入实施思政课教学质量年、思政课教师队伍建设专项工作,持续提高思政课教学质量和水平,思政课实践教学已由假期综合性社会实践拓展为课堂实践、校园实践、社会实践"三位一体"的系统性实践教学工程建设。依托课堂的思政课实践教学、依托第二课堂的校园实践以及集中于假期的大学生社会实践各成体系,又互相补充、相互支撑,构成了整个实践教学改革的立体化体系。

课堂实践：抓重点、聚焦点、出亮点

思政课实践教学如何实现由简单化、形式化的活动向规范化、实践性教学转变？关键就是实践教学与思政课的教材、教学紧密联系在一起。学校在思政课课堂实践教学探索中，提供了课堂情景剧、微电影、辩论赛、社会调研成果展示等形式让学生自选，但是"抓重点、聚焦点、出亮点"这三项要求必不可少。

一是教学设计要与教材、教学中的重难点结合起来。在学校思政课课堂实践中，主讲教师将课程教学内容划分为若干专题，特别是列出教学重点、难点，进而遴选出适合学生实践的主题，精选出若干实践课题。"纲要"课进行研究性教学改革，主题设定由教师把关，实践活动策划创意由学生自主发挥。"我们的团队要自主查阅很多资料，角色分工、情节、台词、着装、道具等，大家反复讨论、琢磨，不知不觉中对重点内容的理解就深化了……"学生李慧进分享了自己的心得体会。

二是教学要抓住学生关注的热点焦点问题，提高针对性。"基础"课堂上，主讲教师设计了两场辩论赛，辩论话题均来自社会生活中的热点，而关注点则是"人生价值的评价标准""德治与法治"等教材、教学中的重难点，在热点问题的辩论交锋中，学生对重难点的理解把握更准了。

三是教学中学生有出彩之处、教师有点睛之笔，要有情感温度与思想深度。"原理"课堂上，一名学生展示了自己团队制作的微电影——《纵然》，讲述了一个追星女大学生的故事，故事情节中姐妹的矛盾、意外的发生触动学生们的情感。但是，团队制作电影的感悟、教师关于"偶然与必然关系"的点评，才真正引发了学生最深层次的感悟。

校园实践：一体化、规范化、生活化

"两张皮"现象是多年来高校思想政治教育较难突破的瓶颈，而学校通过"一体化、规范化、生活化"的思政课校园实践教学在第一课堂与第二课堂、思政课教师队伍与辅导员队伍之间架起了桥梁。

"一体化"是按照"大德育"理念将高校思想政治教育的两个课堂、两支队伍统筹起来，协同行动。多年来，北科大形成了"教辅结合"德育模式，即思政课教师与辅导员共同合作开展大学生思想政治教育。高等工程师学院辅导员杨美偲说："每学期学生处与马克思主义学院都要召开'教辅结合'座谈会，及时沟通信息，这种互动的形式能让工作更有的放矢，更让辅导员受益良多。"两支队伍还针对不同年级学生特点,共同构建以"思想成长为主体、价值引领和学业引航为两翼"的"一体两翼"型主题班会体系,并创新开展"新生成长对话"活动,效果明显。

"规范化"是指通过制度化、标准化措施将思政课校园实践教学实施具体办法固定下来、延续下去,使得校园实践教学活动有章可循。课程组对校园实践教学有明确的主题和具体的操作方案,对人员组成、成员分工、项目名称、成果形式、考核方式做出详细说明。同时,改革思政课平时成绩评定方式方法,把学生校园实践活动纳入思政课平时成绩计算范围,将思政课平时成绩的比重由过去20%—30%提高到40%—50%,以此来调动学生的积极性。有规范使得实践教学有序开展,过程优化、标准科学化又使得思政课的实效性有所提升。

"生活化"是将思想政治理论教育与学生校园生活实践结合起来,在实践活动中深化理论认识,促进知行合一。在"基础"课教学中,主讲教师安排学生组成团队,选择资深教授、青年教师、研究生、高年级学生等不同群体,针对学习、考研、就业、留学、恋爱等话题进行访谈,学生反应积极,收获丰富。还有学生团队通过调研校园不文明现象,使遵守社会公德从课本、课堂进入宿舍、食堂。

社会实践:课程化、项目化、综合化

综合施教、全员参与是许多高校思政课实践教学面对的难题,多年的探索中,北科大摸索出"课程化、项目化、综合化"的施教途径来破解难题。

一是将大学生社会实践正式纳入教学计划,按正式课程管理。"大学生社会实践"在北科大早已列入必修环节,计3学分。学校教学文件还对大学生社会实践教学指导团队、经费保障、成绩考核等一一规定,全员覆盖等问题迎刃而解。

二是社会实践按照项目化方式进行管理,以提高实践教学的规范性和有效性。由于实行全员覆盖,每年学校的学生社会实践有4000余人、数百支团队参与。负责大学生社会实践的于林民老师说:"面对如此繁重的管理任务,课程组采取'依托网站、全程督导、五道防线'管理办法,创建了包括课程网站、课程管理信息系统、课程短信平台在内的大学生社会实践指导与管理平台,既给学生提供了丰富的学习资源和交流渠道,又优化了管理服务。"特别是依托课程管理信息系统,学生可完成从项目申报到报告提交、项目评奖评优等实践所有环节。在安全保障上,落实包括安全教育、购买保险等"五道安全防线",促使学生、家长、教师共同做好实践活动安全管理工作。在成绩评定上,由课程组组织进行暑期实践团队答辩以及实践报告评阅、综合成绩评定、优秀实践成果转化等,真正实现了项目的一条龙管理。

三是运用综合手段,着眼于学生综合知识的运用、综合能力的提升,实现思政课实践教学目标。在思政课实践教学整体设计中,"大学生社会实践"课承担综合性实践教学功能,并组建校一级课程组统筹管理。课程组每年结合党和国家事业发展要求、思政课教学重点和时政热点,确定年度实践主题以及若干重点实践专题,并选定综合性的参考选题。以"一个主题、若干专题、多个课题"为指导,综合施教,统筹推进。

除了上述案例中展示的高校思政课实践教学模式,全国高校思政课实践教学模式还有很多,比如广西师范学院(现南宁师范大学)马克思主义学院从思想政治理论课教学的整体性和系统性的视角,秉承"学生在哪里,思想政治理论课教学就跟进在哪里"的教学理念,运用新媒体环境下翻转课堂、微课、慕课等现代教学理论,倡导基于新媒体网络环境下"先学后教再实践"的教学方式,从网络教学、理论教学、实践教学等三个教学维度和问题导入、互动研讨、总结提升等三个教学环节,构建起涵盖新媒体环境下思想政治理论课全过程全方位的"三维度与三环节"的教学模式,即"三三制"教学模式。[①]"三三制"教学模式在西南地区高校产生了良好的影响,取得了较好社会效益。

(二) 基于实践教学案例的综述分析

实践教学是高校思想政治理论课教学的有机组成部分,通过对上述有代表性的高校思政课实践教学模式的介绍,以及对当前我国高校思政课实践教学模式的研究,我们发现,当前我国高校思想政治理论课实践教学已取得以下成果。

1. 各高校和学院普遍重视思政课实践教学

"05方案"实施以来,我国高等学校包括成人高等学校、民办高等学校和

[①] 曾令辉、石丽琴:《新媒体环境下高校思想政治理论课"三三制"教学模式构建与实施》,《思想理论教育导刊》2018年第11期。

中外合作高等学校在内的本科、专科同类课程相继进行了课程调整和改革。在本科阶段开设了"毛泽东思想和中国特色社会主义理论概论"（简称"概论"）、"思想道德修养与法律基础"（简称"基础"）、"马克思主义基本原理概论"（简称"原理"）以及"中国近现代史纲要"（简称"纲要"）等4门政治理论必修课，专科阶段开设"概论"和"纲要"2门政治理论必修课。以"05方案"中设置的4门核心课程为中心，各高校就如何进行思政课教学进行了深入的研究和学习探索。中共中央宣传部、教育部颁布的《关于进一步加强和改进高等学校思想政治理论课的意见》明确指出："高校思想政治理论课所有课程都要加强实践环节。要建立和完善实践教学保障机制，探索实践育人的长效机制。"

从广义上讲，高校思想政治理论课的实践教学包括了理论教学之外的所有与实践相关的教学形式，我们通常意义上的参观、实地考察、现场教学以及实地调研等形式包括在其中，以操作为主、以学生动手为主的形式也应包括其中，比如，研究讨论、社会调查、志愿服务、专业实习、公益活动等，因其开展的社会实践活动同时也在实现着思想政治理论课的实践育人功能，所以各个高校的思想政治理论课的实践活动中都融入了多种元素。

在思政课教学实施的具体过程中，各高校高度重视实践教学工作，注重思想观念的转变，努力提升思政课程的教学质量，注重对思政课内涵的理解，并通过加大对思政课专项教学经费的投入力度，丰富思政课的教育资源和师资队伍以及其他软硬件配备。思政课教育教学方面的支撑条件和手段都得到了明显的改善，使得高校思想政治理论课不仅在理论教学方面和科研方面取得了有效进展，而且对实践教学环节的重视度不断提高，实际效果也开始凸显，思政课育人效果取得有效突破，在理论教学和实践教学方面都形成了一批具有代表性的成果。

2. 高校思政课实践教学模式由简单模式向立体化实践教学模式转化

作为实施思政课实践教学的有效载体，思政课实践教学模式也在不断地探索和更新。纵观我国高校思政课实践教学模式，可以发现，思政课实践教学模式已经有了质的提升，实现了由简单模式向立体化实践教学模式的转化，正在实现着由"摸着石头过河"的探索到顶层设计和"摸着石头过河"相结合的整体性转变。

"05方案"实施之初，我国各高校虽然都相继进行了思政课实践教学的尝试和改革，但是主要还是集中在对具体一门学科、一个领域或者某个具体问题的分析和总结，思政课整体性实践教学模式的相关探索是薄弱环节。实践教学模式多集中在课堂实践教学模式、校园实践教学模式和社会实践教学模式三种形式。课堂实践教学模式多以讲座、专题报告、演讲、辩论、模拟教学以及案例分析为主。校园实践教学模式主要是依托校园丰富的资源展开，以社团活动、学习竞赛、红歌会、校园文化活动和课外学习小组形式开展实践活动。社会实践教学主要是在校外进行的，组织学生参观爱国主义教育基地、博物馆、纪念馆和其他形式的实践教育基地，开展寒暑假社会实践等形式的实践活动。

进入新时代，随着思政课课程建设的发展和推进，高校思想政治教育工作者开展了跨学科、多视角、宽领域的广泛且深入的研究，加强了对思政课整个课程体系的整体性研究，突破了将大学生社会实践活动等同于思政课实践教学的认识藩篱，有力地推动了思政课实践教学模式的改革与发展，并取得了比较丰硕的成果。尤其是随着以移动互联网络为主的新媒体技术广泛运用于思想政治理论课教育教学，微传播、自媒体、大数据、圈群共享等现代教育技术手段和翻转课堂、智慧课堂、微课、慕课等基于网络的教学形式的运用，思政课实践教学模式也实现着由单一模式、二维模式、三维模式到四维模式的跃升，实践教学效果显著增强。比如河南师范大学马克思主义学院"四位一体"的实践教学模式，就是基于课堂叙事式教学、基地体验式教学、平台情景式教学和网络延展式教学"四位一体"的立体化实践教学模式。

3. 高校思政课实践教学区域差异明显，地域资源利用率和重视程度普遍提高

第一，发达地区和欠发达地区思政课实践教学差异明显。

我国区域经济发展不平衡的现状，导致了我国高校思想政治理论课实践教学在发展过程中呈现出不平衡现象。总体而言，发达省份和地区的思政课实践教学推进迅速，实践教学内容和模式的改革创新步伐很快，效果比较明显。

与发达地区相比，欠发达地区的高校思想政治理论课受经济发展以及转型期巨变所产生的各种冲击尤其明显。在欠发达地区，硬实力的提升需求较为显著，高校发展中硬件条件是制约因素，学校会将硬件条件作为主要的考虑因素，对思政课教学建设尤其是实践教学的建设方面往往重视不够，甚至

忽视的情况也是存在的。作为实践教学主体之一的高校思政课教师,其学习交流机会、外出学习培训机会等相对较少,水平层次也相对不高,知识与理念的更新并将其运用到教学的周期相对较长。欠发达地区尤其是边境地区基本都远离发达城市和高校聚集区,社会资源和教育资源的流动在很大程度上受到限制,教师的教学仍多沿用传统教学方法,移动网络信息等先进信息技术手段略显滞后,校际交流和合作存在障碍,实践教学开展起来稍显僵化。

第二,对地域资源和实践基地重视程度有所加强。

2019年8月,中共中央办公厅、国务院办公厅印发的《关于深化新时代学校思想政治理论课改革创新的若干意见》指出:"坚持开门办思政课,推动思政课实践教学与学生社会实践活动、志愿服务活动结合,思政小课堂和社会大课堂结合,鼓励党政机关、企事业单位等就近与高校对接,挂牌建立思政课实践教学基地,完善思政课实践教学机制。"当前的高校思政课实践教学资源的挖掘利用率呈现稳步提高之势。

在传统历史资源和现代改革开放资源相互支撑下,思政课实践教学资源呈现迅速增长局面。各高校纷纷挖掘本地区教学资源,在红色文化资源丰富的地区,实践教学模式的探索和实践活动的开展充分依托本地区红色文化资源,积极培育实践教学基地。比如,河南师范大学"中国共产党革命精神与中原红色文化资源研究中心",依托红旗渠干部学院、南水北调干部学院等地方资源,与红色资源教育基地开展协同创新。实践教学内容也多围绕革命传统教育、理想信念教育、社会主义核心价值观教育、中国梦教育等展开。在改革开放和经济社会发展比较好的地区,各高校充分开发利用地方教学资源,形成多元实践模式或经验。如上海高校的"中国系列思政选修课模式",充分挖掘上海经济社会发展的教学资源、高校所在的行业资源、所有课程的思政教育资源,一校一特色,实现"中国系列"思政选修课全覆盖,被称为"高校第一课"。在专业类院校,形成了具有鲜明专业特色的实践教学模式,比如浙江警察学院的具有鲜明公安特色的社会实践类教学课程"思想政治理论综合实训",形成了"两融三全"实践育人教学模式:实践教学时间融入实习期,实践教学内容融入实习地;学生全员参与,教学全过程监控指导,学校、社会、实习基地等力量全方位协同育人。

4. 学生在思政课上特别是实践教学中的获得感明显增强,但层次差异明显

2017年,教育部组织了200余位专家深入全国2516所普通高校,随机听了3000堂思政课,随机邀请3万多名学生参与调查。调研发现,86.6%的受访学生表示非常喜欢或比较喜欢上思政课,91.8%的受访学生表示非常喜欢或比较喜欢自己的思政课老师,91.3%的受访学生表示在思政课上很有收获或比较有收获。

思政课实践教学的不断推进和改革,使得学生在实践教学中参与度较高,获得感明显增强。大学生在这种参与式和体验式为主的教育活动中,运用所学理论,接触社会,获得直接经验,呈现出前所未有的热情和积极性。相对于理论教学的间接性和被动性,实践教学从一开始就将学生的主体参与意识激发出来,让他们用自己的眼睛和镜头观察世界、记录世界,用自己的头脑思考社会问题,在观察和思考中,找到对真理的认识,对价值的认同,对自我的准确认识和定位。

在具体的实践教学活动中,学生需要大量的实践知识支撑,对理论知识和相关知识的获取从被动接受转化为积极探求,这些知识将最终转化为学生的知识构成,使其取得阅历、知识、方法、信念等方面的收获,从而在思政课实践教学活动中的获得感上升到知识层面。思政课实践教学同时还引导学生将对马克思主义理论的认知转化为认同,内化为思想政治素质,形成科学的思维方法、价值认同,最后外化为运用马克思主义理论和方法分析问题、解决问题的能力。大学阶段几乎所有思政课程都会展开相应的实践教学活动,大学生在一次或是多次的实践教学活动中完成了从知识积累到能力转化、信念提升的过程。

学生在思政课上特别是实践教学中的获得感明显增强的同时,也表现出明显的层次差异。有的学生能在实践教学结束以后,全面总结反思实践过程,升华自己的价值认同和理想信念,同时努力转化为自己内在的经验、知识和方法,终身受益;有的学生只对实践教学过程有所理解,不知道如何从实践教学活动中获取对自己成长有利的知识和方法;有的学生仅在实践活动过程中有所参与,活动结束时上交实践报告便算是完成实践活动,几乎没有任何实质性收获。

二、高校思想政治理论课实践教学的现实要求

各高校坚持理论性和实践性相统一的原则,积极探索实践育人路径,通过总结其他高校实践教学的经验,从中得出规律性认识,形成具有可复制、可推广,具有示范效应的实践教学模式,为思想政治理论课实践教学的规范化、课程化制定科学完备的实践方案。

(一)加强高校思政课实践教学体系整体性研究

习近平总书记指出:"思政课是落实立德树人根本任务的关键课程。"思政课实践教学作为思政课的重要组成部分,不仅仅是理论教学的补充,还是将理论知识外化为自觉实践的重要环节,当前高校思想政治理论课的实践教学随着党和国家对其重视程度不断增强而呈现出新的特点和优势。但是,就整体而言,实践教学部分仍是短板所在,部分高校的思想政治理论课的实践教学从教学设计、组织协调到教学的实施以及保障方面都有待进一步加强。高校思政课的实践教学要想更具针对性和实效性、获得感,需要不断加强思政课实践教学的顶层设计,实现实践教学双边互动。

1. 加强思政课实践教学顶层设计

加强思想政治理论课的顶层设计仍是现阶段高校思政课解决理论与实践等错综复杂矛盾的重要依据,顶层设计在工程学中的本义是统筹考虑项目各层次和各要素,追根溯源,统揽全局,在最高层次上寻求问题的解决之道。"顶层设计"自从在中共中央关于"十二五"规划的建议中首次以政治新名词提出后,便在中国社会的诸多方面打开了新思路新格局。高校思政课教学尤其是实践教学的顶层设计是基于高校思政课理论教学的需要,在全校各院系各直属单位范围内统筹管理。各层级和各要素之间的有机配合是促成高校思政课实践教学实现各种教学资源最优化、管理制度化和运行长效化的需要,同时也是增强高校思政课实践教学实效性,使其更灵活更有针对性地服务于思政课的需要。

中国特色社会主义进入新时代,对高校思想政治理论课发挥育人主渠道作用提出了新的更高要求。习近平总书记在 2019 年全国学校思想政治理论课教师座谈会讲话中指出:"用科学理论培养人,重视思政课的实践性,把思

政小课堂同社会大课堂结合起来,教育引导学生立鸿鹄志,做奋斗者。"这是我们开展实践教学课程建设的根本指导思想。2020年12月中共中央宣传部、教育部印发的《新时代学校思想政治理论课改革创新实施方案》中进一步强调实践教学的规范化建设要求:"各高校要规范实践教学,把思想政治教育有机融入社会实践、志愿服务、实习实训等活动中,切实提高实践教学实效。"2021年,在中国共产党成立百年之际,中共中央、国务院印发了《关于新时代加强和改进思想政治工作的意见》,意见鲜明指出:"加强和改进思想政治工作,事关党的前途命运,事关国家长治久安,事关民族凝聚力和向心力。"各级思想政治理论教育和建设指导性文件,为思想政治理论实践教学提供了政策支撑。

虽然这些年来我国高校思政课实践教学发展迅速,关于实践教学的研究成果也在不断增加,大多数高校都能认识到思政课实践教学必须将实践教育内容、实践教育基地、实践教育方式三者有效衔接,整体推进实践教学。但是,相比其他学科的实践教学和思政课的理论教学研究,思政课的实践教学仍是较弱环节。当前,注重高校思政课实践教学具体成果的同时,也更要注重对思政课实践教学体系的整体性研究,加强思政课实践教学顶层设计。

思政课实践教学的有效实施离不开学校相关部门的总体规划、科学指导和监督评价。进入新时代,一系列深化思政课改革、鼓励思政课创新的政策文件先后印发,有关加强思政课建设、保障思政课教学质量的激励措施陆续出台,各高校必须克服畏难心理,同时必须建立长效机制,对思政课实践教学的指导思想、方针原则、目标要求、形式要求、方法途径、时间要求、成绩考评、工作量计算、奖励办法、组织领导等做出明确规定,齐抓共管、协同配合,形成强有力的系统合力。特别是各高校的直属院系及相关部门应发挥协同效应,整合思政资源,形成共抓思政课、共建"大思政课"格局,以课程思政和思政课程结合为契机和突破点。思政课建设的"组合拳"不仅要精准发力,还要在课程思政中持续发力,真正做到全员、全过程、全方位育人。

建立有效的思政课实践教学指导机制。高校思政课实践教学高质量发展离不开高质量的载体支撑。2005年,中宣部、中央文明办、教育部、共青团中央在《关于进一步加强和改进大学生社会实践的意见》中明确提出,高校要主动与城市社区、农村乡镇、爱国主义教育基地、企事业单位、部队、社会服务机构等联系,本着合作共建、双向受益的原则,从地方建设发展的实际需求和大学生锻炼成长的需要出发,建立多种形式的社会实践基地,重点是常态化和突出协同性。高校应积极挖掘、物色、规划和建设长期稳定的思政课实践教学基地,积极建设校内实践教学基地和校外实践教学基地。今天的高校思政课已经进入了互联网、人工智能、大数据融合的时代,习近平在致2021年世界互联网大会乌镇峰会贺信中指出,"数字技术正以新理念、新业态、新模式全面融入人类经济、政治、文化、社会、生态文明建设各领域和全过程,给人类生产生活带来广泛而深刻的影响",要"顺应信息化、数字化、网络化、智能化发展趋势"。以新技术为支撑的思政课实践教学模式也必然与时俱进。1994年我国正式接入互联网,思想政治教育也迎来了全新的育人空间,网络使教育者与教育对象的界限变得模糊,个性化需求突显,思政课实践教学的平台得以延伸到网络空间,"互联网+教育"的模式拓展了实践教学的时空界限,实践教学模式逐渐立体化。大数据使得在传统模式下无法实施的项目因为能够依靠海量数据分析与处理技术得以实现跨平台、跨系统的数据采集,大大节约了实践教学的综合成本;可监测的实践教学实施过程为受教育者提供了全面监督与指导,最后的实践教学评价也因此变得更加精准科学。2019年,习近平在致国际人工智能与教育大会贺信中指出,要"积极推动人工智能和教育深度融合,促进教育变革创新,充分发挥人工智能优势"。基于人工智能的虚拟仿真实践项目在各高校的思政课实践教学中的比重正逐年增加,人机交互式的体验与思维方式已经在青年学生中引发了极大的热情和关注。抓住这一有利的契机,加大在人工智能、大数据等方面的运用,可以最大限度地拓展人工智能辅助教学的智慧化的育人空间,现实课堂与虚拟仿真课堂相结合,线下教学与线上拓展相支持,思政课实践教学模式将更具个性化和实效性。而面对思政课实践教学在组织实施过程中普遍面临的经费不足问题,应建立多种形式的投入保障机制,以保证实践教学所需经费的落实。

从纵向角度以大中小一体化建设为指导进行高校思政课实践教学。2019年3月18日,习近平总书记在学校思想政治理论课教师座谈会上指出:"在大中小学循序渐进、螺旋上升地开设思想政治理论课非常必要,是培养一代又一代社会主义建设者和接班人的重要保障。"思政课大中小一体化建设通过顶层设计,以期不同学段的教育目标、教学内容、教学方法等更加合理,使各个学段思政课能够提供既符合学生理解水平又符合思政课整体安排。这样能够增强青少年学习思政课的积极性和主动性,增强青少年对党、国家和主流意识形态的情感认同和价值认同,从而自觉成为社会主义建设者和接班人。高校思政课侧重于理论,提供优质的理论供给,增强思政课的解释力和说服力是基础和积淀,更重要的是进一步的产出,即思政课的事实供给,也就是通过学生的实践反馈出来的知行合一程度。

2. 强化实践教学双主体的认识

高校思政课实践教学的目标是培养学生运用马克思主义理论分析、解决实际问题的能力,进而提升学生的社会实践能力。而实践教学的开展过程是师生双方共同积极建构和实践的过程。

2019年3月18日,习近平总书记在学校思想政治理论课教师座谈会上发表重要讲话指出:"办好思想政治理论课关键在教师,关键在发挥教师的积极性、主动性、创造性。"广大高校思政课教师要树立实践育人的理念,深刻把握习近平总书记提出的"八个相统一",勇于和敢于推动思政课实践教学改革创新,充分发挥其在实践教学中的主导性作用。高校应加快实践教学专项队伍建设,并适时组织思想政治理论课教师培训,使高校思政课教师能够掌握更多本学科的新知识、新方法和新思路,有能力主动开展实践教学相关实践和科研。扩大思政课实践教学教师主体的范围,将专职辅导员、学生辅导员、团委以及校外指导教师纳入思政课实践教学教师队伍,发挥合力作用。

同时,也要对大学生作为实践教学主体有充分认识,要实现受益学生群体最大化。思政课实践教学的效果最终要落实到学生。在实践教学的实施过程中,一方面,由于教学基地和教学资源的有限性,学生进行实践教学往往是少数人代替全部学生的实践教学,少数精英学生组成团队,高校思政课实践教学形式化多一些。另一方面,在互联网和5G时代,青年学生的主体意识强烈,他们对自媒体比如微博、微信、抖音、快手等平台的高度关注和使用,使得教育主体的界限与传统教学模式下的教育者与被教育者界限分明已然完全不同,新媒体的互动性也使得学生参与思政课实践教学的主动性明显增强,参与意愿也明显提升。人工智能技术的运用也将建立起一种人机协作的育人模式,不仅有效解决了实践教学资源紧张的难题,更激活了学生参与的积极性。信息化、智能化构建的是一种基于资源平等的实践教育场景,教育信息的公开化、透明化也使得教育资源不平衡的鸿沟被有效拉平,在个性化的趋势下,青年学生将以学习主体和设计主体的身份参与实践教学,与教师一起实施并完善实践教学,在体验式的实践教学中树立和坚定自己的价值观、理想和信念。所以，高校在实施思政课实践教学时要充分调动学生参与的积极性，将学生真正作为实践教学主体看待，吸纳学生参与实践教学方案的制定、实践基地的建设、实践活动的具体实施环节以及最后的实践考核评价，让学生真正将实践教学活动与自我发展完善有机统一起来。

（二）推动思政课实践教学与课堂教学良性互动

高校思政课是对大学生进行思想政治教育和系统的马克思主义教育，巩固马克思主义在高校意识形态领域的指导地位，培养担当实现"两个一百年"和民族复兴大任的时代新人的主渠道、主阵地，承担着立德树人的根本任务。中共中央宣传部、教育部《关于进一步加强和改进高等学校思想政治理论课的意见》中明确要求："高等学校思想政治理论课所有课程都要加强实践环节。"高校思政课教学应当包括两部分，即理论教学和实践教学。2018年教育部印发的《新时代高校思想政治理论课教学工作基本要求》明确规定："从本科思想政治理论课现有学分中划出 2 个学分、从专科思想政治理论课现有学分中划出 1 个学分，开展本专科思想政治理论课实践教学。学生既可通过参加教师统一组织的实践教学获得相应学分，也可通过提交与思想政治理论课学习相关的实践成果申请获得相应学分。"事实上，当前高校思政课实践教学中普遍存在的许多问题其实可以归结到一个方面，即高校思政课实践教学没有国家统一的课程标准。"05 方案"实施以来，高校思政课的理论教学方面日益完善和成熟，相比之下，实践教学环节因其特殊性往往多为校本研究层面，各自为政现象比较突出。在实践教学的课程标准方面，虽然有学分规定，但是对于具体性规定比如内容标准、课时标准、考核标准等方面却是缺失的，教务处以及相关学院、教师单兵作战的情况比较普遍，难以形成有效有序状态。提高高校思政课实践教学的实效性，首要问题应该是如何有效课程化处理思政课实践教学，回归课程本位。

同时，高校思政课实践教学成果及时有效地反哺课堂教学和教学科研也是提升实践教学效果的重要一环。比如，可以以专题的形式反哺课堂教学，在实践教学的反馈结果中筛选出同一主题下的相关实践结果，进行内容设计，用以正面支撑教学理论或者反面驳斥相关错误观点等。实践教学与理论教学是思政课的两翼，都服务和服从于思政课的教学目标，尽管二者的教学组织形态是不同的，却是相辅相成的，理论来源于实践，而实践又是检验真理的唯一标准,实践教学应该始终贯穿着马克思主义的基本理论、立场和方法,只能是理论教学的实践形态而不是什么任意的实践形态。反之,理论从实践中来,理论教学也必须有实践教学的补充,将实践教学环节的结果反馈到课堂教学和科研中,这种反馈体现在实践教学的全过程中。实践教学实施开始时的交流、实施过程中的观察指导、实施结论的总结升华都可以促成教育双方进行深入的互动,在价值引导、行为塑造等方面完成教育的目的。

要明确高校思政课实践教学与一般性社会实践活动的区别。高校思政课实践教学作为一种教学活动,首先要区别于一般意义上的实践活动。高校思政课实践教学并非一般意义上的走出校园、走向社会,更不是简单的社会参观、调研考察等活动,比如一些高校相关部门组织学生参加的志愿者服务活动、"三下乡"活动、暑期社会调查实践等,虽然都带有一定的思想性和教育性,甚至可以看作课程思政的延伸,但从其整体上以及活动本质上来看,并不具有思政课实践教学活动所要求的思想性、政治性、理论性等条件,也缺乏思政课实践教学在进行思想政治教育时的系统性、完整性和深刻性,而且,从参与人员来看,也不具备思政课实践教学全员性、普遍性的要求。只有明晰二者之间的根本区别,才能有效提升思政课实践教学的实际效果,避免大量的教育资源的浪费,实现思政课实践教学的最终意义。

要处理好思政课理论教学和实践教学的关系,实现实践教学结果回归课堂。思政课理论教学和实践教学统一于思政课的整个教育过程。理论教学为实践教学提供了知识准备和理论支撑,是前提和基础性的;而实践教学则是理论教学的延伸,是一种过程性学习,表现为将知识内化于心、外化于行的过程,是对理论教学的检验和升华。

在思政课实践教学活动中,二者相统一主要体现在:一方面,思政课各课程之间相互交叉、相互辅助,反映在实践教学的实践内容间也应该是相互交叉渗透,同时又能突出各自特色,课程间相互依托,发挥协同教育作用,构成不可分割的系统。"原理"为"概论"提供了理论基础,运用马克思主义原理分析中国特色社会主义的实际问题,马克思主义中国化是马克思主义的新成果。"基础""纲要"则都以近现代的人和事,充分展示时代精神和民族精神。"原理""纲要""概论"从不同角度对大学生进行社会主义信仰信念教育,坚定只有社会主义才能救中国、只有社会主义才能发展中国、走中国特色社会主义道路的信念。另一方面,也是更为关键的,就是对思政课实践教学活动实施结果的认识。目前,大多数高校实施思政课实践教学活动的最后一环是实践教学的考核评价,主要表现为学生提交实践报告,教师进行实践考核评分评价。这种将实践教学归为途径和方法意义的做法,成为一个封闭的体系,实践报告的上交意味着实践活动的结束。事实上,这种传统的考核方式使得思政课实践教学的目的并未完全实现。一般而言,思政课实践教学要实现的是对学生的系统的马克思主义理论教育、确立正确的"三观"、做社会主义事业的接班人,实现实践育人。学生撰写、提交实践教学报告可以在一定程度上反映出学生在实践教学中的收获,包括知识、情感方面的,以及方法、能力方面的,但是学生是否真正实现了对马克思主义理论的认知与认同、内化与外化,并不能有效鉴别。因此,就思政课实践教学而言,应该将实践教学的结果反馈到课堂教学,作为后面开展理论教学的依据和理论教学研究起点,充分发挥理论联系实际的作用。

三、高校思想政治理论课实践教学的经验总结

高校思想政治理论课实践教学内容丰富,教学任务繁重,教学对象数量庞大,单靠思政课教师无法完成实践教学的最终目标,这就需要多方协力合作,对教育资源进行优化组合。要提高高校思想政治理论课实践教学的实效性,应发挥党建工作对思想政治教育的引领作用,运用系统化的思维方法,将"思政课程"和"课程思政"有机结合,构建"大思政课"的育人格局,推进大中小学思政课一体化建设,发挥思想政治教育资源的协同作用,增强高校学生对思想政治理论课的认同感和获得感。

(一)协同互促,切实加强高校党的建设

党建工作为高校思想政治教育指明了方向。习近平总书记指出,加强党对高校的领导,加强和改进高校党的建设,是办好中国特色社会主义大学的根本保证,要强化思想引领,牢牢把握高校意识形态工作领导权。我国思想政治教育必须服务于中国特色社会主义建设,必须始终坚持中国共产党的领导。思想政治教育具有意识形态性,高校党建是意识形态工作的重要一环。思想政治教育在育人过程中提炼出爱国情怀、国家认同感、责任意识等价值范式,引导学生的认知、情感和行为沿着正确的方向前进,培养出合格"四

有"青年,为党建工作培养合格的生力军。高校思想政治课实质上就是道德本质和人的关系的活动,尤其是在培育人的思想政治和道德修养方面,内在地包含了党史、党情和党建的基本内涵。高校思想政治理论课是党建工作的主要宣传阵地,党建工作借助高校课堂将马克思主义主流意识形态传播给受教育者,让受教育者在接受知识的过程中了解党史、党情,实现立德树人的目标。指导思想的一致性、教育内容的相似性、教育对象的重叠性、教育目标的同一性为党建和高校思想政治理论课协同互促提供了可能。

(二)同向同行,构建"课程思政"长效机制

"思政课程"和"课程思政"在政治方向、国家认同、育人目标上具有一致性,在"为谁培养人、培养什么样的人、怎样培养人"方面步调一致。立德树人涉及各个学科、各个领域。思想政治理论课作为立德树人的主要渠道具有不可替代性,但其作为一门课程,在传播主流意识形态的过程中具有一定的局限性,这种局限性在某种程度上会影响其发挥立德树人的功能。这就需要"课程思政"的补充。2016年,习近平在全国高校思想政治工作会议上指出:"其他各门课都要守好一段渠、种好责任田,使各类课程与思想政治理论课同向同行,形成协同效应。""课程思政"是以思想政治教育为线索,将思政育人元素融入各类课程中,将知识传授、价值引领、人文素养相融合,改变了思想政治教育原有的分散性和孤立性,实现思想政治教育这条生命线的连贯性和系统性,从而更好实现思政育人的目的。

(三)同频共振,合力构建"大思政课"格局

"思政课程"向"课程思政"的转变需要构建"大思政课"格局。2021年3月6日,习近平总书记在看望参加全国政协十三届四次会议的医药卫生界、教育界委员时,强调"'大思政课'我们要善用之,一定要跟现实结合起来","思政课不仅应该在课堂上讲,也应该在社会生活中来讲"。思政课要将理论与现实相结合,将思政课堂与社会生活相结合,用现实中生动鲜活的素材讲好"大思政课"。"大思政"之大在于:第一,教育主体大,教育主体不仅限于思政课教师,还有其他各行各业的带有育人属性的工作者;第二,教育场域大,将教学实践由校内延伸到校外,用理论指导实践,从实践中悟出真知;第三,教育格局大,坚持党组织在"大思政课"育人格局中的领导作用,统筹协

调各部门育人合力,构建"三全育人"的"大思政课"格局。在具体的实践中,只有调动所有的育人主体,挖掘一切可利用的育人资源,结合育人对象的发展规律,借助学校小课堂和社会大课堂相结合的育人场所,形成育人合力,把思想政治教育的重心放到育人效果上,才能真正落实立德树人的根本任务,使"大思政课"真正达到"善用之"的目的。

(四)循序渐进,统筹推进大中小学思政课一体化建设

2019年8月,中共中央办公厅、国务院办公厅印发《关于深化新时代学校思想政治理论课改革创新的若干意见》,提出"坚持思政课在课程体系中的政治引领和价值引领作用,统筹大中小学思政课一体化建设,推动各类课程与思政课建设形成协同效应"。教育对象的身心发展规律和认知规律决定了不同学段的教学差异性。受教育者具有主观能动性,教育内容具有复杂性,且知识体系的建构不是直线前进而是螺旋式上升的。面对这些客观因素,确保思政课教学的实效性就必须立足于各学段学生的认知情况进行分层施教。从整体上对思想政治教育理论课教学进行系统设计,推动教育内容在不同学段的平稳衔接,精准对接学生需求,实现一体化建设。同时,学校还应当完善课程体系,挖掘其他课程的思想政治教育资源,将其他课程与思想政治理论课相结合,加强思想政治教育体系的科学性和规律性,提高思想政治理论课教学实践效果。

(五)良性竞争,着力打造一流教师团队

思政课教师是推动思政课创新发展的主体力量,是教学活动的发起者和组织者,教师队伍的综合素质和教学能力直接影响思政课的成效。为提升思政课教学成效,必须加强高校思政课师资队伍建设,培养一支能力强、情怀深的高质量思政课教师队伍。在知识素养方面,思政课教师必须拥有扎实的马克思主义理论功底,从根源上学好学透基础理论,为教学内容提供理论依据,才能在课堂实践中得心应手。在人格素养方面,"让有信仰的人讲信仰",思政课教师只有养成浩然之正气,才能在教学过程中潜移默化地影响学生,正所谓"学高为师,身正为范"。

打造高质量思政教师队伍,需要建立完善思政课教师队伍管理机制体制,规范评价考核标准,并激发教师的积极性、主动性,为思政课教师的成长

发展提供稳定且持续的支持系统。一要建立教师评价考核长效机制，制定面向教师未来发展的期望性评价、发展性评价、引导性评价，具体操作为根据教学目标的期望达到效果对教师进行考核评价，促使教师将教学期望转化为教学行为，最大限度地调动教师的工作积极性，充分挖掘教师的潜在价值。二要搭建教师成长发展平台，促进教师自主成长。通过岗前培训、在岗培训、集体备课等提升教师的专业技能和课堂效果，组织教师进行教学技能大赛，培养有创新活力的教师队伍。三要建立教师教学激励机制。改革创新针对思政课教师的评优评先、绩效分配、评教评奖、岗位津贴等激励机制，同时将精神激励和物质激励相结合，满足教师的正当需求。通过设置多样化、丰富化，并且具有一定的挑战性、创新性的成果奖励，激发思政课教师的成就感、贡献感、责任感、趣味感等，从而提升教师的工作热情。

第四章　高校思想政治理论课实践教学的主要范式

　　高校思想政治理论课是帮助大学生形成正确的世界观、人生观、价值观的重要课程，承担着对大学生进行系统有效的马克思主义理论教育，培育社会主义建设者和接班人的重要使命。如何开设好这样一门兼具思想性、理论性、时代性的重要课程，如何发挥好这门课程的引领作用、示范效应、战略意义，以及如何增强这门课程的有效性和吸引力，一直考验着全体思政教育工作者。随着思想政治理论课教学改革的不断探索和深入，高校思想政治理论课实践教学开始在思想政治理论课教学体系中发挥越来越重要的作用。此种背景之下，全国各类高校均开始结合自己的特点，探索适合自身的思想政治理论课实践教学范式。或者是以学生为中心，或者是以教材为中心；或者是以内容为出发点，或者是以形式为出发点；或者是探索教学科研相结合，或者是寻求教师学生良性互动……尽管目的、方式等均有所不同，但最终都很巧妙地回归到了服务思想政治理论课的教学效果上。进入新时代，习近平总书记特别强调要加强思想政治理论课的建设。习近平新时代中国特色社会主义思想中明确提出的"十个明确"和"十四个坚持"也为新时代思想政治理论课如何开展、如何建设给出了方向性的指引。作为新时代高校思想政治理论课建设中的重要环节，高校思想政治理论课实践教学也必然通过更贴合现实、更反映时代、更解决问题、更易于接受、更灵活多样的范式从整体上服务于高校思想政治理论课教学，服务于习近平新时代中国特色社会主义思想的广泛传播。

一、高校思想政治理论课实践教学范式的意义源流

伴随着大中小思政课一体化建设如火如荼的推进以及高校思想政治工作的创新发展，高校思想政治理论课实践教学正在从一种新生潮流转变为一种通用模式，越来越多的高校开始参与这一理论与实践并重的教育教学模式，并把实践教学作为思想政治理论课教学的规定动作和必备环节。思想政治理论课实践教学的重要性也正是从探索中得到确立和认可的。思想政治理论课实践教学的目的与核心要义还是要服务于思想政治理论课的常规课程教学，进而从整体上服务于大学生的思想政治工作，所以思想政治理论课实践教学要以思想政治理论课的教学活动为本，以马克思主义理论的科学研究为魂，以高校思想政治理论课的全流程活动为抓手，使处于人生成长关键时期的学子能够通过这样一门培根铸魂的课程的学习来形成健全完整的人格，并具备走出校园独立面对人生的能力。

思想政治理论课实践教学范式的选择和设计的巧妙程度直接关系到思想政治理论课教学效果的体现。思想政治理论课需要实践教学，一方面，思想政治理论课需要通过实践教学活动来弥补纯粹理论课程教学活动在思想政治教育活动中的先天不足；另一方面，思想政治理论课实践教学也是推进思想政治理论课效果提升的重要手段和路径。所以，思想政治理论课实践教学范式应该为了思想而选择、为了政治而选择、为了理论而设计、为了教学而设计，实践教学范式应体现出对思想政治理论课教学活动本身的关切与关注，而不应出现"为了选择而选择""为了实践而实践"等现象。思想政治理论课实践教学范式的选择必须严格限定于思想政治理论课的功能和作用属性之中，以服务思想政治理论课教学使命为依据，以塑造学生精神价值为目标。

（一）高校思想政治理论课实践教学范式的现实依托

高校各门思想政治理论课蕴含着丰富的意识形态教育的资源，肩负着维护国家意识形态安全的重要使命，是高校弘扬和传播社会主义核心价值观的重要课堂载体，承担着对大学生进行主流意识形态教育的职责。

1. 高校思想政治理论课是国家主流意识形态宣传的主战场

高校意识形态工作在网络和现实生活中都是极具热度的话题，也是党和国家意识形态工作重点关注的方面。特别是如今的网络时代，高校意识形态工作面临的形势尤为严峻，种种恶意"带节奏""引战"行为，故意诱导不明真相的群众攻击、谩骂，甚至有些知名媒体也跟风炒作、闪烁其词，造成了极其恶劣的社会影响。种种迹象表明，我们的主流声音在当今社会特别是网络环境中需要得到更加有效的传播，所以守牢高校思想政治理论课这个主战场，维护主流意识形态在现实生活中和网络上的话语优势是高校思想政治理论课必须担负起的重要职责。

习近平总书记强调，我们正在进行具有许多新的历史特点的伟大斗争，面临的挑战和困难前所未有，必须坚持巩固壮大主流思想舆论，弘扬主旋律，传播正能量，激发全社会团结奋进的强大力量。宣传思想工作在事关大是大非和政治原则问题上，必须增强主动性、掌握主动权、打好主动仗。由此可见，意识形态工作是党的一项极端重要的工作，这绝非泛泛而谈。它关系党的前途命运和国家长治久安，关系民族凝聚力和向心力。青年是思想政治教育的重点关注对象，青年的思想就是未来中国的思想，青年的选择就是未来中国的选择。高校思想政治理论课直接面对青年、了解青年、培养青年，在青年思想意识养成过程中发挥着最直接和最有效用的影响，在继承和发扬党和国家的意识形态工作的优良传统中发挥了重要作用。意识形态工作的极端重要性，过去不曾变，现在不会变，将来也不能变。

邓小平同志明确指出，"物质文明和精神文明建设必须'两手抓，两手都要硬'"，这是党和国家在长期的理论和实践斗争中得出的宝贵经验。在意识形态的战场上，我们曾牢牢占据主动。但随着互联网技术的快速发展，我们正处在一个思想氛围较为宽松、舆论思潮较为活跃的时期。面对这种"新常态"，主流价值观宣传一旦旗帜不鲜明、方向不明确、主体不清楚，或者总是让攻击诽谤党的领导、抹黑社会主义、刻意美化西方的言论充斥网络，长此以往，中国人民在实现中华民族伟大复兴的道路上必将遭遇更大的困难。高校思想政治理论课实践教学范式的选择就是要让思想理论活起来，网络世界动起来，话语工具用起来，利用好新时代"新常态"一切可以利用的手段和工具，迎面击破网络和现实世界的谎言，回应青年学生群体的思想困惑，把党和国家的主流意识形态以极具时代感和鲜活感的方式呈现给青年和学生群体。

在意识形态的战场上,思想政治理论工作者"博士、硕士,都是战士",要以斗争精神取得斗争胜利。

意识形态斗争从来都不曾停止,必然会面临各种各样的挑战。思想政治理论课要站出来,培育出一大批有责任、有担当的年轻人,敢于亮剑、勇于发声,为国家的发展、民族的复兴鼓与呼。

2. 高校思想政治理论课是培养青年学生主流价值观的主阵地

中国特色社会主义进入了新时代,新时代有新的思想和新的理论,这是先进的社会意识对社会存在具有积极促进作用的时代体现。在党和国家长期建设中凝结和形成的社会主义核心价值观在时代发展背景之下契合了中国特色社会主义发展的崭新要求,是实现中华民族伟大复兴中国梦的价值积淀和精神动力。生活在新时代的青年学子是社会主义核心价值观的塑造者、践行者,更是社会主义核心价值观的推动者和继承者。高校作为培养社会主义事业合格建设者和可靠接班人的重要基地,应该而且必须把培育和弘扬社会主义核心价值观作为自身的使命和责任,高校思想政治理论课则是高校这一重要使命和责任的承载与支撑,发挥着塑造青年学子主流价值观的重要功能。高校思想政治理论课要在常规理论教学的基础之上,以实践教学为依托,以实践教学范式为具体抓手,拓宽渠道、筑牢阵地、精准发力,理论与实践相结合,切实把社会主义核心价值观融入人才培养、科学研究、社会服务、文化传承创新等各个方面,发挥好青年学生群体主流价值观养成的主阵地功能。

高校思想政治理论课要坚持立德树人,把主流意识形态和社会主义核心价值观融入人才培养的理论与实践教学全流程。立德树人是高校育人的根本任务,人才培养是高校育人的根本职能,立德树人与人才培养相辅相成、并行不悖,有了立德树人才有人才的养成,没有人才的养成,立德树人也少了现实依托,思想政治理论课的立德树人功能是高校人才培养的核心环节。习近平同志强调,青年的价值取向决定了未来整个社会的价值取向,而青年又处在价值观形成和确立的时期,抓好这一时期的价值观养成十分重要。近年来,中国特色社会主义发展到一个全新的时期,世界也正处于百年未有之大变局,意识形态等领域的交锋与斗争日趋激烈,各种思想文化交流、交融、碰撞、对抗更加频繁,主流价值观遭受到了前所未有的挑战。面对意识形态领域存在的各种渗透风险和威胁,面对社会转型期人们价值观念多元多样多变的复杂局面,高校思想政治理论课要守好阵地、站好岗位,坚持和巩固马克思主义指导地位,在高校的育人体系和课程体系中发挥好思想政治教育的"政治保障"功能,以教学和实践活动明确新时代高校"培养什么人、怎样培养人、为谁培养人"等现实问题。首先,要注重培育和引导青年学生群体自觉树立和践行社会主义核心价值观,明辨是非,坚持主流价值观的价值取向。坚持育人为本、德育为先,把社会主义核心价值观作为大学生文化素质教育、德育的核心内容,促使大学生在"勤学、修德、明辨、笃实"上下功夫,使社会主义核心价值观成为青年学生的基本遵循,解决好大学生世界观、人生观、价值观这个"总开关"问题。其次,进一步加强和改进大学生思想政治教育和思想道德教育,促进学生正确的世界观、人生观、价值观的养成。发挥好常规理论教学功能,以课堂教学为主渠道,深化教育教学改革,着力推动社会主义核心价值观进教材、进课堂、进大学生头脑。同时,开展高标准的思想政治理论课实践教学,以实践教学来强化传统理论教学的教学效果,并取得实践成效,彰显思想政治理论课在育人过程中的全面性、有效性,并在实践中加强中华优秀传统文化教育、人文素质教育,增强大学生对社会主义核心价值观的认知、认同,使其内化于心、外化于行,以中国特色社会主义的文化自信来强化主流价值观的养成。最后,发挥好思想政治理论课教师本身的实践教学功能,言传身教、身体力行,用行动去提升思想政治理论课的说服力和感召力。以师德师风建设等教师教育活动为抓手,发挥示范引领作用,秉持"学高为师,身正为范",践行社会主义核心价值观,做到"学为人师,行为世范",做好青年学生成长成才的指导者和引路人。

高校思想政治理论课以课程教学为本,也要以理论研究为根。坚持教学与理论研究并用,用研究深化教学活动,用教学活动反哺理论研究,为筑牢主流价值观的理论阵线,提升主流价值观的宣传教育水平和能力,增强思想政治理论课的理论魅力,培育和弘扬新时代中国特色社会主义思想提供深厚的学理支持和强大的逻辑基础。理论创新为实践创新提供了强大的动力,是国家和社会发展不可缺少的重要力量。大学是产生新知识、新理论、新文化的重要场所。高校思想政治理论课要加强科学研究,充分发挥主流意识形态,特别是新时代中国特色社会主义思想在社会发展过程中的教育、引领和示范作用。其一,加强新时代中国特色社会主义思想的本体范畴研究。发挥好思想政治理论课教学和科研团队的作用,并大力引导哲学社会科学领域相关专家学者对习近平新时代中国特色社会主义思想的理论意义、根本属性、文化渊源、科学内涵、基本要素、实践途径、国际影响等重要内容进行深入研究，注重与其他主流价值观进行比较研究，从主流价值观的培育和思想政治理论课的功能出发，用正确的观点、科学的视角阐释和传播习近平新时代中国特色社会主义思想，形成卓有成效的课程体系和教材体系。其二，加强习近平新时代中国特色社会主义思想相关学术研究。发挥高校人文社科重点研究基地、重点马克思主义学院、示范马克思主义学院的引领示范作用，结合马克思主义理论学科的特色和优势，地校宣传部门通力配合，以马克思主义理论研究和建设工程、高校哲学社会科学繁荣计划等为抓手，对中国化的马克思主义、中国特色社会主义理论体系、社会主义核心价值体系、当代社会思潮等进行拓展性和关联性的研究。

高校思想政治理论课要重视教学对象的实践养成，发挥好实践教学的功能作用，在服务社会实践中树立主流价值观，在实践中培育和弘扬社会主义核心价值观。大学是社会进步的发动机，是引领社会发展方向的思想库。高校要与政府、社会及企业加强联系，促进政产学研合作，把握经济社会发展需求，以培养高质量人才、推出高水平科研成果服务社会。在这个过程中，思想政治理论课的教学要组织师生开展社会服务和社会实践活动，在社会实践中强化实践养成。特别是深入社会和基层进行调查研究，开展道德实践、志愿者服务等主题活动，在实践中提升思想政治理论课的理论教学效果，加强情感感知和思想认同，以实践教学的形式帮助青年学生群体认识国情、磨炼意志、提高修养，加深对社会主义核心价值观的理解，增强服务人民、奉献社会、报效祖国的使命感和社会责任感。

高校思想政治理论课还要发挥好推动文化传承创新的重要功能，以文化自信为视角，以实践教学为路径，成为树立主流价值观、培育和弘扬社会主义核心价值观的精神高地。高校思想政治理论课是思想文化创新的重要载体和源泉，要着力履行文化传承、文化创新、文化育人等重要职能，以社会主义核心价值观为引领，引导人们向更高的精神境界前进。应在思想政治理论课构建过程中，努力构建有利于学生价值观养成的高校哲学社会科学创新体系，发挥好高校在社会主义核心价值体系建设中的重要作用。积极开展各种文化交流活动，大力传播中华优秀传统文化和以社会主义核心价值观为代表的社会主义先进文化，推动中华文化走出去，增强国家文化软实力和国际影响力。以社会主义核心价值观为引领,加强校园文化建设,凝练大学精神,使之成为新时代高校师生的共同价值追求和精神支撑。

(二) 高校思想政治理论课实践教学范式的价值导向

中国特色社会主义进入新时代,我国社会的主要矛盾发生了根本性的变化。在这一大背景之下,新时代的高校、学生、教师都面临着新的环境、机遇、挑战。新时代的思想政治理论课也面临着更大的改革和创新的压力。经过了数次版本和体系的更新,思想政治理论课已经形成了相对成熟和稳定的教材体系和教学体系,如何进行行之有效的创新和发展则成为每一位思想政治理论课教学研究工作者的重要使命,思想政治理论课实践教学则成为创新的重要方式和突破口。在学校思想政治理论课教师座谈会上,习近平总书记从党和国家事业长远发展的战略目标出发,强调指出,思想政治理论课是"落实立德树人根本任务的关键课程","我们办中国特色社会主义教育,就是要理直气壮开好思政课"。习近平总书记在座谈会上的重要讲话精神,为新时代学校思想政治理论课的建设和发展,特别是思想政治理论课的创新提供了重要的指引和方向,是思想政治理论课更好地发挥自身在高校(学校)育人体系中培养担当民族复兴大任的时代新人的重要理论和实践遵循,同时也为思想政治理论课实践教学的方向路径给出了明确的指引。这些都是思想政治理论课实践教学范式选择的导向。

1. 服务于思想政治理论课落实立德树人的根本任务

中国特色社会主义进入新时代,使思想政治教育进入一个新阶段,这是一个机遇与挑战并存的阶段,思想政治理论课实践教学范式的选择必须明确认清这一客观环境。高校是新时代意识形态建设的前沿阵地,思想政治理论课是传播马克思主义理论、强化价值引领和维护国家意识形态安全的主战场。青年大学生历来是思想政治教育的关键群体,一方面是因为这一群体历来是西方敌对势力对我国实施西化、分化的主要群体;另一方面,这一群体是我们党执政的重要群众基础,是祖国的未来和民族的希望。所以,思想政治理论课实践教学范式的选择与应用要坚守思想政治理论课的新使命,那就是巩固马克思主义在意识形态领域的指导地位,维护国家政治安全,持续巩固壮大主流舆论强势,巩固全党全国人民团结奋斗的共同思想基础,培养一代又一代中国特色社会主义事业的建设者和接班人。在学校思想政治理论课教师座谈会上，习近平总书记引经据典，娓娓道来，用亲身经历与个人感触告诉我们，思想政治理论课教师承担着在新时代促进人民群众尤其是青年学生理解党的历史使命、认同党的奋斗目标、践行党的行动纲领的重大任务。所以思想政治理论课教育工作者在思考实践教学范式时要有学生意识、使命意识、斗争意识。意识形态领域历来是敌对势力同我们激烈争夺的重要阵地，在这一问题上，不能出现任何失误，更不能试错，每次创新的尝试都是审慎且成熟的，如果这个阵地出了问题，就可能导致社会动乱甚至丧失政权。我们要牢牢掌握意识形态领域的话语权和主导权，揭露西方"普世价值"的本质，抵制各种错误思潮的侵袭，讲清现实问题、讲好中国故事，在理论中熏陶、在实践中践行，引导青少年坚定不移地走中国特色社会主义道路。要在教育引导学生正确认识世界和中国发展大势，正确认识中国特色和国际比较中，认识和把握人类社会发展的历史必然性，认识和把握中国特色社会主义的历史必然性，明大势、知大任，以国家富强、人民幸福为己任，投身中国特色社会主义伟大实践并为之奋斗，确保青年一代成为社会主义事业的合格建设者和可靠接班人。

高校思想政治理论课实践教学的目的在于为全面提升青年学生群体的精神境界指路引航。高校思想政治理论课具有鲜明的意识形态特征和价值导向，它是传播马克思主义基本理论的有效载体，更是培养社会主义事业接班人的重要保障。在学校思想政治理论课教师座谈会上，习近平总书记指出："新时代贯彻党的教育方针，要坚持马克思主义指导地位，贯彻新时代中国特色社会主义思想，坚持社会主义办学方向，落实立德树人的根本任务，坚持教育为人民服务、为中国共产党治国理政服务、为巩固和发展中国特色社会主义制度服务、为改革开放和社会主义现代化建设服务……"千秋基业，人才为本，要把我国的人口优势转化为人才优势。当今世界的综合国力竞争，说到底是人才竞争，核心在人才、力量在人才、未来在人才，人才越来越成为推动经济社会发展的具有战略性意义的资源。因此，全面深化改革，完善和发展中国特色社会主义制度，推进国家治理体系和治理能力现代化，必须解决好价值引领问题。学生时代是人生的"拔节孕穗期"，最需要精心引导和栽培。要用习近平新时代中国特色社会主义思想铸魂育人，引导学生增强中国特色社会主义道路自信、理论自信、制度自信、文化自信，厚植爱国主义情怀，将小我融入大我，将个人的成长成才融入国家发展大势，将爱国情、强国志、报国行自觉融入坚持和发展中国特色社会主义事业、全面建设社会主义现代化强国、实现中华民族伟大复兴中国梦的奋斗之中。要充分发挥社会主义核心价值观的基础性、决定性作用,通过指导大学生正确认识和理解中国特色社会主义理论和实践,使大学生牢固树立马克思主义的世界观人生观价值观、共产主义理想信念和为人民服务的社会责任感,成为拥护中国共产党领导和我国社会主义制度,立志为中国特色社会主义奋斗终生的有用人才。

2. 服务于教师的教育教学活动

百年大计,教育为本;教育大计,教师为本。教师是思想政治理论课教育教学活动的发出端,是整个教育过程的主导者,是直接接触并引导学生的参与者。思想政治理论课实践教学范式的选择要服务于教师的教育教学活动,体现出教师的主导性和主动性,以教师的主导和主动带动学生的参与和实践,这对思想政治理论课教师提出了更高的要求。上好思想政治理论课关键在教师,关键在发挥教师的积极性、主动性、创造性。亲其师,才能信其道。思想政治理论课教师承担着在新时代促进人民群众尤其是青少年理解党的历史使命、认同党的奋斗目标、践行党的行动纲领的重大任务。思想政治理论课教师要更好担当起学生健康成长指导者和引路人的责任,就必须以道路自信为根本遵循,以理论自信为思想先导,以制度自信为行动保障,以文化自信为内在指引,坚持以德立身、以德立学、以德施教,坚持教书和育人相统一、言传和身教相统一,真正成为先进思想文化的传播者和践行者。思想政治理论课实践教学的教师需要具备深厚的理论基础,并能行之有效地进行理论与实践的结合;需要具备敏锐的时代眼光,具有对现实的关切,能及时准确地在实践教学活动中回答学生群体面对的困惑,并能有针对性地对错误的观点、思潮、思想、事件进行批驳;需要具备高尚的道德情操和崇高的政治信仰,这是每一位思想政治理论课教师的核心素养。教师是人类灵魂的工程师,思想政治理论课教师应该是具有综合素质和知识的通才,必须用习近平总书记提出的"六要"高标准严格要求自己,提升本领能力、教学能力,进而有效地开展理论和实践教学活动。

政治要强,注重在坚定理想信念上下功夫。中国共产党作为马克思主义执政党,必须旗帜鲜明讲政治。这不仅是马克思主义执政党矢志不渝的政治本色,而且标示着中国共产党一以贯之的实践逻辑。要坚定政治方向,站稳政治立场,提高政治站位,筑牢信仰之基,补足精神之钙。高举伟大旗帜,按照学懂弄通做实的要求,推动习近平新时代中国特色社会主义思想进教材、进课堂、进头脑,融入思想政治理论课全过程,在实践中强化政治感召力和政治引领力,用习近平新时代中国特色社会主义思想铸魂育人。

情怀要深,注重在厚植爱国主义情怀上下功夫。情怀是持之以恒的坚守,保持家国情怀,心里装着国家和民族,在实践中关注时代,关注社会,汲取养分,丰富思想。情怀是担当使命的自觉,深刻学习和领会习近平新时代中国特色社会主义思想,坚持读原著、学原文、悟原理,做到学思用贯通,知信行统一。理性之美需要感性之美的烘托,以文化人离不开以情感人。历练出宽广而深厚的情怀,达到思想政治教育正己育人最佳效果,为培养德智体美劳全面发展的社会主义建设者和接班人贡献自己的力量。

思维要新,在强化理论方法上下功夫。唯物辩证法是马克思主义哲学的核心方法,思维要新就是高瞻远瞩、统揽全局、善于把握事物发展总体趋势和方向,展示的是看问题的高度和深度。要有世界眼光和战略思维,用世界眼光洞悉当代中国,用战略思维观察当今时代,要努力增强总揽全局的能力,放眼全局谋一域、把握形势谋大事的能力,善于从政治上认识和判断形势,观察和分析问题。思想政治理论课教师要学习掌握唯物辩证法,不断增强辩证思维能力。要用好课堂教学这个主渠道,确保课程内容及时跟进、反映、彰显、改进、深化马克思主义中国化最新成果,体现马克思主义与时俱进的品格,更好地适应时代发展要求。

视野要广,注重在增长知识见识上下功夫。中国共产党是一个具有敏锐世界眼光和宽广政治胸襟的马克思主义政党,坚持用马克思主义观察时代、解读时代、引领时代,用鲜活丰富的当代中国实践来推动马克思主义发展,用宽广视野吸收人类创造的一切优秀文明成果。善于从知识视野、国际视野、历史视野的宽广角度透视问题、把握逻辑、探索规律,观大局、察大势、掌大理,通过生动、深入、具体的纵横比较,直面学生困惑、直击思想"死结",把马克思主义原理讲深刻和透彻,把道理讲清楚和明白,以道理赢得学生的价值认同,让理论飞入学生的心田,用真理的强大力量引导学生。

自律要严,注重在加强品德修养上下功夫。慎独慎微是我国自古以来倡导的一种自我约束精神,也是思想政治理论课教师应当修炼的一种境界。"桃李不言,下自成蹊。"教师不仅是知识的传授者、智慧的启迪者、人格的影响者,而且是良好道德品格的实践者和示范者。要强化自律意识,坐得住"冷板凳"、耐得了寂寞、经得起诱惑、守得住底线。加强自律的关键是要做到课上课下一致、网上网下一致,加强师德修养,陶冶道德情操,自觉弘扬主旋律,积极传递正能量。在良好师德师风的影响和带动下,学生才会亲其师、信其道,进而乐其道。

人格要正,注重在增强综合素质上下功夫。学高为师,身正为范。要帮助学生扣好人生的第一粒扣子,教师就必须为人师表,以身作则,传道授业解惑,成为良好道德品质的实践者和示范者。思想政治理论课实践教学的教师基于课程的特点,天然地把自身与示范者和模范者的身份捆绑在一起,要自觉把个人学术追求同国家和民族发展紧紧联系在一起,努力多出经得起实践、人民、历史检验的研究成果。要以深厚的学识修养赢得学生尊重,以高尚的人格魅力引领社会风气,在学生心里种下真善美的种子,在为祖国、为人民立德立言中成就自我、实现价值,不辜负历史赋予思想政治理论课教师的伟大使命。

3. 服务于新时代思想政治理论课改革创新的根本宗旨

理论只有被人民群众所掌握并有效地指导实践才能真正实现它的价值,也只有真正地应用和践行理论才能实现理论学习的目的。高校思想政治理论课改革与创新是一项系统工程,要坚持战略思维,坚持顶层设计,常抓不懈,要相信久久为功而不能急于求成。作为在教学实践中逐渐探索形成的思想政治理论课改革创新突破口,思想政治理论课实践教学的开展特别是范式选择一定要坚守思想政治理论课的本色与底色,牢记思想政治理论课的使命,服务于思想政治理论课的根本宗旨。

高校思想政治理论课实践教学范式选择要坚持历史思维,从历史中汲取营养,在现实中探索路径。从我国思想政治理论教育的历史来看,不同时期和年代的思想政治理论课,在内容和方法上都与同时代大学生的思想状况、接受特点相契合。新时代大学生以"95后""00后"为主体,所以,在进行实践教学范式选择时要明确认识这一代人的生活环境和思想特点,弄清学生群体的学习方式、交流工具、认知模式、思维模式的变化。习近平总书记提出要坚持政治性和学理性相统一,坚持价值性和知识性相统一,坚持建设性和批判性相统一,坚持理论性和实践性相统一,坚持统一性和多样性相统一,坚持主导性和主体性相统一,坚持灌输性和启发性相统一,坚持显性教育和隐性教育相统一。这"八个相统一"为思想政治理论课改革、守正创新指明了方向与路径,是新时代思想政治理论课改革的根本遵循。

高校思想政治理论课实践教学范式选择要坚持推动思想政治理论课改革创新,发挥好实践教学的特色优势,使思政课真正活起来、动起来、走起来,同时要坚持"以理服人",要把马克思主义的基本原理、基本方法讲清楚,把人类社会发展的历史必然性、中国特色社会主义的历史必然性讲清楚,把习近平新时代中国特色社会主义思想讲清楚。思想政治理论课要坚持政治性和学理性相统一、价值性和知识性相统一、建设性和批判性相统一,为授课教师提出新要求,即要在增强理论的解释力、说服力上下功夫,以透彻的学理分析回应学生,以彻底的思想理论说服学生,用真理的强大力量引导学生,寓价值观引导于知识传授之中,传导主流意识形态,并敢于直面各种错误观点和思潮。

高校思想政治理论课实践教学范式选择要做到"有知有味",坚持理论性和实践性相统一、统一性和多样性相统一、主导性和主体性相统一、灌输性和启发性相统一、显性教育和隐性教育相统一。要在实践中,把思政小课堂同社会大课堂结合起来;要加大对学生的认知规律和接受特点的研究,创新方式、拓展渠道,引导学生参与教学讨论,利用翻转课堂等形式引导学生深入思考,在思考中层层推进,在推进中加深认识,在认识中拨云见日得出结论。

高校思想政治理论课实践教学范式选择要有综合性和关联性,这是思想政治教育本身的特点所决定的。要有目的地挖掘其他课程和教学方式中蕴含的思想政治教育资源,有针对性地使各类课程与思想政治理论课在课程体系和教学体系上同向而行,形成协同育人、协同发展的良好格局,实现全员、全程、全方位育人大思政氛围。要树立"互联网+"的教学理念,充分运用新媒体新技术,将思政工作的传统优势同信息技术高度融合,联通网上网下、课内课外,增强时代感和吸引力,让青少年有更多获得感。慕课、微课等适应时代发展的全新课程架构模式在全国各地不断涌现,广受学生欢迎,正在成为重新定义思想政治理论课的新模式,在不断抬升的抬头率、参与率中,探索思想政治理论课实践教学范式的宽度和广度,同时也进一步激发了思想政治理论课实践教学改革动能和发展活力。

二、高校思想政治理论课实践教学的实施模式

思想政治理论课实践教学已经在全国众多高校广泛开展。从现阶段的开展情况来看,各高校都采用了以课堂教学为基础,广泛动用多方资源,结合地方特色和史实史料,辅助思政课理论教学的实践教学模式。在教学范式的选择上则呈现出了多种多样、各具特色的特点。

(一) 教学中心、学生参与、外向拓展式

思想政治理论课实践教学的核心要义还是教学,主要解决的则是学生的参与度和接受度的问题。此种实践教学范式正是针对这些要义、问题来展开。在充分地开展课堂教学的基础之上,广泛地利用各种学习资源和学习方式,把学生纳入参与体系。比如,可以采用引导学生开展读原著、听专题报告这类课堂教学辅助形式,也可以组织学生进行讨论交流、辩论、演讲、看录像等,然后再开展一些社会考察活动,组织学生结合亲身的考察调研经历,撰写调查报告、读书心得、专题论文、案例分析等文字性材料,以实践的形式实现理论的学懂、弄通、悟透,实现以学生为教学主体,以了解理论发生发展及应用的过程为条件的主动探究式学习方式,兼顾了理论学习与实践体验两个方面。具体来看,此类范式的实践教学活动还主要表现为一些"社会实践考察与专题调研""社区宣讲与公益""时事主题宣讲""咨询服务"等活动形式。学生把课堂中学习到的深刻的理论在实践中进行应用,在实践中加深对理论的理解,在实践中发现理论的现实价值,实现了学生和理论一同走出课堂的效果。

1. 专题调研实践教学范式

专题调研实践教学要与课堂教学高度地结合起来。在课堂教学过程中,结合课堂教学进度,分小组开展课外实践调研活动。调研活动的选题一方面要与课堂教学内容相结合,另一方面可以结合学生感兴趣的时事热点问题,比如当代大学生的恋爱观、网络暴力问题、信息安全问题、诚信问题等。学生自行分配调研小组,自行确定调研题目,自行组织调研分工,所以整个调研实践教学过程能够确保每一个学生的参与。同时,学生也能够在调研过程中增长见识、锻炼意志、锤炼品格。

由于有了亲身的实践经历,学生在实践调研后反馈回来的实践调研报告往往具有很高的有效性。调研报告现实意义明显,解决对策得当,很好展现了学生用理论来回应现实关切的能力。整个调研活动正是一个完整的回应思想政治理论课教学目标的实践教学过程。

2. 志愿服务实践教学范式

志愿服务实践教学是在思想政治理论课教学过程中可以不受教学进度影响,随时开展的一种实践教学范式。这种范式最主要的特点在于直接对接社会、服务社会,在教学过程中最直观地体现出思想政治理论课教学的社会价值并最真切地给学生以价值观教育。

学生直接参与社会公益活动是世界上很多国家都采用的价值观教育模式。可以组织科学技术类专业的学生到社区、学校、科技馆开展科技宣传与教育活动,可以组织法学类专业的学生开展法律咨询活动,可以组织学生利用业余时间到贫困家庭开展义务家教活动,等等。同时还可以利用一些地域优势组织学生到纪念馆、博物馆等地开展义务讲解活动。在讲解的过程中,学生深刻了解我们国家的历史,同时又把这些珍贵的知识传播出去,放大了知识的影响力。在实践中学生感受到了学习知识、传播知识的快乐,深邃的理论在实践中变得鲜活,变得更易于接受。

3. 基地培养实践教学范式

基地培养实践教学范式是课堂教学过程中独立出来的一个教学板块。高校与企事业单位联合设立实践基地并不少见,但大多高校的实践基地为学校主管学生就业部门牵头设立,服务于学生毕业前的实习,目的仅仅在于帮助学生提升专业技能。思想政治理论课的实践教学基地往往是由学校的马克思主义学院或者思政部等思想政治理论课教学承担单位来牵头负责,由思想政治理论课教师全程负责和参与,并直接服务于高校的思想政治理论课实践教学。

基地培养实践教学通常会在教学计划中单独安排一周或者两周的时间,让学生到实践教学基地去学习、工作、体验、生活。由于这些基地一般在法院、检察院、公证处、政府所属部门、街道办事处等最接近百姓生活的地方,所以学生在实践过程中可以最清晰地观察和了解社会,最真实地认识和感受百姓的心声和需求。在思政课教师的现场教学和指导之下,学生更能感受到当代大学生的使命所在,感受到党和国家为了人民的幸福生活所做出的努力。

部分高校经过几届学生的基地培养实践教学后,普遍能够感受到学生实践回来后的变化:学习更加主动,对思政课的热情更高,甚至对专业课的学习也更有兴趣。基地培养实践教学范式最大的效果就是能够提高当代大学生的使命感和责任感,使其以更高的热情投身学业,把"做社会主义的建设者和接班人"看作真正的责任,而不仅仅是教材上的文字表述。

4. 社会考察实践教学范式

社会考察实践教学范式讲求的是走出去,是一种与课堂教学正向相对的教学范式。此类教学范式通常具有目的明确、统一实施、实地感受、现场教学等一系列的特点与教学效果。在诸多实践教学范式中,社会考察实践教学是开展最广泛、应用最频繁、效果最明显、学生最喜欢的实践教学范式之一。

基于此类实践教学的明确目的性,社会考察实践教学一般由学校的马克思主义学院或者思政部等思想政治理论课教学单位组织,思政课专职教师带队,在学生中挑选最优秀的、最积极的、最有代表性的同学,同时兼顾学校各学院、各专业、各类别学生比例,集中组成社会考察团队,展开社会考察和现场教学。社会考察目的地通常会选择一些极具教育意义的纪念馆、纪念地等,以方便现场教学的开展。比如,与中国近现代史相关的鸦片战争纪念馆、与中国共产党历史相关的中共一大会址、与中华民族的民族精神相关的红旗渠纪念馆、与中国特色社会主义建设成就相关的国家博物馆专题展览等。在实际开展过程中,各学校一般会遵循就近原则,选择学校所在地周边的一些实践考察基地开展实践教学。经历了实地考察、现场教学,学生无论是在知识层面还是在情感认知层面的收获均远远超出了书本所能提供的内容。在实践教学活动结束后,参与到实践教学中的代表通过撰写实践报告、做专题演讲、小组讨论等形式,把实践教学活动中的见闻与收获在同学间进行分享,对课堂教学也起到了补充作用。

5. 假期补充实践教学范式

假期补充实践教学范式是一种全校动员、全员参与、向外拓展、社会效益兼顾的实践教学范式。上好思想政治理论课,做好学生的思想政治工作不是马克思主义学院一个学院就能做好的,也不是课堂教学一种方式就可以解决的。所以,在引导学生树立正确世界观、人生观、价值观的征程上需要更多的单位和人员参与进来。只有学生处、学工部、团委、社团、各个专业学院等广泛参与,才能够形成培养学生的良好模式。

在多部门的合作下,学生的思想政治理论课与思想政治工作相结合,思政课教师队伍与思想政治工作专职人员相配合,充分利用寒暑假的时间,为学生开展一些良性的、有益的实践教学活动作为补充。例如"三下乡"活动、大学生志愿团、"我是学校代言人"等,尽管名称、形式略有不同,但目的都是一样的,就是以一种补充实践教学范式,让学生在实践中学习马克思主义、践行马克思主义、宣传马克思主义,在实践中让中国特色社会主义理论入脑、入心。

(二) 实地感受、地方优势、校外拓展式

经过多年的发展建设,思想政治理论课实践教学已经从探索阶段逐步走向成熟和进一步完善发展的阶段,在此发展过程中,发掘地方文化特色,开发本地资源优势也开始成为思想政治理论课发展的方向。地方的文化特色与文化资源也必然成为思想政治理论课实践教学的重要内容来源,特别是一些红色资源,一些铭刻党史、国史的重要历史纪念地、纪念客体,都是教材内容的鲜活呈现。同时,将地方的文化资源有机融入思想政治理论课实践教学,也对学生了解本地区的历史、典故、风土人情发挥了重要作用。例如,当学生来到位于南太行的红旗渠、挂壁公路等地开展实践教学时,学生们无不被先辈们的精神和意志所打动,具有课堂教学难以达到的效果。

1. 情景体验式实践教学范式

情景体验式实践教学范式主要通过情景的构建、场景的模拟、学生的参与、现场的表现等一系列实践活动,让学生自己用更鲜活的表现形式把课堂教学的理论知识表现出来,然后再基于实践活动的开展进行一系列的交流讨论、资料整理、文献摘编、课程论文写作等相关教学活动。

情景体验式实践教学范式最大的特点是学生的热情和参与度较高。学生群体是思想和灵感最活跃的群体,具有极强的创造能力和现场发挥能力,这对于思想政治理论课教学是一个极为有利的因素。例如在讲到马克思笔耕不辍,用鹅毛笔完成了《资本论》,讲到马克思、恩格斯的革命友谊等内容的时候,就完全可以采用这种实践教学范式,让学生根据教师提供的辅助阅读材料,在课堂上重现当年的情景,演一个情景短剧,唱一首歌,做一次饱含情感的朗诵和演讲等。在参与的过程中,学生会因为参与的需要而积极主动地搜集相关的知识材料,然后又在表现的过程中把自己搜集到的材料分享给

其他人,从实践中认知,从实践中领悟,又从实践中深化并实现知识的产出。这些情景体验式实践教学活动在中国近代史纲要课程、毛泽东思想和中国特色社会主义理论体系概论课程中能发挥出更好的效果。用身边的故事唤起学生心中的情感因素,在实践中讲好革命斗争的故事,讲好改革开放的故事,讲好中国特色社会主义建设实践的伟大成就,从中激发学生的爱国情怀,唤起学生的时代责任感,进而帮助学生形成正确的世界观、人生观、价值观。

2. 校园烘托式实践教学范式

学校思想政治理论课的教学离不开学校校园环境氛围的烘托,整个校园环境的建设中,校园文化又是核心内容。校园文化作为学校思想文化和历史传承的重要载体,必然是思想政治理论课实践教学不能忽略的重要一环。发挥好学校特色,利用好学校历史资源,发掘学校所处地域文化资源,丰富学校校园文化,营造思想政治理论课教学氛围是实现大学生课堂教学以外的日常思政、环境思政、氛围思政的重要途径。

校园烘托式实践教学范式通常以学生为主体,以校园文化建设为平台,以学校和地方文化资源为切入点。在实际运作过程中,大多数学校都很好地利用了这一范式来辅助思想政治理论课的教学。在思政课教师的指导下,学生组建团队,通过各种各样的活动、展示、产品等将学校的文化历史、地区的精神财富等变得更加立体、鲜活、生动,更加易于接受。同时,新时代的大学生更善于利用网络平台等新的传播媒介辅助校园文化氛围的营造,结合自己的专业特长,用唯美的图片、生动形象的卡通人物、风趣幽默的语句、动听的旋律等在微博、微信等社交平台上进行广泛传播和交流。这些具体的形式都使得思想政治理论课实践教学充分发挥了"占领课堂外阵地"的作用。尽管在调研中发现,部分高校的校园烘托式实践教学范式主要应用于学校思政工作过程中,由政工干部来担任指导教师,但目的和过程与思想政治理论课实践教学基本一致,教学效果也达到了思想政治理论课实践教学的期待,所以也完全可以看作思想政治理论课实践教学的一种范式。

3. 交流探访式实践教学范式

交流探访式实践教学范式主要是指结合思想政治理论课的教学内容,在教师的指导下,结合地方历史和文化资源,组织一部分学生实地探访参与过某些历史事件的老人,在探访中进行访谈交流。这种面对面的交流比任何教师转述式的授课都更直观,更有说服力和感染力。学生聆听曾经发生过的故事,主动提问,并能获得第一手的信息,对学生的思想和心灵的震撼正是思想政治理论课实践教学所需要达到的理想教学效果。

河南师范大学结合红旗渠口述史抢救性研究等科研项目,较早地尝试利用交流探访式实践教学范式来开展思想政治理论课实践教学,并取得了较好的教学效果。马克思主义学院的教师会带着一部分学生来到位于河南安阳的林州,去实地探访一些当年参与红旗渠修建的修渠人。在理论课的学习中,老师已经介绍过红旗渠的相关历史内容,介绍了人工天河的浩大工程。学生结合自己的理解,带着一些问题和疑惑来与这些年迈的修渠人进行交流、学习,丰富了自己的知识,也解答了自己的疑问,真切感受到那个年代的故事和那个年代的精神。另有其他高校带领学生探访东北抗联的老兵、鞍钢精神传承人等,进行交流探访式的思想政治理论课实践教学,引导学生学习前辈的道德品格和意志品质,接受革命传统教育,取得了良好效果。

(三) 传承经典、情感真挚、全面系统式

红色经典历来是高校思想政治理论课的重要素材。以红色经典传承为主要内容和切入点的思想政治理论课实践教学,充分发挥和利用了红色经典内容的厚重感,通过广泛的实践渠道和多样的实践形式展开各项各类实践教学。此类实践教学范式多以红色经典内容的展示为核心,辅以教研结合、史论结合、教学结合等多种模式,系统全面地将红色经典的传承与思想政治理论课实践教学有机结合起来。由于此类思想政治理论课实践教学范式的可操作性与可复制性较强,易于操作又能在教书育人方面取得情感上的优势效果,体现高校思想政治理论课的特征特点,所以被各级各类高校广泛应用。

红色经典的传承应用于思想政治理论课实践教学,重点在于内容,特征也在于内容,所以此类实践教学的独特之处就在于最大限度地发挥红色经典内容的作用,在经典的再现、传承、研读、互动等环节充分利用思想政治理论课实践教学的方式方法,并在应用中形成自己的独特优势。

1. 经典再现实践教学范式

经典再现实践教学范式主要是利用教材中的经典故事、经典案例、英雄人物等红色经典素材,在课堂讲授和阅读辅助资料的基础上,让学生把这些故事和人物演出来、讲出来,以加深学生对历史的认知和对国家的热爱。经典再现,再现的是经典的故事情节,也是故事情节背后的真挚情感;再现的是

革命先烈的悲壮义举,也是义举背后支撑先烈们浴血奋战的家国情怀。经典再现实践教学范式就是要让课本上的文字变成鲜活立体的故事,让若干年前发生的故事清晰地呈现在学生的面前,让学生手中的教材变成剧本,让教室的讲台变成学生的舞台。

红色经典案例在思想政治理论课教学中的作用是被广泛认可的,但是缺少了实践教学的环节,红色经典案例作用的发挥就会缺少必要的空间和中介。所以实践教学首先就发挥了"记忆"的功能。学生是最了解自己的接受度的,简言之,学生最知道哪些形式是最容易被自己接受和记忆的。所以给学生机会,让他们通过自己的肢体语言和舞台表现,把历史上的故事用一种最容易被自己所接受的形式表现出来,给学生以身临其境的感觉和体验,可以明显增强学生在学习历史经典故事时的代入感和认同感。从艺术形式中找到共鸣,从艺术形式中发现先烈身上的刚强意志和爱国主义情怀,并形成学生的集体记忆,铭记心中。经典再现实践教学范式的第二个功能就在于"传承"。当代的大学生生活在中国有史以来最好的时代,国家富强,人民幸福安康,他们的生活是幸福的、安逸的,他们有能力去选择自己喜欢做的事情、喜欢学的专业。新闻中的战火纷飞在他们看起来是那么遥远,当老师在课堂上讲到"今天的幸福生活是我们的先烈浴血奋战,抛头颅洒热血换来的"时,他们也只是将其看作一种带着感情的形容,很难真正去体会这句话中所蕴含的中华民族在最危难时候的奋起抗争。所以教师需要利用实践教学平台,给大学生一个感知红色经典记忆、体验红色经典场景、传承红色经典精神的机会,唤起学生的家国情怀,唤起学生主动传承红色经典的责任意识。

2. 经典美育实践教学范式

美育在思想政治教育教学过程中同样发挥着重要的作用。作为学生思想政治教育的辅助功能,美育在完善学生人格、健全学生心理等方面均具有明显效果,甚至有学者认为美育在改造社会、推动历史发展的过程中起到的作用在一定程度上要高于暴力和革命,由此可见,美育是学生成长成才过程中的重要一环。与思想政治教育相类似,美育同样是一种以情感教育为主的教育方式,以人的情感理性化和审美化来提高人的情感感知能力,而且美育在培养与发展人的健康、高尚且丰富的情感方面具有其他教育方式所不可替代的重要作用。经典美育实践教学范式正是利用了美育的这种独特的功能,结合思想政治理论课实践教学,并以红色经典教育为主要内容和切入点。

经典美育实践教学范式利用了红色经典的内容和美育的手段,实现了教育过程中理性与感性的有机结合与平衡发展,并在发展中促进了理性认识的深化。美育也只有在现实的实践之中,在红色经典的学习中,才能真正实现其价值,因为人也是在实践的基础上才能认识美、感受美、形成对美的认知和体会,才能培养出感受美的器官进而去创造美的。实践教学中的红色经典内容的学习可以理解为一种社会实践活动,而且是一种兼具理论的逻辑性与感性的美感的社会实践活动。在红色经典记忆中,新民主主义革命有革命的美,社会主义的建设和改革过程有建设的美和改革的美。这些美形象而具体,富含情感上的感染力,学生在这种美育与思想政治理论课实践教学有机结合的过程中会产生强烈的感官冲击和情感认同,在感性的动容中形成理性思维的转化,形成感性与理性的双重获得的深化,直至理论认知的升华,从另一个角度实现了思想政治理论课的教学目的,这也是其他教学方式方法所无法实现的。有了这种夹杂着感性认知的理性收获就不会出现方向感的迷失,学生对于历史的认知就是有情感的、有温度的,也是有深度的,历史就不再是冰冷的文字和图片的展示,而是一种美,一种崇高而远大的美,一种可以满足生活在新时代的大学生的理性与情感、知识与信仰等多个层面的美。

3. 经典立体实践教学范式

经典立体实践教学范式并不是严格意义上的一种独立的实践教学范式,而是结合了其他实践教学范式的各种方式方法的一种综合利用、合理取舍的实践教学范式。但是作为一种单独的小类,经典立体实践教学范式的独特性主要在于其核心内容——红色经典,利用各种各样的形式将红色经典以实践教学的方式覆盖课前、课上、课下,覆盖楼宇教室、学生活动、社团等校园生活的方方面面,形成全方位、立体化的实践教学范式。

经典立体实践教学范式的运用首先要做到的就是占领课堂教学的主阵地。经典为先、内容为王,让红色经典贯穿思想政治理论课教学的整个过程,顺势推进实践教学是此类范式最基本的途径。课前工作要做好。根据课程教学内容的进展,相关的红色经典有哪些,经典故事是什么,英雄人物有哪些,等等,很多工作是要在课前完成的,这也是实践教学的第一个开展环节。这一环节也是培养学生对实践教学兴趣和热情的重要节点。教师给予必要指导,学生发挥主要作用,教师课前答疑解惑,整个实践教学的过程完美衔接,课堂教学内容顺势展开。课上教师精讲,学生参与展示,课后教师给出必要指引,学生进行拓展活动。经典立体实践教学范式基本实现了知识、学生、经典、教师、课程、实践的多项互动。

经典立体实践教学范式还要激发学生的兴趣。实践教学得到各学校的普遍重视很重要的一点还在于吸引学生,这也是基于思想政治理论课的课程特点的一个现实需求。课堂教学理论性普遍较强、案例不鲜活、讲授不生动等问题使得学生对于思想政治理论课的热情不高、兴趣不足,在这种背景之下,思想政治理论课实践教学应承担相应的重要责任。红色经典在实践教学中的应用对于吸引学生、激发学生学习兴趣有着先天的优势,丰富的学习素材、灵活的学习方式、鲜活的人物故事、生动的历史事实等,任何专业、任何学习背景、任何性格特质的学生都能在这里找到适合自己的切入点。各种各样的兴趣小组、各级各类的学生社团都可以成为经典立体实践教学范式的开展平台。

在课堂教学为主阵地、学习兴趣为吸引力的基础上,经典立体实践教学范式还要注意发挥学生的主体作用。有了课上课下的学习,学生能够对红色经典案例有较为深入的认识和理解。在实践教学的过程中,老师要安于做绿叶,也要善于做绿叶,给学生以辅助性的指导。强化学生主动参与、学生主动体验、学生主动感悟、学生主动宣传等一系列的学生主体性活动。只有这样,学生才能真正做到认识历史、认识经典。

(四)课程优先、专业突出、系统构建

在我国高校系统中有很多专业性质的院校,如体育类院校、艺术类院校、公安司法类院校、军事院校等。这些院校的学生构成、专业配置、课程安排、师资队伍等各个方面都具有极强的专业性、特殊性。为了找到适合自身的思想政治理论课的授课方式,经过长期的实践和研究,这些专业性院校也都探索出了独具特色的教学模式,特别是在实践教学领域。思想政治理论课在全国都具有统一的要求和标准,所以无论专业性强弱,无论学生的专业为何,思政课的课程安排和学习质量是必须得到保证的,所以课程优先原则也是专业性院校所优先确保的一个基本原则。在基本原则得到保障的基础上,实践教学活动就比较突出专业性质的特色。比如体育类院校的"体育报国",艺术类院校的"学艺爱国",等等。每一类院校都结合学校学生的特点,开展适合学生的思想政治理论课实践教学活动,实现了专业课与思政课的结合,让思

政课实践教学更加灵活、更加被学生所喜爱,并都取得了比较理想的实践效果。

1. 塑造专业精神的实践教学范式

任何一个专业的学生的培养和塑造都离不开专业精神的教育。专业精神是学子在学业上的灵魂所在,也是思想政治理论课实践教学所要发挥作用的重要方面。体育类学生要有体育精神,艺术类学生要有艺术精神,公安类学生要有公安精神,军队院校的学员要有军人精神,等等,所以在这些院校的思想政治理论课实践教学活动中,一方面要结合课堂教学深化马克思主义基本理论的教育,另一方面就是要充分体现出专业的塑造特点。

以公安院校为例,公安院校的思想政治理论课的实践教学要充分体现出公安实战,体现出对于警员的坚定的公安精神的塑造。在这一目的的指导下,实践课程的设置会进行充分的整合以服务好课堂理论教学。在思想道德修养与法律基础课程的实践教学中,就要整合添加关于公安人生的选择的内容。学生为什么要选择从警,进入公安院校学习意味着什么,如何看待自己的人生选择以及如何面对未来的从警人生等问题都是公安院校学员所需要解答的人生问题。在中国近现代史纲要的实践教学中要结合专业特点,给学员安排党史、校史、警史等教学内容。新时代警察的责任、英雄警察的故事等体现公安精神、与公安实践紧密结合的教学内容也是公安类院校开展实践教学,打通专业性院校思想政治理论课与专业课、实践课的重要方式。所以有了思想政治理论课的实践教学,专业性院校的思想政治理论课教学可以在教学方式方法等方面找到新的问题解决路径。

2. 专业思政融合的实践教学范式

专业思政融合的实践教学范式主要是针对专业性院校学生的特点而探索的一条思想政治理论课实践教学路径。与普通院校学生相比,专业性院校的学生往往具有较强的专业兴趣和专业能力,具有某一方面的特长。体育类院校的学生更愿意在场馆内进行体育训练,艺术类院校的学生更喜欢琴房、画室,公安类院校的学生更喜欢实训场。所以在课堂教学的基础上,可以把思政课安排到专业的训练场地,结合专业内容来上。这样一来,激起了学生的兴趣,也告诉学生思政课对于他们的价值在哪里、如何应用、如何学好,从而有利于新一轮的理论教学,形成良性的教学循环,实现了思想政治理论课实践教学的教学目的。

专业思政融合的实践教学范式具有教学方式多样、教学方法灵活、教学内容丰富、师生互动频繁等多种优势,同样具有较高的客观要求。课程之间的融合以及教学范式的探索往往不是一个马克思主义学院或者几个教学院系能够实现的,无论是课程的设置、实践的安排、场馆场地的选择还是不同院系专业教师的配合都需要顶层设计。所以在实践教学的过程中,大多数采用了此类教学范式的学校都有校内合作的协调机制,这就确保了学校对思政课教学的重视以及院系之间的合作与配合。同时,在实践课程的安排上,一方面在实践教学场地开展具有专业特色的教学活动,同时又融合了校园文化建设等辅助内容,所以伴随着实地调研、实践参与、课堂实践等方式,学生参与度高、兴趣大、效果好。整个实践课程过程中,学生的感觉是既熟悉又充满期待。

专业思政融合的实践教学范式最理想的状态就是广大专业性院校的学生既学习了深刻的理论知识,又实现了职业素养塑造,在思想政治理论课实践教学中融入了专业的内容,同时又在专业课中开展了思想政治理论课的教学活动,达到了铸魂育人、润物无声的效果。

3. 师生团队合作的实践教学范式

通常的思想政治理论课教学都是"单兵作战"模式。一个思政课教师往往需要指导几个班级,在现阶段还没有完全能够实现小班教学的情况下,每个班级的人数一般都比较多。在实践教学上也是如此。实践教学的工作模式又不同于通常的课程教学,需要更多的资料准备、活动准备等辅助性的工作。所以,教师的精力与实践教学的工作量是不匹配的。师生团队合作所要解决的便是这样一种矛盾。在实践教学过程中,教师组建团队,学生也根据教学的安排来组建团队,以团队指导团队的形式来展开实践教学活动,极大丰富了实践教学活动的内容。

专业性院校的实践教学活动既要顾及理论性又要顾及专业特色和学生兴趣,所以组建了团队后的教师可以实现专业上的互补,共同提升教学团队的教学能力和教学水平,学员团队则可以设置得更小,实现小型的团队合作,教师团队的指导工作也可以开展得更为专业、更具针对性。这种团队指导团队的师生团队合作实践教学范式能够更好地实现教师与学生间的协作,提升实践教学的实效性,也能更有效地发挥学生的主观能动性,使学生真正参与到塑造自己的活动全过程。

马克思主义认识论强调,实践是认识的源泉,实践是认识的目的,实践更是检验真理的唯一标准。所以理论离不开实践,理论也依附于实践。作为兼具思想性和理论性的思想政治理论课,如果离开了实践那就难免变得流于形式,失去了本来的作用。这也是为什么探寻思想政治理论课实践教学范式已经成为大多数高校思想政治理论课改革与发展的主要方向。如何保障思想政治理论课实践教学既保持马克思主义理论的水准又强化学生教育的实践方法,则考验着每一位思想政治理论课教育工作者的智慧。

三、高校思想政治理论课实践教学范式的经验分析

我国高校对思政课实践教学范式的探索已经相对成熟,或基于校地特色,或基于专业特点,或结合历史因素,在范式的选择与应用过程中也形成了较为固定的几种模式。

(一) 高校思想政治理论课实践教学范式的选择与应用

思想政治理论课从最开始的纯理论性教学到后来对实践教学的探索,目的都在于增强思想政治理论课教学的实效性,强化思政课的教学效果。思想政治理论课实践教学不是形式上的为了实践而实践,而是为了服务理论教学而实践。所以思想政治理论课实践教学的开展依然要围绕理论课教学的主线,不能够偏离思政课的教学目标和教学范式。不仅如此,对思政课实践教学的探索还是为了解决思政课理论教学实施过程中难以解决的问题,实现思政课理论教学难以实现的效果。从功能定位上看,思政课的实践教学既承担了辅助思政课理论教学更好开展的责任,也承担了自身独有的功能。基于此,对思政课实践教学的探索必然不能偏离思政课教学的整体要求,不能忽略思政课教学的初衷,要找准方向和着力点,关注思政课实践教学与理论教学的整体性、系统性、思想性和导向性,发挥两个层面各自优势并实现有机结合,形成整体大于局部的课程建设态势。

1. 思想政治理论课实践教学体系的系统性与完整性

思想政治理论课实践教学范式类别多样、形式各异,各种范式也并非完全独立,各个范式之间往往互相借鉴与利用。但思政课实践教学范式的排列组合与方法选择并非随意的,而是具有明确的目的性和针对性的,是基于明

确的教学主体、系统的教学内容、联系的教学过程以及完善的教学评价系统而确定的。

首先，思政课实践教学范式选择要确保教学体系的完整性。行之有效的思政课实践教学应该是在思政课教学整体方案的指导之下发挥好自己独特的教学作用，依据自己的功能区分与功能定位，结合一系列的教学模式与思政课理论教学彼此呼应、互相支撑，以实现整体之下的部分功能。其次，思政课实践教学范式的选择要确保教学内容的丰富。尽管是与思政课理论教学相对应的实践教学，但不意味着实践教学可以没有理论内容。思政课实践教学要发挥理论联系实际的作用，要弥补理论课教学与现实生活的空间，这就要求思政课实践教学的内容要从理论与实践两个方面来进行充实而不可偏废。思政课实践教学的内容选择上不可形式化、空洞化、庸俗化，而是要确保内容的科学与务实，要让理论回归生活并指导生活，从实践中给学生以启发。再次，思政课实践教学范式的选择要确保教学过程的联系性。思政课实践教学范式通常都不是唯一的，在日常教学活动中，老师与学校会通力配合，选择几种甚至是十几种实践教学范式来服务于思政课的理论教学。所有思政课教学范式的选择要注意彼此的有机联系，以及实践教学活动与课堂理论教学活动的有机联系。要明确思政课实践教学的目的在于服务理论教学和补充理论教学，思政课实践教学范式的多样化选择的目的在于不同教学范式之间的配合与影响。所以要避免思政课实践教学的碎片化拼接，如果在硬性的选择过程中忽略了彼此的联系与影响，那么呈现在学生眼前的是被切割开的、完全独立的一个个教学单元，将大大影响教学效果。最后，要关注教学结束后的教学评价反馈。实践教学的教学效果直接反映了实践教学范式的选择和方法的应用，所以要把实践教学评价体系作为实践教学全系统中的重要一环，在反馈中加深实践教学效果，也在反馈中调整实践教学方案，改进实践教学方式方法，探索更为创新和行之有效的实践教学范式。

无论是思政课实践教学范式的选择、内容的选择还是教学场景的选择，都要务必关注到教学活动的内在联系，关注到教学过程中的前后衔接问题。要让学生在持续的环境氛围中接受思想政治理论教育，又在教育过程中提升实践动手能力，深化学生的理论知识，提高学生从理论出发去动手实践的能力。

2. 思想政治理论课实践教学体系的思想性与导向性

思想性与导向性是思想政治理论课的根本特征之一，这种特征在思政课实践教学的过程中也必然有所延续和体现。作为传统理论课教学的延续，思政课实践教学可谓思政课整体教学的提升，在提升的过程中如果淡化了思想性与导向性的特征，则不能起到思政课实践教学的基本教学效果，不免发生实践教学流于形式、空洞乏味的情况，甚至可能发生与思政课理论教学完全脱钩的情况。

为了避免思政课实践教学过程中方向的偏离，指导教师必须在思政课实践教学开展的过程中把握教学的方向性，在教学内容上丰富实践教学的思想性。当思政课教学发生场景的转化，来到实践教学的场景时，对学生视觉和心理都是一种冲击，学生的陌生感、兴奋感以及对实践活动的期待，都容易使教与学的过程发生方向性的偏差。实践场景下，学生是主体，但老师是主导，也就意味着在学生发挥主体作用的时候，老师要发挥方向上的引领作用，以确保实践教学的推进方向正确，确保实践教学在思政课教学的整体框架之下顺利展开。同时，指导教师要在实践教学总结的环节把握实践教学的思想性与方向性。实践教学是整体的思政课教学的提升环节，实践教学总结则是实践教学这一环节的提升过程。所以指导教师要在总结的环节再次强调实践教学理论内容，强化实践教学的思想性，明确实践教学的方向性。指导教师通过总结、问答等形式，深化学生对实践教学的目标和所要学习到的理论与实践内容的理解。学到了什么知识，有哪些疑惑，得到了多少解答，理论提升了多少，等等，在总结中升华理论与实践结合的学习过程。

3. 思想政治理论课实践教学体系的自主性与能动性

思想政治理论课的教学过程是塑造学生人格的重要过程。如果说思政课理论教学是学生"被塑造"的过程的话，那么思政课实践教学就是学生主动"自我塑造"的过程。思政课实践教学过程的效果体现在学生的参与，重在学生的自我参与、自我建构、自我塑造。在教师的指导下，学生能动地去认识客观世界，并改造客观世界，又通过改造客观世界的活动形成对外在客观世界新的认识。所以激发学生的自主性与能动性是思政课实践教学的重要方面。

首先，要让学生参与实践教学范式的选择过程。学生最了解自己的需求和喜好，学生对实践教学环节设计的参与也体现了实践教学的兴趣导向这一重要特点。经过学生自己参与设计的实践教学环节往往更能贴合学生实际，更能体现学生的特点，更重要的是，学生的参与过程本身也是实践教学活动开展的过程，无论是理论上的深化还是实践上的提升都能在参与设计实践教学的环节得到锻炼。学生参与实践教学环节设计的另一大优势便是创新，在实践教学的实际应用中，很多实践教学范式都是出自学生，很多实践教学的方法和环节也都是学生自己设计的，学生的创造力也是思政课实践教学得以不断发展和推进的重要因素。其次，要在实践活动过程中发挥学生的自主性和能动性。当代的大学生具有很强的表现力和表现欲，要在思政课实践教学中发挥好学生的特质，要在学习过程中给学生以充分的发挥和展示空间，展现当代大学生的精神风貌，展现学生的兴趣爱好，从整体上营造出积极向上、充满活力的实践教学氛围。最后，要在实践教学的总结和评价环节充分发挥学生的主动性和创造性。在实践教学过程中，学生的身份发生了转变，学生既是受教育者，同时又是教育者，学生参与了整个教育教学过程。教学设计是否科学，教学筹备活动是否遇到了困难，教学效果是否良好，这些问题是老师所关心的，也是参与整个教学环节的学生所关注的。学生需要了解在自己全情投入过后，所有的投入是否实现了最初的教学目的。同时，总结的过程也是学习深化和再学习的过程，也是思政课实践教学的重要一环。

（二）高校思想政治理论课实践教学范式的问题思考

思想政治理论课实践是在需要中产生，在实践中探索，又在探索中实践。各高校都是在问题中完善，又在新的实践环节中发现新的问题。思政课实践教学没有固定的范式，教师与学生的创造力都是思政课实践教学范式的新起点。在实际教学应用过程中，思政课实践教学范式的探索、选择、创新也总是伴随着新的思考而不断推进。

1. 教学与科研的关系问题

思政课实践教学的开展过程中经常会谈论到的话题就是如何做到教学与科研相结合。这个问题最初来自思政课的理论教学，但没有得到有效解决。教师的科研工作与教师所承担的思政课教学工作往往不是正相关的，所以在教学中融入科研的最新成果和内容就遇到了比较大的障碍。但是教学和科研相互促进又是一种普遍的观点，同时，让学生接触到最新的、最前沿的科研成果也是有效完善学生知识储备和知识结构的重要途径。目的的有效性与过程的不对称性这对矛盾就给思政课理论教学带来很大的困惑。这样一个很难解决的问题就推给了更具灵活性的思政课实践教学来解答。在实践教学中实现教学与科研的结合,一方面对实践教学范式的创新和内容的融合提出了很大的挑战,另一方面,教学与科研在实践教学过程中相融合也为思政课实践教学增强理论性、确保方向性、维护系统性提供了很大的优势与便利。

2. 学生与实践的关系问题

思政课实践教学的主体是学生,参与者是学生,要解决的主要问题也在于学生。如何实践？实践主题如何选择？实践范式如何确定？如何确保理论和学生的兴趣有机结合？这些起点性的问题在现实的实践教学过程中并不太好解决。照顾到了学生的兴趣容易缺少了理论支撑,找到了理论方向又没有了学生的参与热情,失去了实践的意义。纪念地瞻仰和探访活动被学生当作春游,使调研宣讲活动流于形式是在实践教学过程中较为常见的问题。实践如何开展？后续如何总结？这些也都是实践中的难题,安全问题、部门间的合作与配合、家校合作、校地合作等都是需要思政课实践教学进一步探索和思考的问题。

3. 学生与课程的关系问题

思政课开展实践教学还有一个很重要的原因就是课程与学生的关系问题。由于思想政治理论课较强的理论性和思想性导致了学生不爱上思政课,课堂出席率不高,抬头率不高,授课效果不好,学生反应平平。一系列问题迫使思政课教师开始探索新的模式和方法,也就从这个层面上催生了思政课的实践教学。从这个角度来讲,实践教学是课程与学生的一种"和解",或者部分学者认为是思政课的一种"让步"。但思政课可以做出"让步"吗？高校的其他课程可以"让步"吗？

学生与课程的关系是学与被学的关系,课程的设置是需要给学生以难度的,所以学生与课程之间需要适度的"紧张",也就意味着学生与课程之间不可以存在机械的所谓"和解",课程也不能因为学生的反应而寻求"让步"！也就是说,思政课实践教学的价值在于进,而不在于退。如何从学生与课程之间的关系以及思政课实践教学的初衷来思考思政课实践教学的未来发展,也是思政课教育同人所要思考的重要问题。

第五章　高校思想政治理论课实践教学的问题梳理

马克思认为:"全部社会生活在本质上是实践的。凡是把理论引向神秘主义的神秘东西,都能在人的实践中以及对这种实践的理解中得到合理的解决。"[①]2019年3月,习近平总书记在学校思想政治理论课教师座谈会上指出:"要坚持理论性和实践性相统一,用科学理论培养人,重视思政课的实践性,把思政小课堂同社会大课堂结合起来,教育引导学生立鸿鹄志,做奋斗者。"实践是教育的基本要素,思想政治教育本身就是一项社会实践活动,离开实践,思想政治教育理论课就会成为无源之水、无本之木,失去生机和活力。各高校思政课实践教学运行以来,一定程度上解决了思政课实践教学模式固化的问题,但仍存在诸多问题。当前,必须正视思想政治理论课实践教学存在的问题,分析原因,努力培养担当民族复兴大任的时代新人。

一、高校思想政治理论课实践教学存在的主要问题

当前,高校思想政治理论课实践教学仍处于探索实践与经验总结提升的发展阶段,实践教学还面临诸多困境与问题亟待研究和解决,主要表现为缺少"自己的内容""自己的组织""自己的形式",实际教学效果有待提升等。

(一) 实践教学内容失序

科学有效确定实践教学内容是取得教学实效的前提和基础。思想政治

[①] 马克思、恩格斯:《马克思恩格斯文集》第1卷,中共中央马克思恩格斯列宁斯大林著作编译局编译,人民出版社,2009,第501页。

理论课实践教学内容需要与理论教学内容保持协调一致,与国家的经济社会发展相适应,聚焦当前社会的热点、焦点,保证课程教学的整体性和层次性。

1. 实践教学内容针对性不强

各高校在开展思想政治理论课实践教学的过程中,出现的比较明显的问题就是内容混乱、主题不明。当前,思想政治理论课实践教学工作需要树立"大思政"思维,坚持围绕思想政治理论课的教学内容不动摇,有重点、有针对、有方向地开展主题实践教学活动。高校思想政治理论课包括马克思主义基本原理概论、毛泽东思想和中国特色社会主义理论体系概论、中国近现代史纲要、思想道德修养与法律基础、形势与政策五门课程,每门课程都可以设置诸多主题供学生进行实践活动。高校思想政治理论课教师组织实践教学活动时,需要认真斟酌哪些教学内容应当被确立为实践教学主题。另外,有的学校强调国家和社会的要求,教学内容以革命传统教育和爱国主义教育为主,忽略学生成长成才的需要,学生实际需要的心理健康教育和就业创业教育较少,存在教学内容与学生需要相脱节的问题。因此,各高校应当结合学生专业特殊性,制定出体现学校特色、适合学生发展的实践教学方案,思想政治理论课应当确立实践教学的主题范围,确定每门课程的主要实践内容、实践目标、实践要求,以提高实践教学的针对性和有效性,促进学生掌握必备的知识技能,防止盲目实践和无效实践。

2. 实践教学与理论教学内容脱节

理论与实践相统一是思想政治理论课建设的光荣传统,也是新时代思想政治理论课的基本原则。坚持理论与实践相统一是马克思主义认识论的根本要求,也是思政课高质量发展的必然需要。思政课理论教学以马克思主义理论、马克思主义中国化理论成果、党的路线方针政策为主要内容,以理论阐述为主要讲授方式,以培养和提高高校大学生的马克思主义理论素养、思想政治素质以及运用马克思主义分析和解决实际问题的能力为目标。思政课教学包括理论教学和实践教学,二者相辅相成,都是教学的重要组成部分。在思政课教学的过程中,我们必须用理论来指导实践,在实践中不断认识理论,使对理论的认识达到更高水平。在实际教学中,一方面,实践教学与理论教学没有有效结合。部分思政课教师没有把理论教学与实践教学协调统一,简单认为理论教学就是把书本中的理论知识"灌输"给学生,而实践教学是把学生的一些课外作业留给学生自己去完成。这种做法并没有将理论教学的内容同实践教学结合起来,只是根据所在场所进行的"实践教学",对思政课教学意义不大。另一方面,实践教学与理论教学没有制定科学合理的教学计划。由于受到学生规模、经费保障、场地安全、师资队伍等方面的限制,高校在开展思政课理论教学时,不能科学安排实践教学活动,导致很多高校思政课实践教学缺乏实效性,甚至出现"重结果而轻过程"的问题,影响了思想政治理论课的效果。为了丰富思政课教学形式,有些实践活动往往根据教师的偏好或学生的兴趣进行,忽视了实践教学的目的与意义,不能达到在实践中深化理论认识的目的。当前,急需加强理论教学与实践教学融合体系设计,克服理论实践融合不到位的短板。

(二) 实践教学主体性缺失

习近平总书记在主持召开学校思想政治理论课教师座谈会时指出,要坚持主导性和主体性相统一,思政课教学离不开教师的主导,同时要加大对学生的认知规律和接受特点的研究,发挥学生主体性作用。实践教学离不开教师的主导,同时要坚持以学生为中心,发挥学生主体性作用,加大对学生的认知规律和接受特点的研究,调动激发其学习的主体性和能动性。在实际教学中,由于受到多种条件限制,学生主体性和能动性的发挥有待提高。

1. 教学过程教师主导,忽视学生主体地位

思想政治工作从本质上说是教学生做人的工作,这也就要求高校思政课的主体必须是学生,教师则应该是引导者、组织者、合作者。实践教学的开展必须围绕学生,服务于学生。而在现实的实践教学环节中,教师掌握教学活动的主动权和话语权,部分思政课教师忽视学生主体地位,习惯性地给学生灌输知识,安排任务,学生只是机械性地完成任务,没有积极主动地投身于实践,处于被动接受教育的地位,教师与学生主体之间没有形成双向互动,学生的主体性被遮蔽。例如,一部分教师在实践教学主题设计、实践方案实施过程中,一手包办,选择了毫无新意、缺乏创意的实践主题,使学生处于被动客体地位,学生看似积极参与了活动的全部过程,事实上只是在教师的安排下照猫画虎,导致学生责任心不强,积极性得不到发挥,消极接受知识,最终使得实践教学成为教师的"独角戏"。这种情况下,如果仅从教师的角度出发,采取灌输教育方式,不考虑学生的主体性,不仅不能激发学生的学习兴趣,还会导致教学效率低下,影响思政课的教学质量。

2. 教学过程缺乏交流，忽视学生主体需要

沟通协调机制的不完善限制了学生发挥主动性和创造性。思政课教学并不仅仅是马克思主义学院的工作，近年来，各高校越来越重视思政课建设，但是我们仍然能发现，学校不同学生管理部门工作彼此独立，缺乏有效的沟通协调机制，缺少活动反馈机制，很难在思政课实践教学过程中相互协调，导致学生的主体需要无法被满足，学生的实践活动大多只能在课堂上以回答问题的方式或作为课下实践性作业自己完成，缺少整体性、系统性、协调性。另外，对于部分思政课教师来说，实践教学只是为了凑够实践学时，是给学生安排的一次普通作业，在实践教学的过程中，教师只是为了完成教学任务，对学生进行知识传授，而未与学生交流，不关注学生真实的情况和学习体验，将学生视为完全相同的个体，一概而论，这样就会导致学生的主体需要被忽略，实践过程与教学预期目标相差甚远，不能达到实践教学应有的效果。

（三）实践教学组织不够规范

课程教学实施与组织的规范性对课程的顺利开展并取得预期的教学效果起到基础性作用，我国高校思政课实践教学组织形式普遍存在随意、不规范等问题，主要体现在以下方面。

1. 教学内容不规范

教材是开展培训的重要知识载体，是完成教学任务、实现教学计划、落实教学内容的重要保证。因此，必须加强对教材建设与使用工作的管理和指导。思政课教材采用国家统编教材，但是学校思政课管理机构并未设置明确规范的教学大纲和教学计划，造成教学目标和教学标准不明确，使得教师在课堂上无法准确把握教学重点、难点，难以做到具体全面，从而给教师的讲解带来很多困难。教师在授课的过程当中，往往依据自己的教学经验、能力水平、个人喜好等决定教学内容，根据课程内容及其授课方式的不同，在课程内容中加入教材外或者是网络上的相关内容，如果把握不好教师的自主性，容易导致实践教学的随意性，使教学效果差强人意，影响到学生学习的积极性。而且，大多任课教师没有明确教学重点与难点，没能充分利用这些重点和难点激发学生的求知欲望，使得学生学习效率不高，学习的内容过于片面，不利于学生进步。

2. 教学组织不规范

思想政治理论课实践教学是一项复杂的教学活动,涉及教师、场所、经费、培训、考核等方方面面,需要精心组织、规范安排,要求高校教师在开展实践教学时既不能简单套用课堂教学模式,又要结合本校实际情况。但是,一些高校思想政治理论课实践教学组织力量薄弱,缺乏应有的规范措施,教师只是根据教育部对于思政课相关课程的要求组织课堂,并没有根据不同地域、不同专业等实际情况及学生的需要设计有契合性、实践性的实践教学计划,实践教学活动的安排也较为随意,整个教学过程不系统、不规范,直接影响到思想政治理论课实践教学的深度和可持续发展。此外,高校实践教学活动缺乏统一的教学形式和考核评价体系,制约了高校实践育人成效。同样是组织活动,如果没有明确目的、具体要求、考核评价标准等规范性要求,容易出现各自为政、互相推诿等情况,很难达到预期效果。

3. 教学统筹协调不规范

由于思政课包括六门不同的课程,由不同的教师担任教学任务,经常会出现实践教学活动同时涉及几门课程的情况,如果教师之间不能及时沟通协调,就会在一定程度上影响实践课程的效果。同时,一些高校的实践教学把大学生的暑期社会实践活动、志愿服务活动、社团活动等纳入其中,思想政治理论课实践教学与校团委、学生处等部门组织的社会实践活动存在不协调、不沟通配合的现象,这也造成了实践课堂缺乏有效互补和共享性,从而无法充分发挥其应有作用,导致思政课教学质量得不到提升。"等同化"运作削弱了思想政治理论课思想启迪、价值引领、能力培养等功能,使实践教学的实际效果大打折扣,严重阻碍着思政课人才培养目标的达成。因此,要切实增强思想政治教育的针对性、实效性,必须进行全面系统的梳理。

(四)实践教学效果不够理想

学生在实践教学中的参与度是提升教学实效、保障教学质量的基础。当前大部分思想政治理论课实践教学模式存在覆盖学生面有限、学生参与度较低的问题,教学质量难以保证,实践教学实效有待进一步提高。

1. 学生覆盖面不全

作为必要的教学环节,思政课要落实规定的学时,思想政治理论课实践教学的主体是全体高校大学生。然而,从高校思想政治理论课的实践教学来看,一方面,由于思政课的内容较多、复杂且抽象,很难有针对性地进行设计;另一方面,受诸多条件制约,思政课实践教学活动的覆盖面较为有限,教学活动不能面向全体学生,直接影响到课程的教学效果,不利于思政课程的有效运行。

一是大部分高校的思政课实践教学场地以校园为主体,校外实践教育覆盖面明显不够。目前,大部分实践教学活动由高校设计和组织,由学校自行负责。出于安全、经费等方面的考虑,大部分高校都将思政课实践教学活动作为校外实践教学的替代,导致思政课实践教学活动缺乏社会力量的广泛参与,无法取得良好的教学效果。二是高校在设置和组织思政课实践教学活动时,主要集中在一些常规性活动上,活动的全面性明显不足。实地参观、实地调研、助教锻炼、体验式教学是高校实践教学的主要方式,新兴网络媒体所蕴含的思想政治教育功能很容易被忽视。三是实践教学活动的参与者局限于特定的人群,难以普及。多数高校存在以点带面的现象,如受经费、场地、安全等方面的限制,高校思政课实践教学无法实现全体学生的充分参与,校外社会实践也大多是少数学生干部参与。这种缺乏广大学生认可的实践教学方式,不仅不符合教学的基本要求和教学发展的客观规律,而且很难使学生真正从实践活动中接受思想政治教育熏陶。因此,如何构建一种适合当代大学生的实践教学方法,适应当代大学生思维模式和认知水平的变化,是摆在我们面前的新课题。

2. 学生参与度不够

学生参加实践教学的时间有待增加,一是要增加大学生在实践教学中的体验时间,通过延长课堂展演时间和校外体验时间增强其体会、深化其认识。实施者应该根据实际情况,按照学生意愿,把实践教学时间分配到每个学生身上,不设名额限制和条件限制。要保证每个学生都能够有机会参与实践,防止因为时间紧张而影响实践体验。二是要提高大学生参与实践教学的频率,让大学生真正成为实践的主角,发挥他们的主动性。为了激发他们的积极性和自觉性,要创造适合学生的实践场景,使之具有可操作性,激励他们进行实践教学,使实践教学效果最大化。尽可能每个学期都有思想政治理论课实践教学特别是校外实践教学的机会,使大学生走出校园、了解社会、认识世界,通过"行万里路"更好诠释"读万卷书"的真谛。

（五）实践教学形式不够多样

思想政治理论课实践教学立体化的教学体系，包括第一课堂、第二课堂和其他课堂在内的课内实践、课外实践和虚拟实践。从目前高校开展的实践教学情况看，普遍存在实践教学形式单一、理论教学与实践教学脱节等问题。

1. 实践教学流于形式

2016年，习近平在全国高校思想政治工作会议上的讲话中指出："思想政治工作从根本上说是做人的工作，必须围绕学生、关照学生、服务学生，不断提高学生思想水平、政治觉悟、道德品质、文化素养，让学生成为德才兼备、全面发展的人才。""为了谁""为了什么"关系到"如何做"和"能不能做好"。高校思想政治理论课实践教学的出发点是全体大学生能够通过实践体验更好理解、领会、认同思想政治理论课的教学内容和教学精神，提高大学生群体的思想觉悟、理论认识和政治认同。如果一些高校出于完成任务和应付检查的目的开展思想政治理论课实践教学，就很难设身处地从学生的角度出发考虑学生群体的成长成才需要，就无法真正落实以育人为本的根本宗旨，培养社会主义事业合格建设者和可靠接班人，也没有把握住大学生自身的特点，缺乏对他们进行深层次引导和激励的条件，落入"为开展实践教学而开展实践教学"的窠臼，学校和教师不能积极投入实践教学的设计、研发、组织和优化，思想政治理论课实践教学最终流于形式，达不到预期目标。

2. 实践教学形式单一

在一定程度上，教学形式的多样性和创新性有利于提高教学质量。高校思政课实践教学形式大多采用专题讲座、社会调查和主题教育活动等传统的校内形式，而符合时代潮流的校外实践教学、新媒体技术等新型实践教学形式涉及较少，实践教学的形式过于陈旧、单一。科学有效利用载体是思想政治理论课实践教学的重要手段之一，不仅仅是要求内容上无缝对接，更需要根据大学生的学习需求采用多种活动载体。除了以参观考察形式融入，还可以以社会服务形式融入、以调研场所形式融入和以微电影形式融入，由于学生亲身体验，所以他们能够很好地将内容表达出来，这样的载体融合也实现了校内资源和校外资源有效对接，丰富了教学的内容。

二、高校思想政治理论课实践教学问题的原因分析

实践教学涉及教学内容、组织形式、考核方式等诸多方面,出现问题的原因要多角度具体分析,教学目标、实施过程、条件限制等都在一定程度上导致了当前各高校思政课实践教学陷入困境。

(一) 对实践教学重视程度不够

当前,实践教学的组织者和实施者教学理念相对滞后,学校和教师对实践教学的认识存在不同程度的偏差,这是导致思政课实践教学面临困境的主要原因。

1. 教育机构对实践教学重视程度不够

从学校层面来看,一方面,学校对思政课实践教学进行规划时,认为实践教学可有可无,不值得被重视,认为理论教学才是重中之重,只是把它作为思政课理论教学的一个辅助部分,而不是作为思政课教育教学的一个部分独立地与理论教学同步建设,对其重要性的认识存在偏差,导致理论和实践失衡。另一方面,虽然各高校在国家有关文件的指导和支持下,采取了相应的措施,保证了思政课实践教学的顺利进行,但由于各种因素,许多措施在实际操作中出现了敷衍了事、流于形式等现象,没有建立起对思政课实践教学的有效监督。同时,高校在思政课建设中,没有从系统、全面的角度对思政课实践教学的发展进行充分的思考,对思政课的重要性认识不足。

2. 教育主体对实践教学认识不到位

2018 年,教育部印发《新时代高校思想政治理论课教学工作基本要求》,强调:"实践教学作为课堂教学的延伸拓展,重在帮助学生巩固课堂学习效果,深化对教学重点难点问题的理解和掌握。要制定实践教学大纲,整合实践教学资源,拓展实践教学形式,注重实践教学效果。"教育部对实践教学的地位和作用给予了明确定位,但部分思政课教师并没有完全理解到位。一方面,部分思政课教师忽略了对实践教学内涵和功能的把握,在实践教学过程中偏离了方向:一是缩小了实践教学的外延,认为实地调研、参观考察等实践活动就是实践教学,组织活动时具有松散性和随意性,认为实践教学需要耗费大量的人力、物力和财力,难以保证实践教学活动普遍并且持续进行;二是

把课堂教学的一些形式等同于实践教学,混淆了理论教学与实践教学,扩大了实践教学的外延,没有正确理解和把握理论教学和实践教学的区别,阻碍了实践教学作用的发挥。另一方面,由于部分思政课教师能力有限,教学任务繁重,教学考核不到位,没有更多的精力去思考、规划和有效实施实践教学,从而制约了实践教学工作的有效开展。

3. 教育客体对实践教学价值认识不足

从学生的角度来看,一方面,他们在学习思政课的过程中存在应付心理,对思政课没有足够的兴趣。另一方面,他们不重视思政课实践教学,在参与实践教学的过程中被动接受知识,没有发挥主观能动性。

总之,学校、教师、学生在对思政课实践教学的认识上都存在偏差,对思政课实践教学缺乏全面、深入的认识,导致实践教学效率低下。

(二) 对实践教学技能掌握欠缺

思想政治理论课实践教学要取得预期成效,关键在于发挥教师的积极性、主动性、创造性。目前,我国高校部分思想政治理论课教师的实践教学能力、专业技能有所欠缺,制约和影响实践教学的顺利开展和教学实效。

习近平总书记在主持召开学校思想政治理论课教师座谈会时指出,要坚持主导性和主体性相统一,思政课教学离不开教师的主导,同时要加大对学生的认知规律和接受特点的研究,发挥学生主体性作用。教师是实践教学的组织者和实施者,组织策划、管理引导能力直接决定了思政课实践教学的质量和效果。思政课教师必须具备相应的实践教学的能力和技能,才能有效组织、规划实施高校的实践教学活动,应对教学过程中可能出现的各种状况。但从目前情况来看,大部分思政课教师擅长课堂教学的组织和管理,但在实践教学中存在较多问题。首先,近年来,各高校为满足思政课师生比要求,引进了一大批青年思政课教师,他们在实践教学方面普遍欠缺实际经验,甚至有些教师认为,自己的职责就是在课堂上传道授业,实践教学不是自己主要的教学任务,导致实践教学改革进程缓慢。其次,思政课实践教学需要任课教师投入大量时间与精力,克服诸多困难,教学效果却难以预料。另外,教师在教学科研方面普遍面临较大压力,很难每次都亲身参与到学生的实践教学中进行指导,只能安排实践教学的任务,让学生独立自主完成,导致学生无所适从,全凭自觉,达不到实践教学的预期目标。最后,思政课是全校的公共课,涉及不同学院、不同专业的学生,又因为要进行大班教学,仅仅依靠马克思主义学院思政课教师来做,使思政课实践教学的改革与创新成为难题。

(三) 实践教学资源保障不完善

思想政治理论课实践教学资源包括校内资源、校外资源及线上资源等,高校在开展实践教学过程中没有对校内资源进行归类整合,对校外资源进行挖掘整合,对线上资源进行创新整合,以实现资源效益最大化,达到社会力量同向化,促成实践教学超时空化。

1. 师资力量有限

2015年,中共中央宣传部、教育部印发《普通高校思想政治理论课建设体系创新计划》,明确提出要合理设置高校思政课教学规模,倡导中班上课、小班研学讨论的教学模式,班级规模原则上不超过100名学生。实践教学作为思政课的重要组成部分,需要全体学生共同参与,但思政课师资力量不足,教学资源严重缺乏,使得师生比成为制约高校思政课实践教学的主要因素。一方面,师生比低必然导致教师教学任务重、压力大,没有足够的时间和精力参加学习交流、社会调研等提高实践能力的培训活动,这在一定程度上限制了对学生实践能力的培养。另一方面,学生超过100人时很难保证实践教学的质量和效果。一是学生自身的知识储备、专业背景、思维方式、人文素养等方面存在差异,任课教师数量有限,不足以开展小班教学,因材施教的难度系数大,教学缺乏针对性。此外,100人以上的教学班很难开展灵活多样的实践教学,教师即使以讨论、讲座等形式组织课堂实践活动,也很难进行场面控制和管理。在教学时间有限的情况下,教师很难对每一个学生进行有效的引导,师生交流不够,学生的参与度低,主观能动性很难充分调动起来,教学效果自然也大打折扣。

2. 教学资源短缺

教育部等部门印发相关文件明确要求,学校在保障思想政治理论课教学科研机构正常运转的各项经费的同时,本科院校按在校本硕博全部在校生总数每生每年不低于40元,专科院校每生每年不低于30元,安排专项资金用于思想政治理论课实践教学。这一政策的落实对于促进我国高校思想政治理论课实践教学的改革和发展,提高学生的思想政治素质具有重大意义。然而,一些高校因为这样或那样的原因,缺乏经费保障机制,不能足额落实实践教学经费,影响实践教学的正常开展。

国内不少学者指出,我国高等教育要解决教育经费问题,从财政角度保障高等教育发展,需要多元化的融资渠道。一方面,为了扩大招生规模,高校纷纷投入资金,增加教室,扩建或新建学生宿舍等。实践教学经费支出受限后,实践教学活动的正常开展受到很大的制约,甚至有的活动被迫停止,实践基地或相关实践环境中的一些实践活动也受到限制,极大地影响了思想政治理论课的实践教学效果。另一方面,实践教学的辅助教材器具和社会实践活动中涉及的许多问题,都离不开实践经费的支持,市场物价的上涨幅度远远高于教育费用投入的上涨,以致一些实践活动无法按计划进行。因此,实践教学资金的相对短缺,使得思想政治理论课实践教学受到了很大的制约。

3. 实训基地不足

实践教学基地是学生联系社会、了解社会、服务社会的主渠道,有了稳定的实践教学基地,才能使实践教学的时间和场地相对有保障,教学内容相对固定。通过参观实践教学基地,学生能够从中体验理论、培养能力、提升专业素质。从高校现状来看,部分高校思想政治理论课的校内实践教学基地不健全,校内实践与课堂教学挂钩;校外实践教学基地与专业实训基地混合在一起;建设线上网络实践教学基地的意识不到位。究其原因,许多高校不重视思政课实践教学,不重视校外实践教学基地的建设和完善,导致实践教学难以开展。如部分高校实践教学经费不足,教师在选择实践教学基地时存在很大的局限性;有的企事业单位为大学生提供实践教学空间的意愿不强,担心影响正常工作,这给思想政治理论课的实践教学带来不小的困难,影响实践教学的实施。

(四) 实践教学考评机制不健全

学生是思想政治理论课实践教学考核的主要对象,难以有效评价学生参加实践教学的情况和学生的成绩,一直是实践教学有效、可持续运作的瓶颈之一。

1. 实践教学考评内容不够全面

实践教学要实现知识目标、能力目标、情感态度价值观目标,即三维目标。然而,目前教师在评价学生的实践教学成绩时,过于依赖学生提交调查报告、读书心得等书面材料,忽视了对学生团队精神养成、组织能力训练、意志品质磨炼等方面的考察。而学生在社会实践活动总结中存在弄虚作假、敷衍糊弄等问题。因此,这种考评方式仍然属于知识性考评,是传统"一考定成绩"理论课考评方式的变异。

2. 实践教学考评方法不够科学

首先,在思想政治理论课实践教学中,许多高校都没有完整统一的考评标准。有些学校即使制定了实践教学的考评标准,也过于粗放,难以操作,没有考虑到思想政治理论课实践教学的特点。其次,考核难以做到客观公正。在目前的师资条件下,要想让每一位教师作出客观、公正的评价,与几十名甚至几百名学生的实践教学成绩相匹配,并不是一件容易的事情。例如,教师鼓励学生参加小组实践教学活动,但无论小组提交的调查报告或证明材料质量如何,教师都无法准确判断每个学生的实际表现。最后,对社会实践成果的评价过于依赖社会实践表,缺乏过程性评价。社会实践教学文字材料只是一种记录性文件,它仅限于记录学生通过社会实践所取得的各项成就和经历,并不包括学生的综合素质、道德品行等方面的内容,这显然与新时期高校人才培养目标相背离。

3. 实践教学考评效果不明显

在实践教学过程中,考核评价环节的实际效果大打折扣,在某种程度上影响了实践教学的操作效果。考核结果既不能反映实践教学是否深化了学生对思想政治理论课基本知识的理解,也不反映实践教学是否促进了学生对课程本身的学习和积极参与。一方面,在对学生实践活动的考核评价中,教师是主体,难免会存在主观性、片面性,这在一定程度上影响了对学生评价的公平性和客观性。另一方面,对表现突出的学生的奖励,大多采用传统的学习用品、奖状、荣誉称号等,对当代大学生吸引力不够,对学生的激励作用不明显。目前也没有完整、规范的教学主体评估规章制度。在学科考核评价中还存在着对实践教学任务的随机审批、对教学效果片面认定等问题。

(五) 实践教学过程管理不到位

在实践教学中,存在着运行过程管理不规范的问题。由于指导教师与学生人数的配比不均,教师负责的学生数量多,实践教学动员难度大,学生不需要关注动员培训的内容,只需要签到就可以完成强制性培训,导致学生在实践动员过程中容易走过场。与此同时,由于学生人数多、实践教学内容相对随意,学校难以对学生实践过程进行系统、全面的指导和安全监管,指导教师对一些学生实践活动的过程缺乏有效的控制和有力的监督。由此可见,思政课教师在课程实践教学过程中存在着管理不规范、过程管理薄弱等问题,影响着整体的教学运行效率与教学质量。

三、高校思想政治理论课实践教学效果的提升对策

针对高校思想政治理论课实践教学过程中存在的问题,应该通过明确教育客体中心性、加强实践教学过程管理、建立健全长效运行机制等途径来提高实践教学质量,增强高校大学生思想政治理论课获得感。

(一) 明确教育客体中心性

大学生是思想政治理论课实践教学的主体及受益者,尊重他们的主体地位,引导和激励他们参与实践教学的主动性和积极性,直接决定了思政课实践教学的实效性。首先,思政课教学管理者和教师要树立科学的实践教学理念,切实重视实践教学在整个思政课教学中的地位,不断探索创新实践教学模式,完善实践教学课程化建设。坚持以学生为中心,尊重学生在实践教学中的主体地位,满足学生的成长需要和对思政课的期待。其次,教师在实践教学过程中当好引导者和鼓励者,而不能在实践教学过程中唱"独角戏"。在确保学生的实践活动符合教学内容、教学目标的前提下,引导其充分发挥主观能动性和积极性,根据学生的兴趣爱好、专业,确定实践教学主题、实施方案和最终的实践教学成果,提高学生的积极性和主动性,有效达成教学目标。最后,加强实践教学活动成功案例的展示与宣传。通过教学成果汇报展演、宣传海报、网络视频等有效方式对实践活动成果进行展示。学生通过实践汇报、感悟分享、艺术表演等形式展示自己的实践成果,体验收获的喜悦,激发他人参与活动的积极性和主动性,发挥朋辈教育效果,起到相互启发、相互学习作用。

(二) 加强实践教学过程管理

思政课实践教学过程管理是保证实践教学良好运行的重要因素,是构建思政课科学运行机制不可或缺的组成部分。教学过程管理的规范有序是保

证学生实践活动效果的重要条件,也是实现预期教学目标的必要前提。要"构建以质量、效益为核心,体现全员参与,计划(Plan)——→实施(Do)——→检查(Check)——→处理(Action)环节健全流畅的全过程管理"①。

1. 确保理论教学与实践教学及时对接

成立以学校主要领导为负责人的实践教学专项管理机构,对实践教学的组织和管理进行有效的协调和全面的监督。合理安排下级部门的工作任务,督促教务处、校团委和马克思主义学院等部门各司其职、密切配合,同时做好上级部门下达任务与下级部门落实任务的有效衔接,努力建立党委、教务处、团委与马克思主义学院的联动机制,充分发挥马克思主义学院的引领和沟通联系主导作用。作为思政课教学工作的具体执行单位,马克思主义学院直接管理指导教师,并对指导教师的实践教学操作全过程进行指导和监督。马克思主义学院应及时组织、安排指导教师开展班级实践教学动员、实践教学培训、实践活动审核、实践活动引导、实践成果评价等活动,制定详细的实践教学计划、宣传培训方案、学生实习手册、实践报告撰写规范等规章制度和指南,组织教师学习。马克思主义学院的各个职能部门之间应该加强合作,通过多种途径来提高实践教学的质量,以便更好地为高等教育事业发展服务。马克思主义学院要有专门的检查管理人员,加强对实践教学过程的管理,狠抓关键环节的工作,及时发现和解决教学运行过程中存在的问题,不断优化整个教学运行过程。

2. 确保实践教学按设计方案有序开展

学生实践过程管理是课程过程管理的关键环节。严格有序地对学生的实践活动进行过程管理,是整个运行机制的重要组成部分,对实践教学的规范运作具有重要的作用。指导教师是学生实践活动过程管理的主力军,负责指导学生实践活动。指导教师要抓好学生管理工作,不能太严、太松、太软,既要严格按照学生管理制度和规则进行教学,又要给学生一定的自主性,引导学生主动自我管理,以取得较好的教学效果。一方面,在学生实践管理过程中,学生的思想管理是重点内容。思政课实践教学的特点决定了其管理的难度,与其他类型的实践教学相比,思政课实践教学的特色更加突出,方向更

---

① 张少山、张俊、郑晓娟、张丽:《系统论视阈下高校思政课实践教学体系建构研究》,《湖北经济学院学报(人文社会科学版)》2019年第8期。

加明确。因此,教师要帮助学生树立正确的世界观、人生观、价值观,突出思想引导作用,把握实践活动的政治方向,密切关注学生的思想动态,及时引导和纠正学生思想偏差,帮助学生成长成才。另一方面,学生的实践过程也是教师管理的重要内容。在教学实践过程中,指导教师要注意做好实践活动前期、中期和后期三个阶段的学生管理工作。在实践活动的早期阶段,督促学生根据实践活动的要求选择实践活动的主题,积极撰写实践活动计划,及时提交实践活动方案,充分做好前期准备。在实践活动中期,充分发挥QQ、微信、微博、思政课实践教学网站和学生信息管理平台等多种媒介功能,做好学生管理工作,注重实践过程的管理。实践活动后期,要求学生认真总结实践活动情况,按照教学要求认真撰写实践报告、经验总结等,并及时提交,通过这些形式帮助学生成长进步。

3. 确保理论教学与实践教学有效结合

实践教学结束时,应组织开展实践教学效果考核评价,对整个过程的各个环节进行总结反思,查找不足,并进一步予以完善。同时,也要检查原有的实践教学考核评价方式是否科学合理,及时总结经验,为更好组织管理实践教学做好充分准备。

(三)建立健全长效运行机制

思想政治理论课教学包括理论教学和实践教学两部分,二者相辅相成,实践育人是提升大学生综合素质的重要途径,是高校人才培养的重要环节。把实践教学纳入教学计划,通过构建实践教学长效机制,持续推进实践教学课程体系化建设以切实提高思政课立德树人、铸魂育人的成效。

1. 建立健全组织决策机制

(1) 领导决策机构

中共中央宣传部、教育部印发的《普通高校思想政治理论课建设体系创新计划》明确提出:"高校党委书记是思想政治理论课建设的第一责任人,党委书记、校长和分管校领导要切实负起政治责任和领导责任。"实践教学作为思政课的重要组成部分,可由学校党委书记任组长,分管思想政治教育工作的副校长、分管学生工作的党委副书记任副组长,教务处、各学院、学工处负责人为小组成员。马克思主义学院主要负责全面贯彻落实上级有关文件精神,拟订思政课实践教学课程建设、师资配备、经费设施、科研项目、质量考核、教学管理等政策和制度。通过定期召开思想政治理论课实践教学工作会议和抽查教学开展情况,进一步加强和改进思政课实践教学,协调相关部门之间的关系,共同推动思政课实践教学取得实效。同时,邀请校外思想政治教育学科知名教授、实践教学基地主任和学校相关领导专家组成思政课实践教学研究咨询委员会,定期召开座谈会,对思想政治教育实践教学工作进行全方位指导,确保思政课实践教学扎实有序开展。

(2)具体执行机构

目前,高校思政课实践教学模式可分为分散教学和集中教学,前者由相关课程的教研室实施,后者把实践教学设置为一门独立的课程,成立了独立的实践教研室,集中开设思想政治理论实践课。相比之下,集中教学模式便于相关部门之间的协调统一、规范推进,在加强教学管理、提高组织效率方面更加有效。马克思主义学院思想政治教育工作者应根据思政课实践教学的具体情况,结合本校实际制定高校思政课实践教学的规章细则;选派具有丰富实践教学经验和较强组织管理能力的思政课教师组成思政课实践教研中心,在教务处指导下组织实施思政课实践教学工作;协调相关部门,整合校内外实践教学资源,统筹思政课实践教学的课程设置、教学计划、师资管理、考核评价等工作。同时,要明确思政课的课时安排、经费预算、课程内容与形式、组织与实施、课程考核等具体细节,制定思政课实践教学纲要和教学计划,严格落实教学制度,确保思政课实践教学有序开展。

(3)协调配合机构

高校思政课实践教学是一项长期而复杂的教学活动,要统筹协调各方力量,齐抓共管。协调配合机构的主体由学工部、团委、宣传部、人事处、财务处、科研处等相关职能部门负责人和校外家长组成。通过各部门之间的协调联动,认真规划和统筹安排思政课实践教学活动,明确各部门责任,实现实践教学活动资源的共享,优势互补,分工协作,杜绝因各自为政造成职能重复和资源浪费。在具体的工作中,应该注意做好思政课实践教学的基础条件、教育环境、教学资源、教师与教师、学生与学生的协调配合。在学校的统一领导下,实现多元化的组织和管理,分工合作开展思政课实践教学。此外,由于思政课师生比低,实践教学可以依托各学院团委、学生处,聘请辅导员和学生管理部门工作人员担任兼职教师,共同开展思政课实践教学,掌握学生思想动态,及时发现思政课实践教学中存在的问题,缩短信息反馈时间,提高思政课实践教学管理工作的有效性。

(4) 学生组织机构

要提高思政课实践教学育人实效,充分发挥学生的积极性、主动性、创造性,把相关学生组织纳入思政课实践教学组织,激发学生自我教育、自我安排、自我策划、自我管理作用。学生组织可分为三类,第一类是行政教学班级,第二类是各类学生社团,第三类是学校学院学生党团组织和学生会。学生组织既是实践教学活动的参与者,又可以作为实践教学活动的组织者。这三类群体是不可或缺的组成部分,相辅相成,共同推进思政课实践教学的有序顺利开展。《普通高校思想政治理论课建设体系创新计划》指出,要着力培养学生理论骨干和理论社团。所以,要充分发挥学生组织的积极性和创造性,鼓励学生组织积极参与思政课实践教学。首先,行政教学班级是学生自我教育、自我管理、自我服务的基本单元,加强班级集体凝聚力和团队精神建设,可以有效地促进思政课实践教学效率。其次,学生社团是开展思政课实践教学可依赖的载体,相关学生社团部分活动能够满足思政课实践教学的需要。为了提高思政课实践教学的实效性和针对性,可以将相关的社会调研、实践实训、艺术展演类活动布置到相应的社团,也可以成立专门的思政课实践教学协会。同时,要加强对学生理论社团的指导,每个理论社团都要有思政课教师担任指导老师,通过学生社团的自我学习和自我教育,引导和激励学生扩大思政课实践教学成效。最后,学生党团组织和学生会可以作为加强学生思政课实践教学活动的重要力量。在思政课实践教学中,在教师指导下,充分发挥学生党团组织和学生会的桥梁纽带作用、思想引领作用,把学生社团和学生会建设成思政课实践教学的重要阵地。

2. 建立健全教学管理机制

(1) 明确思想政治理论课实践教学目标导向

思政课实践教学目标,即学生通过实践教学活动在理解和掌握思想政治理论知识,塑造和提升自身的思想政治素质和践行能力方面应该达到的标准或者水平,它在整个实践教学过程中起着导向作用。[1] 科学的思政课实践教学目标应包括以下几个方面。

---

[1] 陈钢主编《高校思想政治理论课实践教学实用教程(第二版)》,高等教育出版社,2018,第 27 页。

一是思想政治目标。思政课实践教学的思想政治目标是通过对马克思主义基本理论、马克思主义中国化的理论成果、习近平新时代中国特色社会主义思想的学习,提高学生的理想信念、政治认同和思想道德水平,使学生更加了解社情、国情,认同中国特色社会主义,从而增强"四个意识"、坚定"四个自信"、做到"两个维护"。

二是参与度目标。思想政治理论课的实践教学是思想政治理论课的生命力所在,思政课教师和学生的参与是这个系统工程的基本构成要素。从覆盖面来讲,思想政治理论课应覆盖全体学生。就态度而言,无论是实践教学的组织管理部门,还是参与实践教学的教师和学生,态度都应该是积极、主动的。就结果来讲,思政课实践教学中,最重要的是实现思政课的立德树人任务,让学生真正受益。因此,师生只有有效参与实践教学,才能锻炼自己,实现课程目标。同时,思政课实践教学的有效性才能得到最大限度的发挥。

三是能力目标。思政课实践教学的能力目标是提高学生的多项能力,包括知识转化能力、活动组织能力和分析问题解决问题能力。知识转化能力是指让学生参与到思政课实践教学中去,深化和巩固他们在理论教学中所学到的理论知识,并进一步转化为分析解决实际问题的能力,学以致用是学习的第一原则。活动组织能力是指学生在参加思政课实践教学后,能够独立组织活动。

(2)整合思想政治理论课实践教学资源

思政课实践教学是一个复杂的系统工程,需要充分挖掘校内外各类资源,将其整合成有机体系。一是整合实践教学内容。高校思政课各门课程在内容上相对独立、相互关联,整合各门课程的教学内容,形成独立的思想政治理论实践教学大纲。二是学时与学分相结合。要制定统一规范、学时与学分相结合的实践教学评价体系。高校思政课每门课程都设置了一定的学时,每个学期都安排了一定的学分,这些都为思政课的实践教学提供了保障。三是制定统一的实践教学方案,整合校内外各类教育活动(如暑期社会实践调查活动、辩论赛、演讲比赛等)和教育资源(校史馆、荣誉馆、自然资源馆),充分利用多种渠道和各类教学资源,实现校内外资源共享、优势互补,促进实践教学可持续发展。充分利用现代信息技术和网络技术,建立思政课的远程教育平台,积极开展网络延展式教学。

(3) 创新思想政治理论课实践教学方法模式

2018年,教育部印发的《新时代高校思想政治理论课教学工作基本要求》提出:"要鼓励思想政治理论课教师结合教学实际、针对学生思想和认知特点,积极探索行之有效的教学方法,自觉强化党的理论创新成果的学理阐释,努力实现思想政治理论课教学'配方'先进、'工艺'精湛、'包装'时尚。要加大对优秀教学方法的推广力度,注重用点上的经验带动面上的提升。课堂教学方法创新要坚持以学生为主体,以教师为主导,加强生师互动,注重调动学生积极性主动性。"针对实践教学,强调要"制定实践教学大纲,整合实践教学资源,拓展实践教学形式,注重实践教学效果"。

在当今社会,通过微博、微信、QQ、贴吧、论坛、抖音等社交媒体进行互动和分享,已经成为现代人生活中的一部分。新型的社交媒体打破了传统的时间和空间界限,在教学中使用时,会对教学产生爆炸性的影响。在此背景下,教育部门也在积极探索和创新教育教学模式,微课教学就是其中一种。不难看出,这种沟通式教育教学模式模糊了虚拟与现实、学习与休闲的界限,使教学更具渗透性和隐形性。学生可以在浏览、点赞、评论、转发、关注等过程中主动地促进自身思想的转变。①

社交媒体在思政课实践教学中发挥着重要的辅助作用,将现代社交媒体与传统教学模式相结合,可以跨越时空局限,让学生在不受时空限制的情况下进行沟通和互动,改善部分学生因内向而普遍不愿参与实践活动的情况。社交媒体的使用使得传统教学的单向传播发展成为师生双主体间的交流互动,建立更和谐的师生关系。在数字化时代,社交媒体具有实时、互动、开放及便捷等特点,成为当代大学生生活的重要内容,国内外教育者都在努力利用社交媒体提高教育质量,使得思政课教学模式随之发生变革,促进师生自我完善与发展,创新实践教学模式并提高教学质量。当然,利用社交媒体创新思政课的实践教学模式,需要对思政课的输出窗口进行控制和管理,把握好"亲民化"和"权威化"的关系,加强平台管理团队建设,提高网络信息意识形态安全管理能力,同时注意保护学生信息隐私,增强学生对网络信息的辨识能力,抵制消极负面、虚假信息的影响。

---

① 高崇、李敏:《社交媒体交往的特征及教育意义》,《青年记者》2014年第13期。

3. 建立健全资源保障机制

高校要合理开发校内校外的实践教学资源,做好课内课外、校内校外、线上线下实践活动的衔接工作,构建实践育人的立体化体系,实现思政课实践教学全覆盖。

(1) 强化思想政治理论课实践教学师资保障

思政课实践教学需要多部门人员各司其职、密切配合,宣传部、教务处、学工部是思政课实践教学的主要支撑机构。因此,高校开展思政课实践教学离不开一支结构合理、实践能力强、综合素质高的教师队伍。加强师资保障,要从领导人员、组织管理人员、具体实施人员、人员合力四方面入手。

第一,领导人员。思政课实践教学的开展,离不开相关部门领导人员的大力支持,领导人员对实践教学的重视程度,对实践教学的成效有着至关重要的影响。校党委作为思政课实践教学的领导部门,要指定专门的分管领导,负责实践教学工作,将思政课实践教学纳入学校发展规划,对思政课教学发展做好顶层设计。

第二,组织管理人员。思政课实践教学的组织管理人员由宣传部、教务处、马克思主义学院等部门组成。学校对思政课实践教学进行统筹规划后,各部门要具体落实学校的发展规划,合理配置资源,规范实践教学过程的组织管理,对实践教学全过程进行监督。这样一来,学校思想政治教育工作就能够更加高效地开展。

第三,具体实施人员。思政课实践教学的具体实施人员以学生和教师为主。对于学生而言,在参与实践教学的过程中,要充分发挥自己的主观能动性,积极配合教师开展工作,使学习取得实实在在的成效。对于教师来说,要更加重视思政课实践教学,提高自身的专业素养和实践教学指导能力,激发学生参与实践教学的热情,引导学生积极参与实践教学,为学生创造良好的学习环境、和谐轻松的学习氛围。2019年,习近平在学校思想政治理论课教师座谈会上,指出"办好思想政治理论课关键在教师,关键在发挥教师的积极性、主动性、创造性",对思政课教师提出了政治要强、情怀要深、思维要新、视野要广、自律要严、人格要正这六种素养的要求。思政课教师是促进大学生实践能力提升和综合素质养成的关键主体,是保证课程育人效果的主要推动力量。因此,选派专职指导教师,整合指导教师力量,加强专职指导教师队伍建设,是确保思政课实践教学有效运行的需要,对构建思政课教学运行机制具有重要的价值。

第四,人员合力。开展思政课实践教学,需要高校党委、教务处、宣传部、团委、马克思主义学院等单位人员以及思政课师生各负其责、持续推进,也需要凝聚各方力量,形成最大合力,只有这样,思政课实践教学才能充分发挥育人实效。

(2)完善思想政治理论课实践教学激励保障

思政课实践教学激励机制是以教学考核评价结果为基础,以激励对象的需要为立足点,通过考核评价方式创新,重视考核结果,构建有效的激励和约束机制,提高师生参与实践教学的积极性,增加获得感。激励机制是提高实践教学效率的重要杠杆,对于充分发挥其实践育人功能具有十分重要的作用。要构建有效的激励机制,必须遵循科学构建的原则,运用合理有效的激励方式,实现激励目标,保证整个实践教学体系的有效运转。

科学的激励机制是构建课程激励机制的必要前提。首先,建立综合化的正向激励机制,激励要符合当代大学生的实际需要。只有满足激励对象的实际需要,才能使激励机制达到更好的预期效果。比如,对重视个人荣誉的,给予相应级别的荣誉称号,推优评先时给予倾斜。其次,激励机制应遵循适度性和科学性,适度的激励可以更好发挥激励的作用。要把握好激励的时机,体现时效性原则,激励越及时,就越能激发师生参与实践教学的积极性。要遵循适度原则,过多或过少的激励次数都不能取得较好的效果。最后,激励机制要覆盖全体学生。实践教学激励过程的公平性,体现了实践教学激励程序的正式性和权威性。激励结果的公开透明,可以让其他教师和学生更好地理解和学习,形成榜样示范效应,提高实践教学的实效性。

建立有效的教育激励机制,必须要有一套行之有效的教育激励方式,这样才能充分调动教师的教学动力,提高学生的实践热情。首先,精神激励和物质奖励相结合。基于师生需求的多样性,奖励方式也要多样和灵活,激发师生参与实践教学的积极性。具体、直观的奖励方式,如奖金、奖品等,能够产生直接、明显的激励效果。中共中央办公厅、国务院办公厅2019年印发的《关于深化新时代学校思想政治理论课改革创新的若干意见》提出:"各地要因地制宜设立思政课教师和辅导员岗位津贴,纳入绩效工资管理,相应核增学校绩效工资总量。"然而,物质奖励的使用应遵循适度原则,过或不及都难以取得理想效果。同时,要以精神激励为补充,采取表彰先进、授予荣誉称号等方式,把这两种激励方式结合起来,发挥各自的优势,力争取得最好的效果。其次,正激励方式和负激励方式相结合。一方面,对在实践教学中表现突出的教师和学生,要采用正面激励的方式进行表彰和奖励。另一方面,在实践教学过程中,要运用惩罚性约束性机制,对敷衍应付、弄虚作假的学生进行批评教育,并建立相应的制度规范。最后,个人激励与集体激励相结合。发挥优秀教师和学生的模范带头作用,树立典型,宣传教学模范。在集体激励的引导作用下,激励效能可以影响更多的人,鼓励学生积极开展交流与合作,发挥团队的优势,取得更好的实践教学效果。另外,学校要适应时代发展和思政课教学实际,搭建宣传展示平台,以达到更好的激励效果。

激励机制应考虑激励群体的全面性和完整性。既要调动学生的积极性,也要调动指导教师的积极性。针对不同群体特征的差异性,采用相应激励方式,以实现最优激励效能。

(3) 改进思想政治理论课实践教学物质保障

一是实践教学运行经费保障。教学运行经费是影响课程运行效果的重要因素,也是形成课程运行机制所必需的条件。学校及相关部门要高度重视,密切关注,积极拓宽经费筹措渠道,弥补资金来源单一和储备不足等劣势,加大对思政课实践教学的经费保障力度。一方面,要合理、有效地使用国家和学校的实践教学经费。可将部分思政课学生人均经费及课程思政建设经费等作为实践教学经费,实现资源共享。要结合高校科研创新项目,充分利用科研平台,积极使用与实践教学相关的科研项目经费。加强对实践教学经费的监督,建立健全教学经费管理制度。另一方面,实践教学的运行经费要从政府、企事业单位和社会团体等多种渠道筹集。运行经费是开展思政课实践教学的前提,学校要与政府、企业等紧密合作,协同推进实践教学,同时接受社会团体、福利组织等机构提供的实践教学经费。

二是教学硬件设施保障。良好的实践教学硬件设施是保证本课程高效运行的基本物质条件。完善的教学硬件设施为学生开展实践活动创造了有利条件,也为实践教学指导教师开展教学工作提供了更多的便利,是构建思政课实践教学运行机制必需的物质保障。因此,加强思政课实践教学硬件设施建设,是确保这一课程正常运行的基本前提。具体来说,思政课实践教学硬件设施主要分为两个方面:校内实践教学资源和教学设备。教学资源主要是指学生开展实践活动可以利用的校内设施、场所。实践教学设备具体是指电脑、办公用具以及实践教学所需的其他设备。只有补充教学硬件设施,为实践教学提供完善的教学设备和良好的校园环境,课程才能科学高效地运行。

三是教学网络平台保障。利用网络信息技术和信息化资源进行教学情境设计,丰富实践教学形式,促进思政课实践教学网络化、信息化、智慧化建设,推动思政课改革创新。一方面,要通过微博、微信等社交媒体以及思政课实践教学网络平台的教学功能,突显教学特色。教学网络平台突破了师生交流的时空限制,使教师能够更有效地处理学生在实践活动中遇到的问题和困难。另一方面,思政课教学网络平台应体现管理功能,突出考核作用,主要是指对思政课实践教学学生学习情况统计的管理。与传统课堂教学相比,实践教学存在实践活动时间不稳定、实践地点不确定等问题,教学管理难度较大,可以利用网络平台进行实时监督和高效管理,有效促进实践教学活动的开展。

(4) 优化思想政治理论课实践教学基地建设保障

一方面,要建立专门的校外实践教学基地,制定科学规范的校外实践教育基地管理制度,配备足够的教学管理人员,充分发挥基地在实践教学中的作用。另一方面,高校可以充分利用本地丰富的红色文化资源,组织开展实践教学活动,让学生更直观地感受和了解各类英雄人物的光辉事迹,了解他们对祖国的奉献。同时,学校应积极建立以爱国主义教育基地、红色景区、博物馆等为实践教学基地的长效合作机制,拓展学生实践教学的空间,丰富实践教学内容和形式,提高思想政治理论课实践教学效果。另外,还应该注重利用实践教学基地的教学功能,将红色文化资源融入实践教学活动,让学生更好地学习和了解中国共产党的奋斗历程。学校拥有各类实践教学基地资源后,要有效整合各类实践教学基地资源,实现各学院、各部门共建、共享,提高资源利用率。在确保现有基地资源得到有效利用的前提下,不断开发更新实践教学资源内容,为学生提供更多的学习体验内容。除了与爱国主义教育基地和博物馆等传统型教育基地合作,还要加强与新农村建设基地、新兴产业基地等新型教育基地的交流,不断丰富实践教学基地资源。

4. 建立健全考核评价机制

科学的考核评价体系不仅能帮助教师对学生的实践教学进行科学评估,也是了解学生对思政课实践教学态度的有效渠道。因此,学校需要建立科学合理的考核评价体系,保证对思政课实践教学作出客观、公正的评价,提高思政课实践教学的质量,主要包括以下四个方面。

(1) 评价主体及对象要多元

不同的实践教学模式有不同的考核评价主体和评价对象。在课堂实践教学中，教师不仅要负责教学工作，还要负责课程考核和评价等工作，是对学生实践表现进行评估的重要主体。然而，学生又是自我教育和发展的主体，因此，学生也应该参与对自己和他人的评价。对于校内实践教学，考核评价的主体不仅仅是教师，还有相关参与部门，评价的对象涉及学生和整个实践教学过程，要坚持过程性评价和结果性评价相统一。对于校外实践教学而言，实践教学社团的负责人、实践活动的负责人、群众代表等也是学生实践活动的观察者，甚至是参与者，是学生实践活动评价的重要力量。一般来说，实践教学评价的主体和对象不是固定的，而是多样化的。在实现考核评价主体多样性的同时，还要考虑到评价主体的科学性，科学划分不同评价主体的比例，明确评价重点，减少评价结果的主观性和片面性。这种评价方式，不仅能够使学生更好地掌握知识技能，还能够促进教师教学工作的开展。

(2) 内容方法要多样

考核评价内容方面，针对学生的考核评价，更多要围绕他们的参与情况、学习态度、团队协作状况、实践报告、学习心得等进行综合考核，不能只使用试卷作答形式来考核他们对知识的理解和掌握程度。针对教师的考核和评价要"引实入虚、以新破旧"，可以围绕教师的教学工作量、教学质量、组织指导能力来进行。

考核评价方法方面，采用自评、互评等多种评价方式。评价对象要根据自己在实践教学和实践活动中的表现，运用自评的方法进行自我思考和自我教育，同时也要充分发挥同事、同学的监督功能。指导教师和实践基地工作人员是学生的直接引导者，对实践活动的情况有更清晰、更全面的了解，是考核评价的中坚力量。指导教师在进行评价时要注意避免评价结果的随意性，可以根据评价对象的实际情况进行调整，不断完善评价结果。

(3) 结果运用要充分

在进行考核评价之后，要及时将实践教学评价结果进行整合，对评价体系存在的问题进行梳理，并将考核评价结果反馈给师生及有关部门。对表现优秀的，无论是教师还是学生，都要进行表彰奖励和广泛宣传，教师可适当提高待遇，年终评优评先、职称评定等可优先考虑，学生在评优评先、创先争优时可被优先考虑。考核不合格者，按有关规定处理。通过加强考核评价结果的运用，鼓励师生积极参与实践教学。

第六章 "四位一体"的立体化实践教学模式探索

思想政治理论课是培育时代新人的关键课程。中国特色社会主义进入新时代,使得思想政治教育进入一个新阶段,既面临着发展的重大机遇,也面临着重大挑战。诸如资本逻辑的侵入带来的实用主义倾向,互联网的发展带来的泛娱乐化倾向,社会思潮多样性带来的历史虚无主义倾向,等等。这些对学生的世界观、人生观和价值观都产生了不良的影响。加上讲课方式没有与时俱进,"配方"比较陈旧,"工艺"比较粗糙,"包装"不那么时尚,导致思想政治理论课的课堂出现听课率不高、点头率不高、人到了心没有到等诸多问题。要使思想政治理论课成为大学生真心喜欢、终身受益的优质课程,必须进一步加强和改进教学模式,使思想政治理论课"接地气""接人气",与时代发展的方向、学生成才的规律、新时代中国特色社会主义实践结合起来,摆脱单向度的灌输模式、平面型的接受模式、封闭性的教育模式,构建贴近实际、贴近生活、贴近学生的立体化实践教学模式。

一、思想政治理论课立体化实践教学的含义和设计

自中宣部、教育部颁布《关于进一步加强和改进高等学校思想政治理论课的意见》以来,尤其是2008年教育部把高校思想政治理论课实践教学纳入教学计划以来,思想政治理论课实践教学得到广泛重视和普及,各高校开展了形式多样的实践教学探索。

(一) 思想政治理论课立体化实践教学的含义

立体化实践教学模式是指深度整合教学机制、教学内容、教学目标、教学方法、教学资源,实现教学过程全要素多方位有机融合,从而促进教学资源优质丰富、教学活动双边互动、教学客体主观能动的创新型教学模式。

马克思主义实践观强调:实践是认识的来源,是认识发展的根本动力,是检验认识正确与否的唯一标准。纵观历史,实践是获取成功的唯一途径。马克思、恩格斯、列宁、斯大林之所以能够提出他们的理论,除了他们的天才条件,主要是他们亲自参加了当时的阶级斗争和科学实验的实践,没有这后一个条件,天才也是不能成功的。我国正是在共产党的领导下,在实践斗争中一步步夺取伟大胜利,走上强国之路的。立足于新时代,习近平总书记在2019年学校思想政治理论课教师座谈会上提出思政课改革创新的"八个相统一"要求,强调"坚持理论性和实践性相统一","要高度重视思政课的实践性,把思政小课堂同社会大课堂结合起来,在理论和实践的结合中,教育引导学生把人生抱负落实到脚踏实地的实际行动中来,把学习奋斗的具体目标同民族复兴的伟大目标结合起来,立鸿鹄志,做奋斗者"。

将立体化实践教学模式融入思政课教学中,以习近平新时代中国特色社会主义思想为指导,以立德树人为目标,以开放多元的教学模式为基础,着力深化学生的理论认知。通过不同场域的生动讲授、亲身体验和双向交流,在全程参与体验式教学或情景式教学的过程中,大学生能够切身感受中国特色社会主义的蓬勃生机,深切体会人民群众在新时代不断增强的获得感和幸福感,在理论和现实的交互作用中产生爱国情、强国志,锻炼综合能力。

(二) 思想政治理论课立体化实践教学的设计

教学设计是基于教学实际、教学目标、教学内容、教学对象所设计出来的实际可操作的教学策略,是实践教学中完成教学内容以达到教学目标的桥梁,离开了教学设计,实践教学活动只是简单的经验重复。科学进行立体化实践教学设计是有效开展实践教学活动的前提,是遵循学生身心发展规律、提升教师专业性的需要。为适应新时代发展需要,保证思想政治理论课教学质量,提高教学实效,需要以学生为中心,以教材为基础,以教师为主导,以资源整合为着力点,以网络信息平台为交互点,进行系统部署。

1. 以学生为核心

学生并不是一个抽象的概念,而是一个个活生生的人。立体化实践教学的设计,首先要立足学生需求,谋求学生发展。这就需要我们多了解学生,看他们到底在哪些方面有需求、有变化。现在大学生有着自身显著的特点,诸如,在价值形式上追求个性化、在学习方式上追求自主化、在娱乐方式上追求网络化、在处事态度上追求理性化、在人生理想上追求务实化等。大学生身上也有着许多积极向上的人生态度,例如,具有较强的竞争意识、较强的网络思维、较理性的处事方式和实用化倾向等。但是在过度追求自身发展的同时也伴随着一些不和谐因素,比如,过度追求自我、抗压能力差、合作能力较弱等。因此,在对他们进行思想政治教育的时候,要注重他们的个性特点,做到知己知彼,方能积极引导,破解发展难题。立足于新阶段,我们要以习近平新时代中国特色社会主义思想为引领,既要重视理论说服力,也要重视情感引导和情感归属;要激发学生的主体能力,制定符合其特点的思想政治教育方案;要积极利用网络技术,把思想政治教育与QQ空间、抖音、微博等结合起来,这样既优化了思想政治教育的传播形式,又迎合了学生心理,能够起到事半功倍的效果;要整合教育资源,培育新的兴趣点,满足多样化的思想政治教育需求。

2. 以教材为基础

教材是思想政治理论课有效供给的重要支撑。在探求多元化的实践路径中,必须依据教材开展工作,通过实践活动更好地掌握教材,为以后运用教材提供支撑。因此,运用好、讲授好、实践好新修订的高校思政理论课教材,是构建立体化实践教学的基本依据。通过教材搞建设、课堂讲学理、头脑起风暴、实践做检验,必须做到:一是在时间上确保进入,从学习原著、重要讲话,到教材读本,再到学科理论,这是过程也是阶段,要持续不断坚持下去,做到过程和阶段相统一,既要把握过程的整体性,也要专注阶段的突破性。二是在空间上确保进入,占领、珍惜、用好课堂主阵地,实现全覆盖、无死角、无遗漏,做到范围和状态相统一。三是在方法上确保进入,既熟练应用马克思主义立场、观点、方法,又创新话语体系和教学体系,让教材真正活起来,使作用和效果相统一。同时,强化实践教学,让教材"活"起来和"火"起来相结合。一方面,通过实践教学,可以用理论指导实践,实现教材"活"起来。另一方面,通过实践的检验,科学理论得到现实印证,展现出科学的魅力,能够让教材"火"起来。四是在工作上确保进入,要把马克思主义理论研究和建设工程重点教材、高校思想政治理论课教材、党的理论创新成果作为重大政治任务摆在重要位置常抓不懈,做到使命和责任相统一。在实践教学中,既要掌握教材的基本原理,又要能够运用基本原理破解新问题、解读新理论、展现新风貌。五是在思想上确保进入,要从落实立德树人根本任务的战略高度,带着立场、情感、温度来统筹推进思想政治教育工作,做到情感和行动相统一。

3. 以教师为主导

百年大计,教育为本。办好思想政治理论课关键在教师,关键在发挥教师的积极性、主动性、创造性。思政课教师要给学生心灵埋下真善美的种子,引导学生扣好人生第一粒扣子。作为思想政治理论课教师,必须具备高尚的道德品质、过硬的政治素质、扎实的理论功底、深厚的人文情怀。在实践教学方面,高尚的道德品质可以感染学生,过硬的政治素质可以引领学生,扎实的理论功底可以"俘获"学生,浓厚的人文情怀可以亲近学生。这样,能够确保实践教学方向正确、程序规范、内容厚重,能够激发学生的积极性、主动性和创造性。与此同时,作为思想政治理论课教师,必须保证思想政治理论课实践教学学时完整,不能偷工减料,要利用好课时,展现实践教学的优势;可以开展思想政治理论课专题性讲座,以问题为导向培育学生的理性思维,以批判的视角看待问题,以实践的态度审视问题;教师要拿出部分学时让学生开展一些实践教学活动(如课堂讨论、校内外考察、社会调研等,这些活动一定要有目的、任务),诸如围绕时代问题和社会热点参与辩论,围绕社会现象参加调研,提出合理性建议,从而让学生感受到思想政治理论课并非遥不可及,而是围绕在我们周围。在河南师范大学,以学校为依托,以学院和各个部门为基础,教师进行引导,学生积极参与红旗渠口述史的整理和编辑工作,这对学生感悟红旗渠精神,践行社会主义核心价值观无疑有着重要的作用;学校还积极利用寒暑假组织思想政治理论课教师和部分学生到革命老区、改革开放的前沿地区、博物馆、历史文化馆、科技馆等地进行参观访问,引导学生进一步感悟革命精神,增强革命信仰。

4. 以资源整合为着力点

上好思想政治理论课,需要整合特色教学资源,建构学校、社会相结合的立体多元教学资源体系。要秉承"学、思、看、行"的办学理念,推开校门看社会,迈开步子重践行。同时,要做到以了解市情、省情、社情为主要任务,以发掘整合社会优质资源为主要手段,以省内名师资源、优质课程、区域高校联盟等为整合对象,打造多元教学资源体系。通过学生走出校园、走进社会,实现课堂教学与社会实践相结合,用社会实践对学校理论教学成果进行检验评估,并进行整合补缺。在河南师范大学,更多利用本地区的红色教育资源,诸如新乡市先进群体精神、红旗渠精神、南水北调精神等,积极吸纳地方红色文化,让红色文化进课堂,提升大学精神;注重文化研究,整合文化资源,马克思主义学院有专门的研究团队和合作团队,并培育相关研究方向的研究生;组建文化研究机构,深化师生认同,成立了中国革命精神与中原红色资源研究中心,尤其对红旗渠精神的研究,搜集了丰富的第一手研究资料,并积极建立全国最大的资料库,从而把地方文化教育教学、校园活动和实践活动有效结合起来。

5. 以网络信息平台为交互点

构建网络思想政治教育纵横交叉平台。一是形成以学院官方公众号、学院团委公众号为核心,以年级、班级公众号为主的横向联动,以学生社团组织为主的纵向交互的网络思想政治教育平台。辐射学院全体本科生、研究生的班级、团支部和学生社团组织。二是打造师生共同参与的高水平运营团队。以学院团委为核心,成立包含各学生社团组织、年级、班级等运营团队在内的新媒体理事会,开展新媒体宣传队伍培训和建设,着重思想引领、文化建设以及技术培训,进而形成能够出精品、出新品的运营团队,为网络思想政治教育提供强大的技术保障。三是营造"线上宣传线下实现"的思想政治教育氛围。新媒体线上阵地渗入日常教育,线下活动强化学生体验,开展学生自主选择的第二课堂通识教育活动。一方面,各项活动都有新闻、记录等在网络平台发布,形成良好的宣传场。另一方面,围绕线上专栏组织发起线下活动,丰富学生体验。

二、思想政治理论课立体化实践教学的目标和原则

思想政治理论课立体化实践教学的目标和原则,综合起来看,主要体现在以下几个方面。

（一）思想政治理论课立体化实践教学的目标

目标是我们干事创业的方向，也是做一件事能够持续下去的根本动力。而教学目标的确定与实现，可谓思想政治理论课教学改革的核心问题，关系到"培养什么人"这一教育的首要问题。

思想政治理论课立体化实践教学作为一种新颖的思想政治教育模式，其教学目标必须符合思想政治教育目标的大方向，更加突出实践能力要求。总的来说，思想政治理论课立体化实践教学的目标应该是培养品行端正、理论过硬、实践并重的时代新人。

（二）思想政治理论课立体化实践教学的原则

教育学认为，教学原则反映了教学过程的本质与规律，是贯穿教学过程始终且必须遵循的基本要求和原理，它不仅指导教师的教，也指导学生的学。因此，大学生思想政治理论课立体化实践教学也应该遵循一定的教学原则。

1. 坚持个性与共性相协调

个性，即特殊性；共性，即普遍性。个性与共性相协调，在此可理解为思想政治理论课立体化实践教学的目标与思想政治教育的最终目标或任务是一致的，都是要立德树人，但具体的操作存在差异。基于教育者和受教育者的个体差异，无论是施教还是受教都有一定的特殊性。因此，大学生思想政治理论课立体化实践教学应该坚持个性与共性相协调的原则。一方面，大学生思想政治理论课立体化实践教学应该以坚持个性为重要手段。这里的个性不单单是指受教育者的个性，还包括教育者的个性。对教育者来说，其个性特征、个人经历与独特生活素材是思想政治理论课立体化实践教学内容的重要补充。对于受教育者来说，基于其自身教育需要的不同、素质的不同，也对思想政治理论课立体化实践教学提出了多样化的要求。另一方面，大学生思想政治理论课立体化实践教学应该以坚持共性为重要根基。无论哪种思想政治教育模式，最终的目标都要回归到教育的本质，即培养德智体美劳全面发展的社会主义建设者和接班人。由此可见，大学生思想政治理论课立体化实践教学要坚持以共性为根基、以个性为手段，达到共性与个性相互协调、相得益彰。

2. 坚持理论性和实践性相一致

理论联系实际是我党优良的工作作风,也是马克思主义理论的根本特征和根本要求。思想政治教育作为传播党的指导思想、普及意识形态教育、宣传党的方针政策的关键课程,是大学生形成正确"三观"的重要途径,这也使得思想政治教育具有了鲜明的理论性与实践性相结合的特点。目前,思想政治理论能否反映现实,能否对社会热点问题给予准确而合理的解释,已成为提升思想政治教育课程实效性的关键。因此,思想政治理论课立体化实践教学要坚持理论性与实践性相一致的原则。一方面,大学生思想政治理论课立体化实践教学应坚持以理论性为前提。理论是指导实践的旗帜,没有正确的理论,实践的效果也就无从谈起。因此,思想政治理论课立体化实践教学要注重教学内容的理论性,不仅要体现出教育内容的科学性,还要体现出教育内容的理论品格。此外,理论不是一成不变的东西,尤其是思想政治教育内容,更应该与时俱进,增强理论的时代感。另一方面,大学生思想政治理论课立体化实践教学应坚持以实践性为根本特征。从字面理解,大学生思想政治教育最基本的一个特点就是实践性,实践活动也可谓其重要教学内容。由此可见,大学生思想政治理论课立体化实践教学过程要坚持用科学的理论做指导,用丰富的实践活动做补充,实现理论性和实践性的统一。

3. 坚持政治性与生活性相结合

思想政治教育关系着培养什么人、怎样培养人的问题,肩负着培养社会主义事业建设者和接班人的重要使命,必须坚持正确的政治性,毫不含糊。然而,教育活动不同于一般政治性的活动,不能枯燥无味,不能脱离生活,要体现出鲜明的生活特征。因此,大学生思想政治理论课立体化实践教学要坚持政治性和生活性的有机结合。一方面,思想政治教育是我们党的事业的重要组成部分,是实现党的总任务、总目标的实践活动,具有强烈的党性和政治性。尤其是在目前复杂的社会环境、多样化的社会思潮影响下,大学生从校园走上社会,必须具备更高的思想政治素质。另一方面,大学生思想政治理论课立体化实践教学应坚持以生活性为基本要求。任何有用的理论都是从实践活动中总结和提炼出来的。如上文所述,思想政治理论课立体化实践教学要坚持理论性和实践性的统一,而实践性来自大学生日常的实践活动。实践活动实际上就是丰富的个人经历,只有贴近生活、融入生活,深入社会、经济、政治、文化和人民群众的日常生活中去,才能体验到各种各样的社会生活,丰富个人经历。因此,可以说坚持生活性也是大学生思想政治理论课立体化实践教学的基本要求。

4. 坚持知识性和价值性相统一

知识性是思政课教学的基本要求,价值性是思政课教学的本质所在。马克思主义认识论认为,人的认识是在实践基础上由感性认识到理性认识,再从理性认识到实践的辩证发展过程。因此,立体化实践教学的基础就是知识性,没有知识的指导,立体化实践教学就会回到"活动"本身,对于思政课的实效性也就无从探讨。同时,没有价值引导,在实践上也会产生极大的危害。思政课是落实立德树人的关键课程,在实践教学中,不仅要教学生专业知识,还要将落脚点放在引导学生树立正确的价值观。遵循知识性和价值性相统一的原则是完成教学目标的基本保证,所以立体化实践教学应当坚持知识性和价值性相统一。此外,立体化实践教学是知识与价值有效融合的载体,是动态的教学过程。在实践中,学生接触到的不再是书面的静态知识,也不是纯说教的感性知识,而是通过亲身体验,在活动中自主建构获得的理性知识,不仅能够促进学生对知识的内化,而且使学生在活动中以身体之、以心验之,通过建构的理性知识对事物加以分析,做出正确的价值判断,形成正确的价值导向。

5. 坚持主导性和主体性相结合

立体化实践教学模式旨在使学生在活动中感悟真理的力量,这充分体现了学生的主体性,但是思想政治教育过程是由教育者、受教育者和教育介体有机构成的教学活动,缺一不可。教育者是思想政治教育活动的发动者,是将教学目标、教学内容、教学手段等有机联系起来的"链条";受教育者是思政课教学目标的起点和归宿;教育介体是思想政治教育活动得以进行的保障,是教育者与受教育者相互作用的载体。立体化实践教学是指思政课的教育介体,在立体化实践教学中,应当在充分发挥教育者主导性的基础上,激发学生的主体性。在立体化实践教学中,学生不可能自己养成社会主义意识,这就要求必须发挥教师的主导性,通过教师引导和帮助学生学习科学的理论知识。同时,学生对于教师的讲授并非无意识、无目的地全盘接受,学生是具有主观能动性的人,所以教师在主导教学的过程中也需要尊重学生的认知发展规律与需求,做到主导性与主体性相结合。如果过分强调教育客体的主体性,导致教育主导的缺位,立体化实践教学就会无组织无纪律;如果过分强调教育者的主导性,导致教育主体的缺位,便会严重弱化思政课价值引导功能,将课程上成"水课"。值得注意的是,教育者与受教育者在一定条件下会相互转化,这也是要求教师终身学习的原因之所在,坚持主导性和主体性相结合的原则,有助于真正达到教学相长,办好思政"金课"。

三、思想政治理论课立体化实践教学的内容和形式

近年来,国家十分重视并着力推进思想政治理论课的实践与教学,许多高校都对思想政治理论课实践教学进行了内容和形式上的诸多探索。

(一)思想政治理论课立体化实践教学的内容

理论联系实际是思想政治教育的本质要求。然而,当今的实践教学效果并不明显,更多流于形式,只是注重活动,缺少理论内涵,无法真正实现理论与实践的有效结合。构建思想政治理论课立体化实践教学,需要将中华优秀传统文化、马克思主义基本原理、毛泽东思想和中国特色社会主义理论体系、社会主义核心价值观、四史、习近平新时代中国特色社会主义思想、地方红色文化等融入实践教学,既拓宽优秀基因的传播渠道,又增进学生将理论贯彻于实践的能力,达到培育德智体美劳全面发展的社会主义新人的根本目标。

1. 中华优秀传统文化

党的十八大以来,习近平总书记站在历史的高度先后发表了一系列关于文化自信和中华优秀传统文化的重要讲话,不止一次指出:"文化是一个国家、一个民族的灵魂。文化兴国运兴,文化强民族强。没有高度的文化自信,没有文化的繁荣兴盛,就没有中华民族伟大复兴。"文化是一个民族的精神符号,是一个民族赖以生存的精神支撑,文化自信是一个民族强大的标志。各国历史都表明,如果一个国家失去本国特有的文化,那么这个国家便不复存在。在多元文化相互冲击的时代,青年很容易受西方文化的蒙蔽,追求假"民主",因此,培养学生树立正确的文化观念,抵御外敌的思想侵蚀,保障国家总体安全,永葆我国优秀传统文化生机活力,就是要培养下一代坚定文化自信!延续、发展数千年的中华优秀传统文化是中国传统文化去其糟粕后留下的精华,也是中国人民的精神养料。中华优秀传统文化需要传承,在立体化

实践教学中融入中华优秀传统文化教学内容，是传承和发展中华优秀传统文化的重要举措。因此，应当在立体化实践教学中挖掘教学基地中富含的文化基因，并将其鲜活地呈现在学生面前，通过富含教育意义和思想性的实践教学，为学生补全精神之钙，增强学生的文化自信。

2. 马克思主义基本原理

马克思主义基本原理主要是关于无产阶级的科学世界观和方法论。进行马克思主义理论教学，旨在通过对马克思主义经典著作的文本解读，促使学生更为深刻地认识马克思主义哲学在当代中国的最新发展，培养学生用马克思主义哲学基本原理来解剖当代社会实践和科学认识中出现的最新理论问题。其目的在于通过学习马克思主义哲学立场、观点和方法，培养学生分析和解决问题的能力，提升学生的政治理论素质和思维水平。但是，马克思主义理论较为抽象，学生较难理解，且马克思主义基本原理最终落脚点在于理论联系实际，因此在立体化实践教学中融入马克思主义基本原理教学内容，可以将抽象的理论直观化，使学生更易理解，在实践中感受真理的力量，增强分析问题、解决问题的能力。例如，讲授"一切从实际出发是马克思主义认识论的根本要求"这一哲学理论时，可以通过虚拟仿真、红旗渠基地实践教学等立体化实践教学方式，使学生如亲临红旗渠修渠现场，辅之以讲解员讲解，使学生明白盘阳会议对于扭转红旗渠修渠伊始战线过长、物资匮乏、指挥效能低下、技术力量不足等诸多问题并存局面的重要性，更为深刻地理解"一切从实际出发是马克思主义认识论的根本要求"，在践行中感悟实事求是的重要性，提升学生运用理论解决实际问题的能力，在实践中尊重客观规律，一切从实际出发。

3. 毛泽东思想和中国特色社会主义理论体系

毛泽东思想和中国特色社会主义理论体系是马克思主义在中国实践中熠熠发光的理论成果，毛泽东思想、邓小平理论、"三个代表"重要思想、科学发展观、习近平新时代中国特色社会主义思想是一个一脉相承、与时俱进的理论体系，引领了我国从新民主主义革命的伟大胜利（"站起来"）到改革开放的伟大探索（"富起来"）再到实现中华民族伟大复兴的新征程（"强起来"）的伟大飞跃，是被实践证明了的科学理论，从根本上回答了我国建设社会主义、实现中国梦、建设社会主义现代化强国的问题。在立体化实践教学中融入毛泽东思想和中国特色社会主义理论体系的学习内容，能够提升学生的理论水平,夯实学生的理论基础,促使其深刻理解中国共产党为什么能、马克思主义为什么行、中国特色社会主义为什么好,从内心深处真正认同马克思主义、认同中国共产党,激发他们爱党、爱国、爱人民、爱社会主义的热情,增强其道路自信、理论自信、制度自信、文化自信,增强学生实现中华民族伟大复兴的中国梦的使命感和责任感。例如,采用立体化实践教学中课堂叙事式教学方式,聘请"改革先锋"吴金印、"全国十大女杰"刘志华等担任思想政治理论课特聘教授,让英雄人物走进课堂,开展叙事式教学。在教学过程中,通过真人讲真事的方式讲理论,以接地气的语言讲解让理论更有现实感、历史感和画面感,让学生更近距离与英雄交流,使学生真正学好、学深、学透,形成对理论知识的认同感,从而做到知行合一。

4. 社会主义核心价值观

党的十八大提出:"倡导富强、民主、文明、和谐,倡导自由、平等、公正、法治,倡导爱国、敬业、诚信、友善,积极培育和践行社会主义核心价值观。"社会主义核心价值观凝结了全国人民共同的价值认同与价值追求,从社会层面和个人层面将道德规范上升到价值观本体,是中华优秀传统文化的传承。当今世界各国相互联系相互影响异常紧密,各国不同的文化之间交融、碰撞形成多元文化的格局,中国处于网络化、信息化空前发展的时代,每位网民都能够"零距离"感受到西方文化,青年正处于建构价值观时期,部分学生由于自身的身心发展特点,明辨是非的能力不强,特别容易受西方文化影响。因此,筑牢意识形态阵地,使青年形成社会主义价值观以抵御外敌的思想渗透,维护国家总体安全,在立体化实践教学中融入社会主义核心价值观尤为必要和重要。在立体化实践教学中融入社会主义核心价值观的培育,应当以社会主义核心价值观为引领,制定可操作的、具体的教学目标,并以立体化实践教学为契机,使学生在亲身实践中,通过所见有所感,通过所感有所想,通过所想养成社会主义核心价值观,以社会主义核心价值观指引自身行为,将强国情、报国志自觉付诸实践。

5. 四史

2020年4月,教育部等8个部门联合印发的《关于加快构建高校思想政治工作体系的意见》指出,要把加强四史教育作为加强高校思想引领的重要内容。四史包括党史、新中国史、改革开放史和社会主义发展史。党史是中国共产党人带领人民群众的奋斗史,新中国史是党带领人民群众从站起来到富起来的实践史,改革开放史是立足于中国实际完善社会主义制度的探索史,社会主义发展史是中国特色社会主义道路的生成史。历史是最生动的教科书,在实践教学中融入四史教学内容,有助于学生更为深刻地了解四史的历史脉络,真正明白马克思主义为什么行、中国共产党为什么能、社会主义道路为什么好,增强学生对中国特色社会主义的道路自信,提升学生的政治高度、时代广度、历史深度、情感温度。例如,在立体化实践教学中,统筹校内校外教学资源,采用基地体验式教学方式,组织学生到新乡市七里营刘庄村、卫辉市唐庄镇等实践教学基地,亲身感受当地改革开放前后的生活水平对比,增强学生对中国特色社会主义道路的认同感和建设社会主义的使命感。同时,通过基地情景再现刘庄与唐庄人民在苦难的生活中的艰苦奋斗事件,激发学生内心深处共鸣,使学生明白当下的生活来之不易,促使他们在实践中不忘历史、严于律己、对党忠诚、造福人民,在新征程上接续奋斗,自觉将自己的理想信念融入实现中华民族伟大复兴的中国梦实践之中。

6. 习近平新时代中国特色社会主义思想

习近平新时代中国特色社会主义思想是马克思主义中国化最新成果,是党和人民在中国特色社会主义道路实践探索中获得的思想结晶,蕴含了伟大的革命精神、伟大的建党精神和坚定的理想信念,是新征程继续向前进的理论指引,也是占领新时代意识形态阵地的有力武器,更是时代新人养成的精神之钙。习近平新时代中国特色社会主义思想实现大众化是其理论传播的本质所在,只有实现习近平新时代中国特色社会主义思想的大众化,并使之成为大学生的政治认同和信仰,才能真正发挥其感召力和凝聚力,真正提升学生认识问题、解决问题的能力,真正促使学生担当使命。因此,在立体化实践教学中进行习近平新时代中国特色社会主义思想的教学,是新时代凝魂聚气、固本培元的系统性工程。在实践教学中学习新思想,有助于潜移默化地促使青年大学生在思想上、行动上同以习近平同志为核心的党中央保持高度一致,自觉拥护中国共产党的领导,坚定不移跟党走,提升政治敏锐力,养成良好的政治品格。例如,使用立体化实践教学的网络延展式教学方式,开展模拟时事报道、理论宣讲等活动,使学生在参与时事报道或宣讲习近平总书记作的报告中去理解和掌握习近平新时代中国特色社会主义思想的内涵。同时教师要加以指导,确保活动内容的科学性,通过生生之间的传播,使习近平新时代中国特色社会主义思想扎根于学生的心灵。

7. 地方优秀红色文化

地方优秀红色文化是指中国共产党人带领人民在特定的地区进行革命战争形成的世代相传的优秀文化,蕴含着伟大的革命精神和厚重的历史文化内涵,是地域精神与地方文化相融合的结晶,具有丰富的育人价值。在立体化实践教学中进行地方优秀红色文化教学,是课程资源开发的有效手段,也是为学生注入鲜活的红色思想基因的关键举措。选取学生家乡所在地的地方优秀红色文化进行教学,贴近学生的生活实际,使教学内容更有针对性,学生更容易接受,从而弘扬地方红色文化,提升自身红色文化素养,养成地方红色精神之气。例如,河南师范大学马克思主义学院充分利用中原红色文化,挖掘中原红色基因,统筹校内校外教学资源,先后在红旗渠干部学院、濮阳县西辛庄村农村党支部书记学院、史来贺所在的七里营刘庄、吴金印所在的卫辉市唐庄、"太行赤子"张荣锁所在的辉县上八里回龙村等,建立校外实践教学基地,并组织学生赴焦裕禄精神、红旗渠精神、愚公移山精神、大别山精神、南水北调精神、新乡先进群体精神发源地或教育基地进行走访,通过现场调研、人物访谈、群众互动、研讨交流、情景体验、音像资料等,在润物无声中培养学生的中原红色文化精神,使学生在实践中感悟中原红色文化精神的内涵,传承红色基因,自觉弘扬中原红色文化,立足于波澜壮阔的新时代,不忘初心,砥砺前行!

(二) 思想政治理论课立体化实践教学的形式

河南师范大学统筹课内、课外、线上、线下四维空间,探索形成了课堂叙事式教学、基地体验式教学、平台情景式教学、网络延展式教学四种教学模式。

1. 课堂叙事式教学

课堂叙事式教学主要调动课堂情景,最突出的特点就是"以事感人,以情动人",引起学生共鸣,让学生进入到历史的情景,在故事的叙述过程中掌握知识,坚定理想信念。诸如,通过对"南陈北李,相约建党"故事的讲述谈到革命理想、革命友谊、革命实践,为实现革命事业抛头颅洒热血。在河南师范大学,主要利用地方文化中具有深厚底蕴的故事进行教学。诸如以红旗渠为例来讲述马克思主义的实践观。

2. 基地体验式教学

基地体验式教学是指教师带领大学生在校外实践教学基地参观考察，调研访谈，感悟先进事迹，在实践中升华教育目的的教育方式。河南师范大学借助红旗渠、大别山等红色教育基地，开展实地考察、口述史整理、纪念馆参观等活动，使学生明白人一旦有了信仰，将变得坚不可摧、百折不回！这有利于引起学生共鸣，增强其使命感和责任感。

3. 平台情景式教学

平台情景式教学主要指根据课程要求，利用思政课实践教学平台，结合时代发展主题和地方特色，采用"模拟场景""虚拟教学""历史重现"，通过情景剧、歌曲、小品、相声等形式进行情景模拟的教学方式。在教师的指导下，学生既是表演者又是学习者，将教师的"教"与学生的"学"融合在一起。在河南师范大学，平台情景式教学成果丰硕，学生积极主动，教学效果非常明显。具体而言，教师依据教材，把握政治热点，诸如讴歌改革开放40周年、新中国成立70周年，让学生围绕政治热点，依据课程所学，自己选题，自编自导，层层选拔。这样，学生在创作过程中能够深刻体会集体记忆，深化对历史的理解和理论的把握。或者围绕本地区的红色文化，通过情景模拟，弘扬革命精神，加强理想信念教育。

4. 网络延展式教学

网络延展式教学以网络平台建设为突破口，以共享学习资源为重点，拓展学习的广度和深度，把新技术的优势和传统教育优势有效结合起来。开展信息化条件下线上线下相结合的教学实践。着力加强新型互联网教学载体和新型教学媒介应用，将互联网平台和移动互联网平台有机结合，助力思政课教学，实现现实与虚拟空间融合的多渠道、多手段理论教学和实践教学。推进信息化条件下的新式教学资源库和互动平台建设，打造服务于思政课教学的网络微课程和师生互动平台，以此实现思政课线下教学和线上教学的融通互补。网络延展式教学更主要是帮助学生在课余时间通过网络来增进知识，拓宽视野，达到全方位育人。

总之，这四个方面是一个统一的整体，相互促进，协调发展，能够较好地解决教学形式单一、教学主题不明确、教学实践流于形式等问题，得到了学生的认可，提升了大学生的获得感。

四、思想政治理论课立体化实践教学的支撑和优化

理论的支撑是事物何以存在的应然,实践的支撑是事物何以存在的必然。理论是指人们对于事物发展本质与规律的把握,任何事物都有理论支撑,必须使用理论对事物加以分析,找到其内在逻辑。实践对理论具有决定性作用,任何理论如果没有付诸实践,便是空喊口号,没有存在价值。同时,理论指导实践,实践是理论的基础,理论在实践的过程中得以升华。因此,应当在实践中挖掘事物的本质与规律,实事求是,按客观规律办事。立体化实践教学模式同样也有其理论支撑与实践支撑,研究立体化实践教学模式的理论意义与实践意义,有助于把握实践化教学模式的本质规律,为实践教学的开展打下理论基础,为思想政治教育活动提供更高效的教学手段。

(一) 思想政治理论课立体化实践教学的支撑

1. 理论支撑

第一,以人为本理论。党的十八大以来,以习近平同志为核心的党中央秉承为民思想,坚持把"人民对美好生活的向往"作为自身的执政目标和奋斗方向。习近平总书记也曾指出,做好高校思想政治工作,必须围绕人这个中心,做到以人为本。思想政治理论课立体化实践教学模式同样也应该坚持一切从学生出发,想学生之所想、急学生之所急。因此,思想政治理论课立体化实践教学,无论是教材、教学内容的选择,还是教学方法、教学手段、教学评价的运用都要体现出学生的参与性、互动性和主动性。

第二,综合教育理论。任何一项活动都应是参与者全人格参与的过程,对于教育活动来说更是如此。在教育界,有学者将教育视为教育者、受教育者、教育环境、教育内容等相互作用的过程,教育效果的好坏,需要过程中全要素功能的充分发挥,也就是说要形成一种合力,发挥综合教育方法的力量。"所谓综合教育法,是教育主体在把握各种教育方法自身特点以及共同趋向的基础上,通过协调综合,形成一个为共同目标服务的统一性方法,是教育主

体同时或先后运用多种方法进行综合教育的措施和手段。"①对于思想政治教育来说,教育活动不可能由教育者或受教育者单独完成,同样需要组成一个教育综合体系。

第三,系统论与协同论。马克思主义认为,事物之间是相互联系的,思想政治教育作为一种教育活动,内部各要素之间也相互联系、相互影响,共同构成一个教育系统。另外,从现实情况也可以看出,高校思想政治教育不是闭门造车式的教育,也不是由某个人或某类人独立完成的,它需要通过全校师生、社会、企业、政府等共同构成一个体系,并协调一致工作。比如,大学生思想政治理论课教学就需要发挥专业教师、辅导员、学校领导、校园环境和社会环境等多方面作用,需要在政府或高校的统一领导之下,整合各方教育资源,形成"人人皆教育之人,处处皆教育之地"的育人氛围。因此,系统论与协调论也是思想政治教育立体化实践教学的理论支撑。

2. 实践支撑

高校思想政治理论课立体化实践教学模式的运行,需要全校乃至全社会的支持和参与,需要各部门各平台协同发力、共同育人、有力保障。

第一,实现实践教学体系、内容的规范统一,保障实践教学"有章可循"。进入中国特色社会主义新时代,思政课的教学目标是培养"三有"大学生,使他们拥有科学的世界观、人生观、价值观,信仰坚定、思想上进、人格完善。思想政治理论课实践教学正是让学生在实践中成为一个有理想有本领有担当的时代新人。因而,实践教学体系、内容的设计应该围绕上述目标,着重顶层设计,对思想政治理论课进行实践教学资源的整合。由上而下、制度统一且规范具体的实践教学体系和内容才能使实践教学具备执行的基础。

第二,实现教师与学生双主体,保障实践教学"有效互动"。思想政治理论课实践教学中,一方面,要让思政课教师在实践教学中成为实施的主体,给予教师专业的资源支持,配足思想政治理论课教师数量,减轻教师的工作量,为他们营造良好的教学和科研氛围,充分调动教师的主动性和能动性,让他们成为实践教学的专家能手,设计出能够吸引大学生的实践教学主题和模式,并且能在实践教学中积极主动地引导学生完成教学目标和任务。另一方

---

① 刑瑞煜、戴航:《综合教育法是思想政治教育的重要方法》,《胜利油田党校学报》2006年第4期。

面,要让大学生在思想政治理论课实践教学中成为执行的主体,学生主体性的显现不仅限于了解他们的特点与需求,而且在于根据新时代的社会发展特点与需求,让大学生充分参与实践教学,在实践中增加阅历、增长才干、拓宽视野,强化其社会使命感与责任感。

第三,实现立体化协同运行,保障实践教学"有声有色"。思想政治理论课的育人目标,应该始终立足全员育人,并进行合理分工。学校教务处、思想政治理论课教学部门要着力做好实践教学的全面布局,实现"课堂实践教学平台"的课外延伸,做好实践教学基地的建设与拓展;与学生所在相关院系密切联系,做好"专业实践教学平台"的拓展和渗透,使学生结合专业学习,真正有效地发挥思政课的作用;与学校学生处、团委、宣传部等各职能部门实现有效对接,推进"社团实践教学平台"的建设,把思想政治理论课与大学生社团活动相结合,让学生在自己感兴趣的社团平台上实践思想政治理论知识,知行合一;与学校网络中心、新媒体部门合作,共同完成"网络实践教学平台"的建设,推出思政课网络精品课程、慕课、主题游戏等,完成实践教学的线上考核与评价。四个平台协同发力,共同让思政课实践教学大放光彩、"有声有色",助力大学生成就出彩人生、实现人生价值。

(二) 思想政治理论课立体化实践教学的优化

高校思想政治理论课是培养新时代社会主义建设者和接班人的主渠道、主阵地,作用不可替代。当前,面对新形势、新任务和新挑战,广大高校要想理直气壮地开好思想政治理论课,不断完善教学,就需要根据实践中出现的不同问题,有针对性地改进教学内容、创新教学方法、更新教学手段,不断优化立体化实践教学模式。要坚持守正创新,用习近平新时代中国特色社会主义思想铸魂育人,坚定信念、增强认知,找准优化着力点,系统推进,重点发力,不断推进我国思想政治理论课的发展。

1. 从教育主体层面发力

2019 年,习近平在学校思想政治理论课教师座谈会上指出:"办好思想政治理论课关键在教师,关键在发挥教师的积极性、主动性、创造性。"因此,广大教师首先要改变对思想政治理论课的旧有偏见,摒弃不重视思想政治教育的错误思想,树立起思想政治教育是传思想、稳方向、育新人的重要渠道以及和谐融洽的师生关系是高校人才培养不可或缺的基础性条件的新理念,积极创新、主动作为。其次,要时刻遵循可信、可敬、可靠,乐为、敢为、有为的时代要求,秉承传道要先明道、信道的原则,按照政治要强、情怀要深、思维要新、视野要广、自律要严、人格要正的标准,不断加强自身的理论修养、品质修养、能力修养,用师生情感共鸣的双边对话、平等沟通、思想碰撞,构建起融洽的师生关系,从而使学生在与自己的同频共振中有所感悟、有所启迪。

2. 从受教育主体层面发力

传授不等于接受,听见不等于听懂。只有认同才能共鸣,只有走心才能动容。高校思想政治理论课实践教学不应是教师自拉自唱、自说自话、自导自演的单向道,而应是有情感、有互动、有交流的双向活动。因此,要改变以往抽象的"主体哲学"思维范式,改变教师高高在上的观念,树立师生"主体间"的"相互承认"思维方式。尤其是对于个性突出、想法别致、"三观"还处于完善期的大学生群体来说,要让其既当"听众"又当"主角",在平等沟通、自由讨论、互动交流中实现教师"务实教"和学生"有效学"的协调统一,从而以师生之间的情感共鸣来推动思想政治理论课健康发展。

3. 从教育内容层面发力

思想政治理论课立体化实践教学的优化,基础在教学内容,关键在以理服人。思想政治教育是一种意识形态教育,注重育心、育德,其教育内容直接作用于大学生世界观、人生观、价值观的形成。同样,思想政治理论课教学也不同于一般的专业知识传授,更多地表现为思想启迪、价值引导、道德涵养和精神塑造。提升高校思想政治理论课接受效果要着力于"晓之以理",用与时俱进的教育内容引导学生明事理,增强教育内容的启迪性、引领性、感染力和说服力,从而促使大学生对思想政治理论课产生心理认同、逻辑认同、情感认同和行为认同。为此,要坚持有所为有所不为的原则,大力推进思想政治理论课改革创新,创造出上承政策、下接地气、反映社会热点的品牌内容。

首先,教育内容要体现政治性。对学生进行思想政治教育,是筑牢意识形态领域管理权、话语权的有力武器。青年是国家发展的中坚力量,但是由于青年的身心发展特点,很容易在多元文化交融的时代找不到方向,甚至出现盲目崇拜西方文化的现象。因此,思想政治教育内容要体现鲜明的社会主义方向,以此确保思想政治理论课的政治方向,引导青年拥护马克思主义、拥护中国共产党领导、拥护中国特色社会主义道路,形成符合社会要求的认知、态度与行为。

其次，教育内容要蕴含时代性。当今时代，网络发达，学校、课堂、知识的传统边界已不复存在，以"两微一端"为代表的新媒体已成为大学生日常生活的重要内容。只有赢得网络，才能拥有时代；只有占领网络，才能赢得青年。因此，在思想政治理论课教学内容选择上，要坚持思想政治理论课传统理论内容与互联网上的海量信息高度融合，找出二者的平衡点，用富含理论精华的语言回应大学生普遍关注的社会热点、理论难题、民生焦点和深层次问题，不断增强思想政治理论课的时代感和吸引力。

最后，教育内容要具有针对性。大学生是有个性的群体，他们对一些理论和社会现象有自己的判断标准和辨识能力，思政课教学要针对学生的身心发展规律因材施教。同时，思政课是公修课，面对不同专业的学生更需要因材施教，这样才有助于推动"课程思政"的发展。

4. 从教育方法层面发力

要提升高校思想政治理论课的接受效果，应着力于"导之以行"，注重从改革教育方法上下功夫，用科学得力的教育方法引导大学生积极实践，讲活思想政治理论课。

一方面，注重教育方法的守正创新，实现教师精心教。高校思想政治教育改革既要推进教学方法的创新，又要牢牢守住其价值引领的初衷。首先，在课程形式上，基于思想政治教育专业学科部分课程所涵盖的社会现象、时事热点等内容变动不居以及教材内容相对滞后的事实，思想政治理论课教师应广泛采用专题式教学，尝试采用"一人主讲、两人对辩、三人对谈、多人对话"等新颖的课堂形式，提高课堂活跃度和互动性。其次，在教学方法上，要改变传统思想政治理论课教学的"说教感"，将"思政味"蕴藏在大学生听得懂、愿意听的语言中，通过故事讲道理、通过道理讲价值、通过价值讲认同，用熟悉的语言、鲜活的案例、生动的形式将天下事讲成身边事，将有意义的事讲成有意思的事，从而激起大学生对现实社会的深入思考。同时，要注重理论与实践的结合，尤其是把教材中抽象的理论与现实中生动的实践结合起来，如组织学生参观遗址、进行社会调查、从事志愿服务、进行主题实践和政策宣讲等，使学生主动、自觉地接受思想政治教育内容。

另一方面，重视大学生群体的自我教育，实现学生用心学。如今的大学生具备基本辨识能力，思想政治理论课教师要重视他们的自我教育。广大思想政治理论课教师要转变管理者角色，树立服务意识，多一些线上线下的双向引导性服务。在线下,除了日常课堂教学,还要加强思想政治教育内容在日常生活中的应用,如高校可以建立相关的兴趣小组和社团,定期举办思想政治教育主题活动,丰富思想政治教育形式;在线上,要充分占领网络阵地,建立网络圈群,开辟思政专题,畅通师生交流通道,推出思政视频,邀请教师在线指导等,增强思想政治教育的吸引力,提高学生学习自主性。

5. 从教育环境层面发力

当前,科技日新月异,社会迅速变化,经济全球化、生活网络化、文化多元化趋势明显,高校思想政治教育工作面临着许多新问题。在此背景下,要着力于"给之以利",用贴近高校和大学生实际的教育政策创设思想政治教育环境,提升教育效果。为此,应从两个方面入手。

首先,从宏观层面入手。各级高校思想政治工作主管部门要集中优势力量,形成合力,主动作为,把高校思想政治理论课建设摆上重要议程,直面问题,突出重点,在工作格局、队伍建设、支持保障等方面出台扶持政策,建立健全保障机制,推动形成党委统一领导、党政齐抓共管、有关部门各负其责、全社会协同配合的良好生态,从而营造出全社会努力办好思想政治理论课、教师认真讲好思想政治理论课、学生积极学好思想政治理论课的良好育人氛围。比如,国家可以加大对广大高校的扶持力度,降低办学成本,优化办学层次,也可在学校的党委书记选拔配置、思想政治理论课教师考评培训、思想政治教育实践基地建设等教育教学资源供给方面给予政策倾斜,为开展全方位、全领域、全过程的思想政治教育提供便利。此外,全社会要大力弘扬社会主义核心价值观,加强对中国最美教师、中国最美医生、中国最美大学生、中国最美消防员等反映社会正能量的好人好事的宣传报道力度,营造出风清气正、催人向善的社会环境,从而为高校有效开展思想政治理论课教学提供正向性的宣传氛围。

其次,从微观层面入手。广大高校要充分重视思想政治理论课建设,要真正把政策落到实处,把措施用到该用处,把人员配在缺位处。为此,学校各级领导,尤其是学校党政领导应带头走进课堂,做好榜样,营造氛围,推动思想政治理论课建设。另外,要采取"走出去"与"引进来"相结合的方式,组建素质过硬、能力突出、品质优良、数量充足的思想政治理论课专兼职教师队伍;要彻底解决好各类专业课程和思想政治理论课相互配合的问题,充分挖掘出其他课程中蕴含的思想政治教育内容,做好思想政治理论课的有效补充。

第七章 "四位一体"立体化实践教学模式的现实省思

"四位一体"立体化实践教学模式符合现代心理学和教育学规律,是对学生认知规律、学生心理特点和情感发展规律的自觉运用,灵活运用了教师主导作用和学生主体地位相结合的教学规律、德育规律和现代教学原则,是对高校思政课教学模式的重要创新。立体化实践教学模式是整个思想政治理论课教学体系的重要组成部分,是思想政治理论课实践育人的有效载体和提高思政课教学质量的关键环节。立体化实践教学模式通过优化和整合实践教学的相关资源,完善实践教学的反馈评价机制,健全实践教学的制度保障机制,不断改善与优化高校思政课实践教学的各个环节,实现更好地培养与提高大学生的思想政治素质的目的。

一、构建立体化实践教学模式的理论支撑

近年来,随着时代的发展与变化,高校思政课教学中出现了许多新的特点和新的问题,传统的思政课教学模式已经无法满足时代发展变化的需要。因此,不少研究者开始将注意力转到拓宽高校思政课教学的理论基础上,教育学和心理学逐渐引起了思想政治教育界的关注。"四位一体"立体化实践教学模式的形成和运用有其教育学和心理学依据,有助于思政课教师及时地把握学生的个性特点和心理活动规律,充分发挥教师的主导作用和学生的主观能动作用以及外界环境的影响作用,提升思政课的教学效果和人才培养质量。同时,立体化实践教学模式以马克思主义理论为依据,是对马克思主义

理论的创新运用。"四位一体"立体化实践教学模式体现了对教学理念的重大更新,对教学内容、教学模式和教学方法的重大创新,对学生的心理健康、道德素养和政治意识的发展产生了直接的影响。借助教育学、心理学以及马克思主义理论的相关知识,在把握学生身心发展规律的基础上能够不断创新高校思政课教学方法,找出大学生在思想政治方面的问题症结所在,从而有的放矢地进行思想政治教育,增强高校思政课教学的说服力,这是提高高校思政课实践教学效果的必然选择。

(一)"四位一体"立体化实践教学模式的心理学支撑

高校思想政治理论课传统教学模式强调理论教学,重视理论的灌输而忽视了学生的兴趣、爱好、能力与性格差异,不利于把握学生的思想特点与情感变化,在引导学生积极主动地进行学习上存在困难,教学效果也不尽如人意。随着社会的发展和时代的变化,高校思想政治理论课教学应该与时俱进,充分运用心理学相关理论研究成果,及时、准确地介入大学生的思想或行为,提高思政课教学的有效性,进而实现德育目标。高校思想政治理论课立体化实践教学模式以心理学为依据,有助于高校教师利用教育心理学中的知觉、记忆、注意、思维、想象等规律,增强教学的知识性与趣味性,提高学生的思想政治理论素养;有助于教师全面了解大学生的兴趣、爱好、能力与性格差异,掌握他们的心理特点、情感变化与思想动态,从而引导学生积极主动地学习,激发整个课堂的活力,全面提高大学生的道德实践能力。

1. 学生认知规律

教育心理学中的认知规律包括感觉、知觉、记忆、注意、思维、想象等规律,是构建立体化实践教学模式的心理学依据之一。大学生的有意注意时间较长,但也时常出现注意力不集中、容易转移的问题。他们的感性思维、识记和理解能力较强,但是理性思维能力还没有发展到较高的水平。课堂叙事式教学模式利用了心理学中的注意规律,有利于增强教学的趣味性,帮助学生在课堂上集中注意力,提高学生的认知水平,发展学生的感性思维和想象力。这种教学模式还运用了艾宾浩斯所说的记忆规律,通过案例教学,帮助大学生有效记忆思想政治理论知识,在此基础上发展学生的理性思维能力,提高学生的思想政治理论水平。学生认识发展的过程是在原有的知识和经验的基础上,不断更新和建构新的知识体系的过程。基地体验式教学模式是在学生已有知识经验的基础上通过实地考察、亲身体会,不断更新完善学生的知识体系,使原来静态的理论知识立体动态地呈现在学生面前,使学生的认知从理论上升到具体的实践。基地体验式教学模式增进了高校学生对现实社会生活的真切感受,有助于发展学生的认知能力和逻辑思维能力,促使他们在实践中正确甄别不同意识形态的是非真伪,提高政治觉悟,自觉形成科学的世界观、人生观和价值观。学生认知发展的规律就是学生对所学的知识进行信息加工与构建的过程,在这个过程中,学生是决定学习什么和学习成效如何的关键和直接因素,教师将知识呈现在学生面前,学生并不是对这些知识全盘接收,而是在已有知识和经验的基础上进行信息选择与加工。平台情景式教学模式是在学生学习了理论知识后,由学生通过多种情境活动进行学习成果的展示,学生展示学习成果的过程是学生自身对理论知识的再加工与构建的过程,是学生的认知由浅入深的过程。平台情景式教学模式有助于顺应学生认知发展规律,循序渐进地巩固学生的学习成果,夯实理论基础,在情景活动中对学生进行情感熏陶,达到以情育人的教学目标。

2. 学生心理特点和情感发展规律

学生的心理特点和情感发展规律对教学成效有重要影响。传统教育强调标准化的道德行为模式和价值体系,忽视学生的性格差异和情感发展。教育心理学关注每个学生的情感发展和心理特点,强调全面了解高校学生的兴趣、爱好、能力与性格差异。这就要求高校思政课教学以教育心理学为理论依托,拓宽教学思路,全面了解学生的心理特点、情感发展规律、个体差异与学习需要等,提升学生的思想境界、道德觉悟和政治素养。大学生的心理特点和情感发展已经趋于成熟,高校思政课教师对大学生更多的是进行心理和情感的价值引导。理论没有温度,但人是有情感的。课堂叙事式教学模式将抽象的理论通过叙事性的语言形象化、具体化,引导学生感受思政课的温度,提高和升华学生的理论素养和情感态度价值观的境界。平台情景式教学模式运用情景陶冶、实践活动、角色扮演等方式,以艺术情境代替说理,引导不同性格特征与兴趣爱好的学生参与其中,运用艺术形式培养学生丰富的情感世界与道德情感。网络延展式教学模式具有独特的优势,因为大学生的内心世界充满了隐蔽的矛盾和冲突,他们在课堂上也许不会真实地表达自己对待社会、他人和自己的看法,但是他们在网络上却不会刻意掩饰自己的真实想法。所以,借助于网络交流平台,教师能够随时关注学生的思想动态,充分把握大学生的心理活动规律,深入了解学生的心理特点与情感变化,找到问题的症结,从而对大学生的思想和观念作出恰当的评价与引导。教师可以在与学生的网络交流中因势利导、顺势而为,对大学生进行积极的心理疏导,解决他们的心理疑问和思想困惑,提高学生的心理健康水平,从而使其更好地适应社会。教师在网络上能够倾听学生的声音,就学生关注的就业、情感、生活等问题,以他们看待客观世界的角度来进行沟通,有针对性地化解学生的疑问和困惑。

(二)"四位一体"立体化实践教学模式的教育学支撑

立体化实践教学模式除了有相应的心理学支撑,还有教育学的支撑,主要包括以下方面。

1. 教师主导作用和学生主体地位相结合的教学规律

教学是教师的"教"和学生的"学"相结合的过程,在这个过程中,教师和学生都是教育的主体,都发挥着重要的作用。传统的高校思政课教学模式过于强调教师的主体地位,忽视了学生的主体性和差异性,强调标准化的道德行为模式和价值体系。在传统的高校思政课教学中,学生的行为符合传统价值观和道德要求会得到肯定和鼓励,否则便会受到惩罚和批评,在这种理念的影响下,教师把学生当作教育的客体,抹杀了学生的主观能动性,学生只能被动地接受道德知识的灌输。现代教育学认为,学生和教师都是教育的主体,学生自身的主观能动性在某种程度上决定着高校思政课的实效。现代教育理念要求教师以人为本,充分发挥教师的主导作用,尊重学生的主体地位,强调对学生的理解、尊重和信任,满足学生的个性化需求。大学生正处于自我意识迅速发展的阶段,思想发育已经较为成熟和多样化,有一定的是非观和判断能力,这就更需要教师尊重学生的个体差异、内在需求和价值观,促进学生的自我成长、自我完善和自我发展。课堂叙事式教学模式是根据教育对象的身心发展程度整合红色故事,确定适合学生的学习主题进而展开教学,这种教学模式充分考虑了教育对象思想品德的发展状况,尊重教育对象的主体地位,调动学生的积极性,保证教育对象主观能动性的发挥,使课堂能够最大限度地发挥教师和学生的双向互动作用。平台情景式教学模式可以改变过去以教师为中心的教学模式,充分发挥学生的主观能动性,把学生作为课堂的主体,通过情景剧、辩论赛、汇报活动让学生走向讲台,走向课堂的中心。

基地体验式教学模式让学生置身于红色教育基地,感受红色精神的力量。在这个过程中,学生是教育活动的主体,学生的主观能动性在实践体验活动中发挥着不可或缺的作用。网络延展式教学模式可以将实践教学基地以虚拟的方式通过网络展现出来,学生借助网络可以实现云游红色教育实践基地。在这个环节中,学习的主动权掌握在学生的手中,这也是发挥学生主观能动性,培养学生主动性、积极性的过程。"四位一体"立体化实践教学模式强调学生学习的积极性和主动性,不轻易否定学生的思想和行为,教师通过情境体验、角色扮演、网络平台等,启发学生积极思考,增强大学生学习的积极性、主动性与自觉性,引导大学生正确认识自己和评价自己,在自我剖析中重新塑造自我,提高对高校思政课的学习兴趣,塑造健康的个性心理品质,树立远大的理想,自觉追求高尚的思想道德,实现个人价值与社会价值。

2. 知情意行相结合的德育规律

学生的品德发展过程是知情意行统一的过程,即道德知识、道德情感、道德意志和道德行为相统一的过程,这四个环节是由易到难、逐步递进与深入的关系,其中任何一个环节出了问题,都不可能获得良好的德育效果。德育过程的第一个环节是学生学习道德知识的过程,课堂叙事式教学模式使大学生能够系统全面地学习道德知识。通过叙事性课堂教学,教师寓教于乐,运用生动形象的案例进行说理,通过激情的演讲,客观、公正地剖析实际问题,提高大学生的道德认知水平。道德知识的学习为道德情感的形成奠定理论基础。培养大学生的道德情感和政治觉悟是思政课教学不可缺少的环节,在学习理论知识的基础上,平台情景式教学模式利用多媒体技术来辅助教学,如播放历史影片等,从内心深处打动学生,提升思政课教学的艺术性,将理论的学习升华到情感的熏陶,让学生充分享受思政课教育内容带来的乐趣,帮助学生塑造人格、树立远大的志向。道德意志是在道德知识和道德情感的基础上形成的克服一切困难和障碍、坚持不懈的精神品质。基地体验式教学模式让大学生融入社会先进群体,融入复杂的社会现实生活进行体验式学习,在体验中切实感受革命先辈和先进人物为实现革命目标顽强奋斗、至死不渝的精神品质,引导学生学习先进人物身上的革命精神,从先辈身上获得情感共鸣,不断增强自身的道德意志,坚定中国特色社会主义制度自信和道理自信。理论的学习要内化于心,外化于行,"行"就是指行为,道德理论知识的学习要内化为自己的思想,并通过自己的行为表现出来,理论学习最终要落实到行为选择上，这才是一个学习过程的完结。学生道德行为的形成和固定化是最关键的环节，道德知识、道德情感和道德意志的发展最终要落实到道德行为的养成上，立体化实践教学模式的目标正是立足于实践，通过实践教学使大学生形成较高的自我效能感，提升大学生的思想境界和政治素养，引导大学生树立正确的世界观、人生观与价值观，使他们在没有他人监督的情况下，也能够自觉控制自己的言谈举止，并最终将道德知识、道德情感、道德意志转化为为人民服务的道德行动。

3. 现代教学原则

现代教学原则包括启发式原则、教学相长原则、直观性原则、理论联系实际原则、可接受性原则、因材施教原则等，立体化实践教学模式体现了对现代教学原则的灵活运用。一是对直观性原则的运用。学生在思政课教学中习得的是间接经验，以书本知识为主，这些书本知识与学生的个人经验之间存在相当的差距。课堂叙事式教学模式运用了直观性原则，通过实物直观、模像直观或语言直观，提供给学生直接经验或利用学生已有的经验，发展学生的感性思维能力，帮助学生克服学习过程中的各种困难，帮助他们掌握生疏难解的理论知识，提高认知水平。二是对因材施教原则的运用。因材施教原则要求思政课教师根据教育对象的特点展开教学，把握教育对象的差异性。课堂叙事式教学模式根据教育对象的不同采取不同的叙事方式和方法，根据教育对象专业的不同，调整课堂的侧重点。教师运用网络延展式教学模式，实现了与学生之间一对一的对话，有助于教师深入了解每个学生的心理特点与情感变化，进行针对性辅导。三是对理论联系实际原则的运用。理论联系实际原则是为了解决和防止书本脱离现实、理论脱离实际的问题而提出的，强调思政课教学要联系学生实际，强调教学活动要把理论知识与社会生活和学生的实践结合起来。立体化实践教学模式根据学生的成长发展实际设计实践教学环节，通过多种多样的途径和形式使学生从事实践活动，引导他们体会思想观点、态度信念等的形成对于解决实际问题的价值，注重在联系实际的过程中发展学生的能力。基地体验式教学模式为学生提供了更加丰富多样的实践机会，让学生尽可能广泛地接触社会生活的各个方面，鼓励学生去积极尝试和探索，运用所学的知识解决实际问题。四是对启发式原则的运用。高校思政课的教学并不是一个单纯理论灌输的过程，适当的启发式教学是尤为必要的。平台情景式教学模式的运用可以使学生将理论知识转变为情景化的事物,观看红色革命题材的电影,学生可以从中受到启发;角色扮演可以让学生身临其境感受革命先辈的心路历程,学生从中也能受到启发,主动学习革命先烈的精神;辩论赛是学生思想碰撞的过程,有碰撞、有交流就会擦出智慧的火花,在辩论中学生会受到启发,认识也会更加全面深刻。

(三)"四位一体"立体化实践教学模式的马克思主义理论支撑

马克思主义理论是我们党和国家进行革命、建设、改革的重要指导思想,也是高校进行立体化实践教学的理论基础。思想政治理论课实践教学是在马克思主义理论指导下形成的正确的教学模式,马克思主义认识论以及马克思主义关于人的全面发展的理论都表明了思想政治理论课实践教学的重要性。

1. 马克思主义认识论

马克思主义认识论为思想政治理论课实践教学提供依据。马克思主义认识论指出,实践是认识的来源,是认识发展的动力,是检验认识的真理性的唯一标准,是认识的目的和归宿。人们的认识都是从实践中获得的,并要接受实践的检验。思想政治理论课实践教学就是以马克思主义认识论为依据的正确的教学方式。思想政治理论不单单是书本上的理论,更重要的是在实践中去感受它、理解它、运用它,"纸上得来终觉浅,绝知此事要躬行"。思想政治理论课具有其特殊的课程性质,它承担着培养新一代社会主义建设者和接班人的重要任务,所以需要通过实践教学使这些理论潜移默化地对学生产生影响。基地体验式教学模式通过带领学生参观红色教育基地,让学生在实践中身临其境,感受革命先辈的伟大精神,不知不觉地产生思想变化。基地体验式教学模式就是在马克思主义认识论基础上形成的,对增强思想政治理论课的吸引力和实效性,提高学生的思想理论素养和思想觉悟有重要的作用。

2. 马克思主义关于人的全面发展理论

人的全面发展主要是指人的劳动能力、社会关系、自由个性、智力体力、创新能力、审美能力等各方面都得到发展。思想政治理论课实践教学是培养大学生的实践能力、理论联系实际能力、开拓创新能力,促进大学生全面发展的教学方式。平台情景式教学模式通过学生自己动手动脑创作情景剧、开展辩论赛、进行汇报演出等方式,培养学生的创新能力、理论领悟能力、团结合作能力、辩证思维能力,促进学生各方面得到成长,实现全面发展。

总之,"四位一体"立体化实践教学的产生有深厚的心理学、教育学、马克思主义的理论支撑,这种教学模式是对心理学理论、教育学理论、马克思主义理论的践行,根据学生身心发展规律和教育教学的规律展开,有利于引起学生的学习兴趣,调动学生的积极性,是提高思想政治理论课教学成效和学生的思想理论素养的重要方式。

二、"四位一体"立体化实践教学的资源整合

对各种实践教学资源进行多元化整合、合理化配置和高效率使用,是完成高校思想政治理论课立体化实践教学活动、实现思政课实践育人总目标的前提与基础,决定着思政课立体化实践教学目标的实现程度。

(一)创新领导体制与管理机制,突出思政课"四位一体"立体化实践教学地位

近年来,随着新课程改革的不断推进,高校思政教育体系日益拓展壮大,从以前的只包含党、团等工作内容,到现在逐步涉及有关学生就业、思政课教学与法制教育等各方面内容。但是思政课教学部门却依然采用传统的独立工作模式,缺少与其他相关教学部门的合作,无法对现有的教学资源进行合理整合利用,造成了思政课实践教学资源低效利用的问题。部分高校对思政课实践教学缺乏科学、合理、有效的组织管理,对于高校思政课实践教学的实施方案、实施途径、经费来源以及检验标准等没有相应的规范,直接导致了实践教学效果长期不显著。同时,高校学生社会实践活动、社团活动以及专业实践教学活动没能有效地融入思政课教学,高校思政课实践教学活动与其他学生管理部门的实践活动安排缺乏必要的有效沟通,最后只是活动的多次重复,严重浪费了实践教育资源,资源配置不合理严重影响了思政课实践教学提升人才培养质量的功能。

1. **建立健全科学、有效的领导与管理机制**

建立符合现实需求的领导与管理机制是解决现阶段高校思想政治理论课实践教学管理问题的有效途径。在进行高校思政课立体化实践教学管理时,各部门需要强化彼此之间的协调与联系,充分发挥协同作用,齐抓共管,

从而达到提升高校思政课立体化实践教学水平的目的。第一,在制订教学计划时,将思政课实践教学列入实践育人教育教学体系中,在实践教育中融入社会主义核心价值体系,并且通过规定相应学时学分和适当增加实践课时等方式,保障高校思政课实践教学顺利开展。第二,在了解与掌握高校思政课立体化实践教学活动实施情况的基础上,结合学生实际构建具有权威性的高校学生实践育人管理小组,充分利用该小组的榜样作用开展校内外思政育人活动,激发学生参与实践活动的积极性,同时将实践活动与思想政治教育相结合,进一步帮助学生提高实践能力,增强思想政治理论素养。第三,以学校现有的思政课立体化实践教学资源促进实践活动场地的建设,在丰富思政课实践教学内容的同时拓展思政课立体化实践教学平台。第四,加大经费投入,为高校思政课立体化实践教学资源的多元整合及教学活动的开展提供资金保障。

2. 实现校内、校外资源共享

在思政课立体化实践教学活动的资源整合与开发上,要突出实践教学活动的主题性和教育性。一是要整合校内、校外所有的实践教学活动资源,实现教学资源的共享。思政课实践教学是需要多人参与的教育实践活动形式,要求高校多策并举、内引外联,对校内外各种资源进行有效整合,积累高校实践教学资源,并发挥高校各院系、各部门的联动作用,构建完善的、多层面的、立体的实践教学育人体系。二是要推进大学生思想政治理论课与机关党支部组织生活活动资源的整合,通过结对共建,构建主体式、开放式的班级党团活动,让学生在参与机关党组织生活中增强实践能力,开阔视野。三是要推进思政课立体化实践教学与校团委的主题社会实践活动资源的整合。

(二)加强教学资源整合能力培训,提高思政课教师立体化实践教学能力

高校思政课教师作为课堂教学的组织者和实施者,把控着课堂的发展。思政课教师自身的综合素质及其所表现出来的教学态度和教学能力对最终的教学效果有着重要的影响。为此高校要注重开展思政课教师教学资源整合培训活动,提高思政课教师的教学能力,做好思政课教师人才选拔和培训工作,加强思政课教师入职标准,建立一支高素质的思政课教师队伍。

1. 开展思想政治理论课教师教学资源整合培训活动

定期组织和开展各种教育教学资源整合培训活动，引导并鼓励教师不断交流教学经验和心得，帮助教师解决教学中的各种问题。思想政治理论课是一门不断变化发展着的课程，思政课的时政性要求思政课教师具有与时俱进的理论品格，做到"因事而化、因时而进、因势而新"。成为一名合格的高校思政课教师就需要不断进行理论学习，始终关注思想政治理论学术前沿和时事政治，对最新的教学资源进行整合，并将最新的理论反馈在课堂教学中。所以，为了保证思政课教学的与时俱进，就需要定期开展思政课教师教学资源整合培训活动，组织教师对最新的理论进行学习讨论，在交流中提高思政课教师的教学资源整合能力以及理论素养和专业素质，为思政课的有效进行打好基础。

2. 提高思想政治理论课教师的教学能力

要加强对思政课教师的教育能力的培训，聘请著名的专家学者到校进行教育知识能力的专题讲座，引导教师深入学习和掌握最新的教学理念，同时对教师进行思政课实践教学培训，进行优质课学习观摩活动，鼓励教师不断开展实践教学活动，提高教师的实践教学能力。思政课教师的教学能力对教学效果有着直接的影响，无论是教学的手段，还是语言表达方式、教学环节的设计都属于教师教学能力的范畴，教师在这些方面的表现是影响教学成效的重要因素。思政课教师不单单是进行思想政治理论的传授，更重要的是培养学生的价值观，发挥思政课的德育作用，所以这就需要思政课教师掌握一定的教学技巧，不断提高自身教学能力，培养学生的学习兴趣，完成立德树人的根本任务。

3. 完善思政课教师人事管理制度

建立完善的思政课教师人事管理制度，完善绩效考核管理制度、奖惩机制等，激发和调动思政课教师的教学热情，不断提供高质量的思政课教学方案。思政课教师在实现立德树人根本任务中的重要作用要求我们在聘用思政课教师时，不能只参考其学术上的成果，更要看教师自身的道德素养和教学能力。习近平总书记在学校思想政治理论课教师座谈会上指出，思政课教师应当具有"六个要"，即"政治要强、情怀要深、思维要新、视野要广、自律要严、人格要正"。高校在聘用思政课教师时可以对照"六个要"进行选拔。除此之外，还应当不断完善思政课教师绩效考核制度，做到多方参与、多主体评价,要注意把学生的满意度作为教师考核的一项重要内容,通过制定奖惩措施激发教师投身课堂的热情。

(三) 充分利用现代多媒体教学技术,提升立体化实践教学的信息化水平

随着现代信息技术的普及,以互联网技术为基础的多媒体教学得到了快速发展,在很大程度上改变了传统课堂教学模式。高校思政课作为培养学生正确人生观和价值观的重要途径,需要主动改变传统、落后的课堂教学形式,将多媒体技术运用到思政课实践教学中,丰富课堂教学形式,激发和调动学生的学习兴趣,让学生全身心地投入学习中。

1. 充分利用多媒体教学设施

在课堂中积极运用多媒体教学设施,借助多媒体资源的开放性、共享性等特征,有效延伸课堂教学内容,将枯燥复杂的理论知识更加直观地呈现在学生面前,满足学生的不同学习需求。一方面,思想政治理论课教材理论性比较强,如何将晦涩的理论生动形象地呈现在学生面前是思政课教学需要解决的一个重要问题。借助多媒体教学设施,思政课教师可以将理论变成图片、视频、电影等,增加理论的生动性和吸引力,便于学生理解。另外,立体化实践教学模式也需要借助多媒体设施进行,例如,平台情景式教学模式需要学生通过角色扮演、汇报演出等形式进行,这些都需要借助多媒体设施。另一方面,思想政治理论课与时俱进的特点要求教师在课堂上及时补充教材上所没有的时政内容,这时就需要运用到多媒体教学设施,通过音频、电影等增加课堂的趣味性和吸引力。

2. 加强学校多媒体教学平台建设

加强校内多媒体教学平台建设,积极开通微博、微信公众号等,定期发布各种思想政治教育相关内容,对学生进行潜移默化的影响。在当前的社会环境下,网络化、智能化、信息化成为社会的重要特征,真正实现了"秀才不出门,便知天下事"。在这样的环境下进行思想政治教育,应当借助网络媒体手段,最大限度地让思想政治教育不仅融入课堂,而且融入学生的日常生活。短视频、微信公众号、微博等都是学生每天会关注的社交平台,学校要借助这些平台建立自己的新媒体账号,形成立德树人的网络平台育人氛围,使学生在不知不觉中受到思想政治上的熏陶。网络延展式教学模式就是利用虚拟

仿真、新媒体、网络通信等技术,借助学院网站、微信公众号以及虚拟仿真实践教学平台等形式来对学生进行全方位的思想熏陶。

(四) 运用区域资源开展"四位一体"立体化实践教学

地方文化是民族文化和群体精神在特定时空的具体体现,多以遗迹、事迹、传说、纪念馆等为载体。以地方文化为载体开展思政课立体化实践教学,有助于引导大学生从实践出发理解理论,培养大学生关注地方文化特色、传承地方文化的使命感,更有助于提高大学生的人文素养。

将地方文化资源融入大学生思想政治理论课立体化实践教学,是高校思政课实践教学发展的需要,也是地方文化发展的需求。大学生对地方文化资源有不同程度的了解,所以将地方文化资源融入思政课立体化实践教学能够使思政课堂产生亲切感,容易引起学生情感上的共鸣,也能提高学生参与课堂的积极性。同时,将地方文化资源纳入思政课实践教学基地具有更强的可实施性,能为思政课实践教学提供场所。另外,地方文化资源的传播需要借助思政课堂的力量,因此将地方文化资源融入思政课立体化实践教学也是地方文化发展的需要。

三、"四位一体"立体化实践教学的评价机制

就目前的研究而言,对于思想政治理论课实践教学考评机制的研究主要有以下几种代表性观点:一是从教学视角切入,强调对思想政治理论课实践教学质量本身进行评价;二是以能力培养为视角,强调对思想政治理论课提升学生综合能力的效果进行评价;三是以过程评价为重点,强调对思想政治理论课实践教学进行全过程的监测与评价。但是随着时代的发展与社会的进步,高校思想政治理论课实践教学也不得不进行深入的改革与优化。思想政治理论课实践教学作为思想政治理论课教学的重要组成部分,发挥着引导学生认同主流意识形态、践行社会主义核心价值观的重要作用,其实践效果的好坏不仅关系到学生能力的提升,也关系到国家的意识形态安全与社会的稳定。"实践教学考核评价是思想政治理论课教学的本质属性和提高教学实

效性的内在要求。"①所以,有必要针对思想政治理论课立体化实践教学,建立与完善符合我国国情、满足社会实际需要、提升学生能力的反馈评价机制。

既然高校思想政治理论课实践教学采用一种立体化的教学模式,那么其反馈评价机制也必须是一种立体化的评价机制。就过程而言,从更为宽广的视角看,高校思想政治理论课的实践教学反馈评价机制应该包括反馈评价体系的设计、实施、评价与反馈。从一般的实践看,对高校思想政治理论课实践教学的反馈与评价应该是对实践教学的内容、形式、主体进行信息的收集与评价。这种过程的立体化评价应该包括信息收集(教学信息监测)、内容评价、实践教学效果的反馈、实践教学效果的改善四个环节。

(一) 实践教学信息的收集

信息收集是进行高校思想政治理论课实践教学评价的重要前提与基础,是改进与提升思想政治理论课实践教学效果的必然要求。信息收集是否准确恰当,是否具有可参考性,对思想政治理论课实践教学的评价有重要影响。那么需要从哪里收集这些信息呢?这就涉及思想政治理论课实践教学信息源——实践教学的管理部门、实践教学的指导教师、实践教学的学生等。

首先,实践教学的管理部门是思想政治理论课实践教学评价信息的重要来源。实践教学的管理部门负责收集与汇总实践教学的各种信息,并作出最后的综合评价。这些信息不仅涉及实践教学的内容、形式,还包括实践教学载体本身。这一信息是反映思想政治理论课实践教学效果的重要指标,是实践教学的效果评价与优化改善的重要依据。

其次,实践教学的指导老师是收集思想政治理论课实践教学评价信息的直接来源。实践教学的指导教师是高校思想政治理论课的重要参与者,对思想政治理论课实践教学效果有着直接影响。这些影响至少包括两个方面:一是指导教师自身的思想政治理论素养与指导实践教学的能力对大学生思想政治理论课实践教学效果的影响,指导教师的思想政治理论素养和指导实践教学的能力越高,教学效果就越好。二是指导教师选取的思想政治理论课实践教学方式与内容对大学生思想政治素质与能力提升的影响,实践教学指导

---

① 刘伟:《新时期高校思想政治理论课实践教学考核评价的理论探索》,《前沿》2010年第12期。

教师所选取的思想政治理论课实践教学方式符合大学生的学情、实践教学环节安排合理，大学生就能在实践教学中获得更多的启发，其思想政治素质与能力也能得到更大的提升。所以，收集思想政治理论课实践教学指导教师的信息，至少应该包括指导教师的信息（比如是否是优秀的共产党员）、思想政治理论课实践教学的形式与内容（一般而言由老师选择）。

最后，学生是思想政治理论课实践教学的对象，也是思想政治理论课实践教学效果反馈的重要信息源。大学生是实践教学的另一个主体，是思想政治理论课实践教学的直接感受者，大学生的学习感受和效果是思想政治理论课实践教学效果的重要内容，要注意收集大学生对思想政治理论课实践教学的看法。同时，立体化实践教学强调注意区分不同专业、不同年级、同一专业不同年级、同一学生在不断深入实践基础上的思想政治素质的变化。

（二）评价指标体系立体化

高校思想政治理论课实践教学的评价，一般通过实践教学的指导教师打分来表明学生实践教学的状况。这是一种非常简单、单一的评价方式，主要是针对学生的实践教学状况好坏的评价，而且只是从实践教学指导教师的角度出发进行的评价，并不能够直接反映出思想政治理论课实践教学本身效果的好坏，这种单一的指导教师打分的评价方式也与我们进行实践教学的初心理念不符。有学者指出，应"健全学校、教师、学生共同参与的评价主体队伍"。[①] 所以有必要完善思想政治理论课实践教学的评价体系，实现评价主体立体化、评价内容立体化、评价方式立体化、评价角度立体化等。

第一，要进一步扩大评价主体的构成。实践教学的参与者都可以是思想政治理论课实践教学内容评价的主体，不仅是指导教师，还包括学生以及实践教学的形式与内容提供者（如思想政治理论课实践基地所在单位）、实践教学内容的接受者（比如大学生向社区宣讲党的十九大精神，那么社区居民就是实践教学内容的接受者，他们也算是实践教学内容评价的主体之一）等。评价思想政治理论课不仅是指导教师的事，也是学生等评价主体的任务。也就是说高校思想政治理论课实践教学的评价主体应该是立体化的，指导教

---

① 李邢西：《高校思想政治理论课实践教学考核评价机制构建研究》，《思想教育研究》2017年第1期。

师、学生、学校都应该参与到思想政治理论课实践教学的评价中,要充分考虑各方主体的意见,尤其是要考虑作为教育对象即实践教学内容接受者的意见,要把教育对象满不满意、赞不赞同作为评价思想政治理论课实践教学的重要参考依据,真正实现评价主体的立体化。

第二,进一步完善评价内容与指标。有学者认为思想政治理论课实践教学的"教学效果考评包括对教师和学生的考评"①。本文认为高校思想政治理论课实践教学的内容评价不但包括学生的实践效果(实践考核),而且应该包括实践教学安排本身的合理性,实践教学主体的影响、实践教学内容与方式的影响(课堂实践、课外实践)等。从评价内容看,要完善实践教学评价内容的构成,进一步细化、深化影响高校思想政治理论课实践教学的指标与内容,要将思想政治理论课实践教学方案、教学安排、教学组织的合理性纳入评价内容体系。从高度上看,思想政治理论课实践教学的评价不应该是主管实践教学的某一个部门的事,而应该放到学校的层面,比如成立高校思想政治课委员会,下设实践教学评价委员会。实践教学评价内容的立体化,一方面要把影响实践教学效果的更多的要素纳入思想政治理论课实践教学的评价内容中去。另一方面,高校思想政治理论课实践教学内容的评价不应该只是作为一种普通的教学实践,而是应当从学校的高度,从育人的角度,对之进行全面与综合的评价。

第三,实现评价方式的立体化。当前最为普遍的评价方式是以分数定成果,但是这种单一片面的评价方式在思想政治理论课实践教学中显得苍白无力,它不能准确地反映思想政治理论课实践教学成效,因此实现评价方式的立体化是十分必要的。坚持过程性评价与终结性评价相结合的评价原则,坚持课堂考查评价、作业评价、实践表现评价、课后谈话、考试成绩相结合的评价方式。学生的考试成绩是客观的,教师可以依据考试成绩作出终结性评价,学生平时在思想政治理论课实践教学中的表现以及平时的作业完成情况、学习态度等是一个长期的具有波动性的过程,教师可以据此对学生的思想素质发展状况作出过程性评价,最后将过程性评价与终结性评价结合起来,实现评价方式的立体化。对实践指导教师的评价也应该坚持过程性评价

---

① 戴志国:《高校思想政治理论课实践教学评价体系建构》,《教育与职业》2015年第25期。

与终结性评价相结合的原则,也就是要把实践指导教师在思想政治理论课实践教学中的实践教学组织能力、实践教学方案与实践教学的成绩结合起来,综合学生和指导教师的评价结果,形成对思想政治理论课实践教学成效的立体化评价。

第四,转变评价角度,推动评价的立体化。思想政治理论课实践教学评价要改变过去注重学生之间的比较,如对学生成绩进行排名,转变评价的角度,淡化学生之间的相对评价。从横向上,思想政治理论课实践教学评价要将学生现状与课程标准之间进行比较,把握学生现状与课程标准之间的差距;从纵向上,将学生的现状与过去的状况进行比较,把握学生取得的进步。学生在实践教学中的表现以及思想的变化是很难量化的,所以思想政治理论课实践教学的评价要多采用等级制,少采用百分制。

(三) 实践教学效果的反馈

思想政治理论课实践教学的反馈主要包括以下几个方面内容。

一是思想政治理论课实践教学是否把理论转化为学生的实践,即思想政治理论课实践教学是否实现了指导学生实践的效果,实现的程度如何。实践是检验真理的唯一标准,实践也是检验思想政治理论课实践教学效果的标准。这种效果,一方面可以通过观察学生是否自觉践行主流意识形态的要求,是否提高了思想政治觉悟,是否对实践教学的主题有了更深刻的认识来判断,另一方面可以通过实践教学主体的信息反馈来把握,即通过实践教学指导教师对学生在实践中的表现的反馈以及学生对实践活动组织安排的感受来把握思想政治理论课实践教学是否实现了指导学生实践的效果。

二是思想政治理论课实践教学体系设计是否合理。考评信息的反馈,一方面是为了衡量大学生思想政治教育状况,另一方面旨在检验思想政治理论课实践教学体系的合理性。虽然把握思想政治理论课实践教学效果是实践教学信息反馈的重要目的,但是进行信息反馈是为了让以后的思想政治理论课实践教学能够不断改进不断调整,取得更好的实践教学效果。只有深入反思高校思想政治理论课实践教学体系对实践教学效果的影响,才能不断提升思想政治理论课实践教学的质量,不断改善大学生的思想政治教育状况。社会的发展是在人的主观能动性的发挥与客观的社会历史的进步中实现的,思想政治理论课实践教学效果的改善同样需要在实践教学主体的状况改善、思想政治理论课实践教学体系的提升中实现。

三是实践教学指导教师的思想政治理论素养和教学能力是否达标。考评信息的反馈能够对实践教学指导教师的思想政治理论素养和教学能力作出评价,一方面,指导教师根据评价反馈信息能够及时调整以后的实践教学方案,总结并保持实践教学方案的优点,弥补实践教学方案的不足。另一方面,指导教师也能根据评价对自己的教学能力有更清晰的认识,从而不断提升自身的思想政治素养和教学能力。

(四) 实践教学效果的提升

通过建立与完善立体化的思想政治理论课实践教学反馈评价机制,既可以达到对大学生思想政治状况的了解,也可以把握思想政治理论课教学实践体系设计的合理性。当然,最根本的目的还是不断优化高校思想政治理论课立体化实践教学体系的结构,提升高校思想政治理论课的实践效果。

那么如何改善思想政治理论课实践教学的效果呢?

首先,最根本的还是要坚持立体化实践教学的模式。立体化实践教学模式是思想政治理论课实践教学的育人方式,也是我们高校思想政治理论课实践教学取得良好效果的重要机制。将课堂叙事式教学模式、基地体验式教学模式、平台情景式教学模式、网络延展式教学模式组成的"四位一体"立体化实践教学模式融入思想政治理论课的教学中,能够大大提升思想政治理论课实践教学的效果。

其次,优化立体化实践教学的体系。以往的实践教学体系重在丰富实践教学的形式与增进实践教学的内容,并不是非常注意实践教学体系自身的优化,这就导致实践教学形式大于实质,"走过场"的问题比较严重。优化立体化实践教学体系,一是要不断评估实践教学体系中各类实践教学形式的效果,从而达到优胜劣汰,保留效果良好的实践教学形式,淘汰效果较差的实践教学形式,改善效果一般的实践教学形式。二是要将过程控制与结果导向的方式方法相结合,确保在思想政治理论课实践教学过程中不断改善实践效果。把要实现的目标中的指标分解,从而评估出在思想政治理论课实践教学过程中影响实践教学效果的关键因素,并在以后的实践教学过程中更加注意进行调整和控制。三是针对不同的专业、年级采取不同的实践教学手段与方式、内容,从而达到因专业而异、因年级而异的差异化实践教学模式。

最后，提高思想政治理论课实践教学指导教师的专业素养和教学能力。实践教学指导教师的教学能力和思想政治理论素养对实践教学的效果有直接的影响。提高实践教学指导教师的专业素养和教学能力，一是要定期对实践教学指导教师进行实践教学能力的培训，可以采取集体备课、邀请专家学者开展讲座、组织实践教学方案设计比赛等方式；二是要及时对实践教学指导教师的实践教学效果进行评价反馈，根据评价及时调整不恰当的实践教学方案，使实践教学方案中不足的地方变好，优秀的地方变得更突出；三是要不断提高实践教学指导教师对思想政治理论课实践教学的重视程度，只有实践教学指导教师首先足够重视实践教学，学生才会意识到实践教学的重要性，把实践教学当作重要的任务认真完成，否则实践教学只会流于形式，出现学生糊弄老师、老师糊弄学校的现象。

四、健全立体化实践教学的制度保障机制

开展思想政治理论课实践教学的目的是通过实践教学将思想政治理论内化为学生的思想观念，外化为学生的举止行为，提高学生的思想认识水平和道德素养，帮助学生更好地融入社会，促使学生形成正确的世界观、人生观和价值观，主动为社会和国家的发展做出贡献。为了使立体化实践教学能够顺利而有效地在高校思想政治理论课中得到运用，需要努力健全立体化实践教学的制度保障机制。在"德育为先"理念的支撑下，从组织保障制度、行政支持制度、课程管理制度入手，多方位整合教育资源，设计科学方案，积极探索适合国情、社情、学情的立体化实践教学制度保障机制，从而加强和改进高校思想政治工作，促进思想政治理论课实践教学的有效实施。

（一）组织保障制度

2008年，中宣部、教育部总结了四年来高校贯彻落实中央16号文件的基本经验，在《进一步加强高等学校思想政治理论课教师队伍建设的意见》中提出了思想政治理论课实践教学制度化的具体要求："要探索实践育人的长效机制，提供制度、条件和环境保障，确保不流于形式。"可见，随着高校思政课建设的逐步深入，党和政府愈加重视思想政治理论课实践教学保障体系建设。

然而，高校思想政治理论课实践教学的有效实施面临着不少难题。当前高校思政课普遍面临着"生多师少"的困境，思政课大多采用大班教学模式，一个班由多个学院、多个专业的学生组成，教师面对的是不同院系、不同专业的学生，这种"一对百"的教学形式，使教学很难具有针对性，课外教学实践活动难以有效开展，因此思政课教学经常仅仅局限于课堂教学，高校思想政治理论课实践教学少之又少。马克思主义学院作为承担全校思想政治理论课教学任务的学院，与其他二级学院没有隶属关系，难以单独推动全校的思政课实践教学。为解决立体化实践教学在实施过程中面临的问题，建立健全组织保障机构是思政课实践教学建设的有效保证。

首先，要成立组织管理机构。高校应成立思想政治理论课实践教学领导小组，实行党政主要领导亲自抓、分管领导具体抓的制度，将思想政治理论课实践教学建设工作纳入学校议事日程。要建立健全领导责任制度，明确牵头部门和参与部门的工作职责，做到各司其职、各负其责、通力协作、形成合力。学校的教务主管部门要通过建立健全教学规章制度来规范实践教学行为，对全校的实践教学进行指导协调、监督检查。教学部门要做好思想政治理论课实践教学的活动安排，优化实践教学内容和教学方案，加大对优秀思想政治理论课教师的引进工作力度，改善思政课师生比不协调的现象，建立一支稳定的、由学校和社会各方面的杰出人才组成的实践教学师资队伍，为实践教学提供强有力的组织保障。此外，学校应以培养应用型人才为目标，充分利用学校和社会两种教育资源，建立高校与企业、政府相关部门等联合培养人才的新机制。

其次，要建立组织管理系统。高校思想政治理论课实践教学小组应定期或不定期调研思想政治理论课实践教学基地，积极地传达上级教育主管部门的工作要求，认真听取思想政治理论课实践教学基地建设汇报。在此过程中，思想政治理论课实践教学小组应对实践基地建设给予一定的指导，及时发现实践基地建设和实践教学组织安排中存在的问题，寻找合理的解决方案，调整工作思路，制定合理的工作方案，真正做到管理和实施相结合，为思想政治理论课实践教学基地的开发和运行做好充分准备。

最后，要整合校内外课程资源来建设实践教学基地。高校要根据地方反馈的信息，结合思想政治理论课实践教学的需要，整合校内外的人力、财力、物力等各种资源对全校的思想政治理论课实践教学进行统一安排，并做好协调和指导工作。例如,按照合作共建、双向互惠的原则,学校可以加强与地方政府部门、企事业单位、城市社区、社会服务机构、农村乡镇等的沟通和联系,主动与其开展广泛合作,建立一批相对固定的爱国主义教育基地、革命传统教育基地、国防教育实践基地、法制教育基地、社会主义新农村建设实践基地、社区实践服务基地、素质教育拓展基地等校内外思想政治理论课实践教学基地。

(二) 行政支持制度

思想政治实践教学活动基地建设需要得到地方党、政、教育主管部门的重视,只有得到有关部门的支持与帮助,思想政治理论课实践教学基地建设才能凝聚社会力量,最大限度地开发和利用社会资源,思想政治理论课实践教学活动才能得以有效开展,思想政治理论课实践教学的意义才能得以充分体现。

首先,各级政府及教育行政部门要切实担负起引导的责任。各级政府及教育行政部门要将思想政治理论课实践教学作为重要内容,坚持分类指导与建设相结合的原则,为思想政治理论课实践教学做出合理规划;制定合理的政策激励措施,对支持配合思想政治理论课实践教学的单位给予政策上的鼓励和表彰奖励等;思想政治理论课实践教学活动应始终与高校教育目标和教育内容、高校各种实践教学活动制度相契合;在思政课实践教学过程中做好高校与实践基地之间的协调工作,为学校排除各种各样的障碍与干扰。

其次,全方面、多方位予以支持。要建立思想政治理论课实践教学基地建设专项的财政拨款制度,主要用于学生社会实践、教师培训、教学改革、教学研究等多方面的工作。根据国家的相关政策,应拓宽思想政治理论课实践教学基地的经费来源,或取消某些经费的限制,积极满足高校思政课实践教学的经费需求。对于思想政治理论课实践教学基地配备的专职人员,应给予行政编制,为思政课实践教学基地建设工作提供必要的人力资源保障。要积极建设学生的活动场所,免费开放纪念馆、博物馆等相关场馆,努力为思想政治理论课实践教学基地建设提供空间和条件。

最后,为学校对外合作与交流提供帮助。开展好思想政治理论课实践教学不仅需要学校的支持,还需要与校外各种社会资源加强交流合作。思想政治理论课实践教学所需要的实践教育基地需要学校寻求校外实践教学基的合作。要从学校乃至社会层面整体推进思想政治理论课实践教学,整合和优化各种社会资源,指导高校积极探索和推动开放式教学模式,突破学校的单一视野,建设一批思想政治理论课实践教学基地,实现思想政治理论课实践教学阵地化,为思想政治理论课实践教学活动提供服务,为其建设和运行提供指导,要积极地组织理论学习、研讨和经验交流等活动。在条件具备的时候,指导和帮助相邻的几个高校从学校的自身条件和能力出发,自主开发、合作开发或共享思想政治理论课实践教学基地。

(三) 课程管理制度

保障思想政治理论课实践教学顺利开展的基础就是建立健全课程管理制度。课堂管理制度对思想政治理论课实践教学成效有重要影响。为了确保思想政治理论课实践教学的常态化运行,构建思想政治理论课实践教学长效机制是必不可少的工作。

第一,制定合理的教学管理制度。教学管理制度是依据教育管理的原理和方法,对教学过程各要素进行统筹规划,使之有效运行的制度体系。制定思想政治理论课实践教学的教学管理制度就是对思想政治理论课实践教学各要素进行统筹,为其有效组织开展提供保障。由于思想政治理论课的教育对象是全校不同年级、不同专业的学生,所以各高校应根据不同学生的思想发展特点,把实践教学环节纳入学校思想政治理论课总体教学计划与教学大纲,明确实践教学的目的、内容、方法、手段、组织形式、教师的职责和学生的纪律要求等,使实践教学真正做到目标明确、责任到位、过程规范、管理科学。只有制定了科学合理的教学管理制度,才能确保实践教学的有序进行,提高实践教学的质量。

第二,制定高效的学习培训制度。定期的实践教学培训对提高思想政治理论课实践教学指导教师的教学能力有重要作用。思想政治理论课实践教学组织单位要采取走出去、请进来的方式,定期将思想政治理论课教师召集起来,采用演讲、读书、看视频以及相互交流等方式进行培训。通过培训,使教师掌握思政课实践教学的基本原则、基本模式及工作程序等,提高思政课教师的实践教学能力。

第三,建立多样的交流合作制度。各部门、各主体之间的交流会促进高校思想政治理论课实践教学更好发展。高校应建立思想政治理论课实践教学交流合作制度,不仅要注重校内部门之间、教师之间、师生之间的交流合作,而且也可以进行校际合作、专家与专家之间的合作、专家与学校之间的合作、思想政治理论课实践教学基地与学校之间的合作、地方政府与学校的合作、科研机构与学校的合作、公共服务机构与学校的合作、社区与学校的合作等多项合作机制。在交流与沟通过程中,建立资源共享的合作关系,实现思想政治理论课实践教学课程资源的整合利用,不断完善思想政治理论课实践教学基地建设和运行工作。

第四,建立有效的监督考核制度。建立监督考核制度一方面是为了思想政治理论课实践教学各部门都能承担起相应的责任,认真负责地为实践教学提供支持。另一方面,也是更重要的一个目的,是及时发现思想政治理论课实践教学在教学环节、教学组织安排等方面存在的问题,并及时纠正优化。通过上级领导评价、老师与老师相互评价、学生与老师相互评价等方式,构建科学合理的实践教学考核评价机制,能够有效地检验实践教学的执行结果。还应不断加强实践教学过程的管理和监控,建立和完善实践教学活动过程中教师和学生的监督反馈机制,及时收集和整理参加实践活动师生的反馈信息,积极地进行整改落实,为今后更好地组织学生开展实践教学活动提供参考和指导。

总之,要通过组织保障制度、行政支持制度、课程管理制度来健全思想政治理论课实践教学的制度保障,使思想政治理论课实践教学有党、政府、学校、社会机构以及实践教育基地的支持,推动立体化实践教学不断取得新成效。

附录:深度融合、深度支撑、深度体验
——基于河南师范大学思政课"四位一体"立体化实践教学的探索

高校思想政治理论课是对大学生进行马克思主义理论教育和思想政治教育的主要渠道。自中共中央宣传部和教育部颁布《关于进一步加强和改进高等学校思想政治理论课的意见》以来,思想政治理论课实践教学得到广泛重视,众多高校开展了各式各样的探索,并且取得了一定的成果。但由于资源多但未形成合力、机制有但不适应发展、功能全但不为我所用,仍存在着诸多现实问题,亟待解决。2012年,《教育部等部门关于进一步加强高校实践育人工作的若干意见》中,要求统筹推进实践育人各项基本工作,切实加强对实践育人工作的组织领导。2018年,教育部《新时代高校思想政治理论课教学工作基本要求》明确指出,要制定实践教学大纲,整合实践教学资源,拓展实践教学形式,注重实践教学效果。2019年3月18日,习近平在学校思想政治理论课教师座谈会上提出了"八个相统一"。这就要求我们要以一种系统化、整体化的眼光来探索立体化的高校思想政治理论课实践教学模式。对高校思想政治理论课立体化实践教学模式的探索不仅有利于马克思主义理论的有效传播,巩固马克思主义在我国意识形态领域的指导地位,更有利于强化高校思想政治理论课的效果,培养担当民族复兴大任的时代新人,培育社会主义的建设者和接班人。

一、深度融合:"四位一体"立体化实践教学模式的探索①

(一)"四位一体"立体化实践教学模式的基本内容

理论联系实际是马克思主义的优良学风。思想政治理论课作为一门对大学生进行系统的马克思主义理论教育的课程,必然要坚持理论联系实际的学风。而传统的理论教学明显达不到这一要求,还必须进行实践教学。同时,坚持教育与生产劳动和社会实践相结合,是党的教育方针的重要内容。河南师范大学和马克思主义学院高度重视思想政治理论课的实践教学体系建设。自 2009 年以来,河南师范大学利用本省红色资源数量多、区域特色鲜明的特点,以红色资源为主要内容,发掘河南省红色资源蕴含的思想政治教育价值,形成了课堂叙事式教学、基地体验式教学、平台情景式教学、网络延展式教学四者相互渗透、有机融合、功能互补的立体化实践教学模式。"四位一体"立体化实践教学模式初步解决了过去实践教学中学生参与片面、学生实践偶然、理论教学与实践教学相脱节等诸多现实难题。同时,立体化实践教学模式有助于"增强获得感,促进思想政治理论课教学有虚有实、有棱有角、有情有义、有滋有味"。

1. 课堂叙事式教学

2019 年,习近平总书记在学校思想政治理论课教师座谈会上指出:"中华民族几千年来形成了博大精深的优秀传统文化,我们党带领人民在革命、建设、改革过程中锻造的革命文化和社会主义先进文化,为思政课建设提供了深厚力量。"河南省拥有大量红色文化资源,这些红色资源包含着许多令学生敬仰、认可、感动的红色故事,且很容易被理解和接受,具有深厚的价值底蕴,是一部部生动的历史教材。在思想政治理论课教师已经对红色基地进行了深入学习和充分调查的背景下,结合思想政治理论课的具体教学内容,围绕当前国内外形势、党的路线方针政策,挖掘、整合出红色资源所蕴含的教育

---

① 马福运、侯艳娜:《深度整合:"四位一体"立体化实践教学模式探索》,《河南社会科学》2020 年第 5 期。

主题,精心提炼不同红色故事主题,比如"红旗渠精神与党的群众路线""红旗渠精神与社会主义核心价值体系""大别山精神与中国梦""新乡先进群体精神与社会主义核心价值观""焦裕禄精神与党的工作作风"等。在课堂上,按照小故事大主题、语言通俗易懂、贴近学生实际的原则,力求生动诠释红色精神的历史积淀和时代内涵,开展以讲红色故事为主要形式的课堂叙事式实践教学。课堂叙事式教学的特点是老师通过丰富的情感、曲折的情节、通俗的语言向学生叙述红色故事,传达红色精神,将知识性与价值性相结合,促进红色基因在大学生中的传承,强化大学生对社会主义核心价值观的认同。

2. 基地体验式教学

毛泽东在《实践论》中说:"你要有知识,你就得参加变革现实的实践。你要知道梨子的滋味,你就得变革梨子,亲口吃一吃。"河南师范大学和马克思主义学院不仅提炼红色故事以达到以情动人,还创办红色基地以实现行动育人。学校先后在红旗渠干部学院、史来贺所在的七里营刘庄、"全国乡镇党委书记的好榜样"吴金印所在的唐庄、"太行赤子"张荣锁所在的辉县上八里回龙村等,建立了十多个思想政治理论课校外实践教学基地。通过在校外实践基地参观考察、调研访谈,充分发挥学生主体性,提高学生参与的积极性;通过了解红色历史遗存,感悟先进事迹,引起学生思索和共鸣;通过追寻革命先辈足迹,走访历史人物或历史事件的亲历者,让学生更直观、更生动地去感受历史的悲壮与现代化建设的自豪;通过体验式教学和现场讲解,使学生理想信念得到强化,在潜移默化中接受革命传统精神教育。当今社会中,历史虚无主义这一错误意识形态妄图抹去历史、歪曲历史、扰乱大众。而摆在人们面前的红色基地就是对这种错误意识形态的最有力反驳,"说一千道一万,不如亲身看一看"。基地体验式教学的特点是引导学生带着问题去感受历史,激发其爱国情、强国志,培养敢于、愿于担当民族复兴大任的时代新人。

3. 平台情景式教学

为努力实现思想政治理论课"配方"先进、"工艺"精湛、"包装"时尚,河南师范大学利用校内思想政治理论课实践教学平台,以红色资源为主要内容,开展情景式实践教学。实践教学平台是一个集开发、移植、整合、展演、制作于一体的多功能实践教学平台,将其运用到思想政治理论课教学当中,能够拓宽思想政治理论课实践教学的路径,真正实现学生在实践教学中的全员参与。借助实践教学平台,结合思想政治理论课各门课程的内容特点,以学生为主体,以红色资源为载体设计若干主题,将其做成案例或改编成不同艺术形式,采用"历史场景再现""舞台模拟""模拟教学""虚拟实践"等方式,增强学生学习的主动性、创造性和合作性。同一主题,通过叙事式教学、体验式教学,再经过同辈群体的演绎,增强思想政治理论的说服力、吸引力和感染力。平台情景式教学的特点是以"寓道于业、寓教于策、寓学于做、共同成长"为理念,以学生为本,以学生践行体验为基础,坚持主导性和主体性相结合,将教师的"教"演化在教学活动的策划之中,将学生的"学"转换在探究与体验的行动之中。

4. 网络延展式教学

"只有赢得互联网,才能赢得青年;只有过好网络关,才能过好时代关。"①河南师范大学以网络平台建设为突破口,以共享性学习资源建设为重点,以保证教学内容的广度和深度、全面实现教学目的为中心,把多媒体网络技术的优势和传统教学模式的优势紧密结合,整合视频、音频、图片、动态信息资料等资源,及时获取具有代表性、前沿性的信息资源,建立了网络教学资源平台,形成了以思政课微信公众号、网站红色板块、学院官方微信等为主要内容的网络延展式教学。学生不仅能在课堂上学习理论知识,在课下的碎片化时间里也能了解时事。通过对新教学载体的开发和利用,丰富教学资源,扩充教学时空和教学内容,形成开放式的网络教学环境和全方位、立体化、交互式的教学模式。网络延展式教学的特点是利用互联网技术的资源共享性、沟通便利性、内容丰富性的特点,改善学生的自主学习环境,实现个性化的学习模式。同时调动学生的学习兴趣,激发学生的学习热情,形成"人人、处处、时时"的学习氛围。

以红色资源为主要内容构建起来的"四位一体"立体化实践教学模式自实行以来,取得了良好的教学效果,得到了学生的普遍认可,获得了专家领导的肯定,多所高校前来考察交流。《人民日报》、《中国教育报》、《河南日报》、中青在线、《东方今报》、猛犸新闻客户端等新闻媒体对我校思想政治理论课实践教学模式进行了多次报道。

---

① 李明:《有的放矢:切实增强大学生思政课获得感》,《人民日报》2019年1月25日第9版。

(二) 立体化实践教学模式的独特优势

2012年《教育部等部门关于进一步加强高校实践育人工作的若干意见》中强调,要以强化实践教学有关要求为重点,以创新实践育人方法途径为基础,以加强实践育人基地建设为依托,以加大实践育人经费投入为保障,积极调动整合社会各方面资源,形成实践育人合力。这就要求我们要用多样化手段打造立体化实践教学模式,多层次改革思想政治理论课实践教学,促使其立体化和多样化,实现全员全程全方位育人。

1. 合理整合资源,使其形成合力

第一,对校内资源进行归类整合,实现资源效益最大化。校内资源主要包括课堂资源和课外资源。"思政课实践教学关键不在于教学场地,而在于教学理念和方法是否坚持主观联系客观、理论联系实际。"[1]课堂实践教学有利于解决安全难以保障、实践基地数量少、学生参与面不够等诸多现实难题,值得我们深入探索。传统意义上的课堂是以教师讲授为主的理论灌输,但我们还应该看到并利用辩论、主题研讨、读经典交流会等课堂教学形式。河南师范大学马克思主义学院以课堂为载体,每月举行一次由学生主持参与、老师引导总结的读经典交流会。老师提前规定经典读物,学生阅读钻研并写下心得体会,在会上将经典原理与时政、实事相结合去交流思想,最后由老师总结解惑,在交流探讨中教给学生发现问题、分析问题、解决问题的方法,真正实现了"授之以渔"。另外,我们不仅要用好思想政治理论课课堂,还要用好其他专业课课堂,充分发挥课堂主渠道作用,实现所有课守好一段渠、种好责任田,形成"课程思政"。"深入发掘各类课程的思想政治理论教育资源,发挥所有课程育人功能,落实所有教师育人职责。"[2]

课外资源也是校园资源的重要组成部分,包括物质资源和精神资源。物质资源主要是指学生社团、校史馆、专家讲座、情景模拟等活动。长期以来,思想政治理论课教师和其他部门往往是"各尽其责、各守其位",造成了思想政治理论课实践活动和其他社会实践活动重复,既没有实现铸魂育人的目

---

[1] 郭超、汪一江:《论高校思政课校内实践教学资源的系统整合》,《江汉大学学报(社会科学版)》2015年第4期。

[2] 高德毅、宗爱东:《课程思政:有效发挥课堂育人主渠道作用的必然选择》,《思想理论教育导刊》2017年第1期。

标,也使学生感到纠结厌烦,在进行活动选择时陷入两难境地。思想政治理论课教师和其他部门之间应加强联系,使其他部门活动也开发思想政治教育的价值,既避免活动重复,又做到物尽其用。以研习会为例,河南师范大学马克思主义学院依托学生社团,创办习近平新时代中国特色社会主义思想研习会,共同学习理论知识,并到各院进行宣讲,推动新思想深入人心、深入人脑。精神资源指的是学风、校风、校训、教风、校歌等资源。好的校风和学风,能够为学生学习成长营造好气候,创造好生态,思想政治工作就能润物无声,给学生以人生启迪、智慧光芒、精神力量。要注重隐性资源的管理,达到"入芝兰之室久而自芳"的效果。

第二,对校外资源进行挖掘整合,达到社会力量同向化。校外资源包括人力资源和物力资源。人力资源就是指校外的前进模范人物。当代大学生思维的独立性、批判性大为增强,空洞的理论说教已经不能适应他们思维的发展。针对这一情况,学校可以使用榜样示范法,邀请已经毕业的优秀校友、外校的专家学者、同省的英雄模范等走进课堂,现身说法。"让有理想的人讲理想,守纪律的人讲纪律,有牺牲精神的人讲牺牲精神,具有诚信品质的人讲诚信,榜样示范就会产生更强的感染力和说服力,也更能打动人心,产生更好的教育效果。"[①]2018年12月,河南师范大学聘任了"全国优秀乡镇村委书记"吴金印、"全国十大女杰"刘志华、"全国劳动模范"张荣锁、"全国道德模范"范海涛等为思想政治理论课特聘教授,将新乡先进群体精神融入了河南师范大学思想政治理论课堂,以助力实现高校思想政治理论课立德树人的根本任务。

物力资源指地方文化、单位企业、展览馆等资源。地方文化资源是思想政治理论课实践教学可利用的鲜活素材。河南师范大学马克思主义学院先后与红旗渠干部学院、南水北调干部学院、新乡县七里营刘庄、全国文明村回龙村等展开紧密合作,建立了十多个思想政治理论课校外实践教学基地。同时,与红色资源教育基地进行课题合作,开展协同创新,用最新成果来开展思想政治理论课教学。除此之外,还可以与单位企业展开合作,让学生深入基层,增强服务意识和服务本领,强化为人民服务的伟大信仰。

第三,对线上资源进行创新整合,促成教育效果超时空化。推动思想政

---

① 陈万柏、张耀灿:《思想政治教育学原理》,高等教育出版社,2015,第225页。

治理论课实践教学与时俱进,不仅仅指的用习近平新时代中国特色社会主义思想来指导实践教学的内容方面的与时俱进,也指利用新技术,创新实践教学的形式方面的与时俱进。线上教学具有超越时空性,打破了思想政治理论课实践教学的时间限制和空间限制,扩展了思想政治理论课实践教学的途径;线上实践教学具有信息海量性,极大丰富了思想政治理论教学的内容。比如,利用互联网技术,组织学生观看周末理论大讲堂,强化理论背景、深化理论知识,让学生不只是听见还要听懂;引导学生用学习强国 App 了解国家发展、培养爱国情怀、增强爱国主义精神;通过官方微信和公众号,对重大热点难点问题及时进行答疑解惑,越是重点难点,就越是突破点和切入点,越不能逃避,应引导学生用正确的立场和观点看待社会问题。

2. 有效整合机制,让其适应发展

第一,明确目标管理机制,推动思想政治理论课实践教学的规范化。明确的目标管理是思想政治理论课实践教学的良好开端。横向来说,要建立责任明确、协同配合的思想政治理论课教学的管理制度。明确思想政治理论课教学科研组、宣传、教务、学工、科研、财务、人事等部门所承担的职责,避免在思想政治理论课实践教学过程中"掉链子"。纵向来说,学校和思想政治理论课教师要根据国家的大政方针、思想政治理论课的内容、学生的思想实际和思想品德发展规律,制定高于实际又切合实际的长、短期教育目标,使实践教学有目标可依、有目标必依。

第二,完善教学实施机制,提高思想政治理论课实践教学的有效性。顺利的教学实施是思想政治理论课实践教学的中心环节。实施是否得力,直接与思想政治教育实践教学的目标能否落实、成果能否实现挂钩。在决策制定之后,计划执行之前,我们要预估可能发生的情况、问题,并据此提出解决办法,以应对实践教学过程中的突发情况。但在实施过程中,除非突发情况,还是要按照计划进行,不得随意改变。同时,在实践教学开展之前,要确保实践教学过程中所需要的各种资源均已到位,避免计划落空。

第三,创新考核评价机制,增强思想政治理论课实践教学的认可度。规范的考核评价是思想政治理论课实践教学的效果体现。公平化、规范化、全方位的考核制度既能很好衡量实践教学的效果,也直接影响着学生对实践教学的积极性和信任度。要采取多种方式综合考核学生对所学内容的理解和实际运用,注重考查学生运用马克思主义立场观点方法分析、解决问题的能

力,力求全面、客观反映学生的马克思主义理论素养和思想道德品质。从考核对象来说,对教师和学生都要进行考核。从考核方式来说,要坚持结果考核和过程考核。从考核主体说,要扩大考核主体,让教师、学生、企业都参与其中。

第四,健全激励保障机制,提升思想政治理论课实践教学的积极性。合理的激励和健全的保障是思想政治理论课实践教学的坚实保障。激励包括对学生的激励和对老师的激励。对学生而言,将实践教学活动成绩计入总成绩;对教师而言,将实践教学活动时间计入总课时,将实践教学活动成果与职称挂钩。保障则分为制度保障、师资保障、资金保障等。明确的教学目标管理制度就是为实践教学提供制度保障,这里不再多做论述。就师资保障而言,一方面要提高思想政治理论课教师的数量,大力引进优秀人才;另一方面要提高思想政治理论课教师的质量,培养政治强、情怀深、思维新、视野广、自律严、人格正的思想政治理论课教师。就资金保障而言,要做到专费专用。

3. 全面整合功能,促其为我所用

第一,与专业实习相融合,达到一次实践,双重锻炼。思想政治理论课的目标是培养担当民族复兴大任的时代新人,培养德智体美劳全面发展的社会主义建设者和接班人。理想信念决定着一个人的发展方向。一个人有了正确的理想信念,才能担当起民族复兴的大任,才能投身于社会主义事业。将思想政治理论的育人价值融合到各专业的实习中去,既能发挥育人功效,强化理想信念,又能提高专业能力,何乐而不为?利用企业的场所、组织保障可以开展思想政治理论课的实践调研;利用企业的先进技术,可以实际了解国家科技的迅猛发展,增强道路自信、理论自信、制度自信、文化自信;利用企业优秀人物的奋斗历程,可以激发学生艰苦奋斗、奉献祖国的热情。同时,要根据在专业实习中发现的将来所要从事行业的暂时不足,引导学生认识到共产主义实现的过程性和社会主义的长期性,激励学生脚踏实地为中国特色社会主义共同理想奋斗。

第二,与社会实践相结合,实现一次活动两个效果。把思政小课堂同社会大课堂结合起来,教育引导学生立鸿鹄志,做奋斗者。思想政治理论课教师要深入了解社会实践的内容,根据思想政治理论内容的特点,将二者融合起来。只要运用得当,暑期实践、三下乡活动等社会实践都可以发挥出意想不到的育人效果。首先,教育者要根据学生实际、教学内容和预期达到的思

想政治教育目的,选择合适的社会实践方式和社会实践主题。其次,在社会实践过程中,尊重学生的主体地位,发挥学生主体性,教师要放手让学生去做,但不能撒手不管,避免走以前社会实践与思想政治教育相分离的老路,充分发挥实践教学的优势。同时,社会实践的过程是一个发现新情况、解决新问题的过程,思想政治理论课教师要抓住契机,带头用马克思主义的立场和观点来分析和解决问题,率先垂范,破除部分学生的"马克思主义无用论"的错误观念。

二、深度支撑:构建高校思政课实践教学长效机制[①]

思政课实践教学是思想政治理论课的必要补充和有效延伸,是加强高校实践育人工作的重要举措,是坚持"理论性与实践性相统一"的关键环节,是完善高校思政课实践教学的机制支撑,是优化高校思政课实践教学的资源支撑,是深化高校思政课实践教学的理论支撑,为构建科学有效的高校思政课实践教学长效机制提供深度支撑。

为了顺应新时代的新变化、新要求、新发展,更好地加强思想政治理论课的实效性,在2018年出台的《新时代高校思想政治理论课教学工作基本要求》和2019年召开的学校思想政治理论课教师座谈会上,强调推动思想政治理论课改革的创新,注重"坚持理论性和实践性相统一,用科学理论培养人,重视思政课的实践性",使得思想政治理论课教学更加有虚有实、有棱有角、有滋有味、有情有义。为此,必须研究好如何构建高校思想政治理论课的实践教学的长效机制,这将有助于"把思政小课堂和社会大课堂结合起来",不断增强思政课的亲和力,增加学生的获得感,使思政课成为"大学生真心喜爱、终身受益、毕生难忘的优秀课程"。

(一) 完善高校思政课实践教学的机制支撑

思想政治理论课实践教学是提高高校思政课针对性和实效性的一个突破口,是提高大学生素质的重要途径,在思想政治教育教学中发挥着不可替

---

① 参见秦慧婷、高奇:《新时代高校思政课实践教学的保障机制探析》,《河南社会科学》2020年第8期。

代的作用。① 促进高校思想政治理论课实践教学长效机制的构建是一项复杂的系统性工程,需要多方面机制协调发挥作用,要建立健全教学管理机制、后勤保障机制、评价反馈机制,同向发力,使思政课实践教学成为提高思想政治理论课实效性的助推器。

1. 建立健全教学管理机制

思想政治理论课实践教学是高校"大思政"教学活动的重要组成部分,为了更好地实现实践育人的长效机制,有效开展实践教学工作,必须建立健全教学管理机制,形成一个科学合理、组织严密、权责清晰的管理体系。第一,"把高校思想政治理论课实践教学纳入学校整体教学管理和政工管理的双重轨道之中"②,从管理机制上做好各部门的协调配合工作,实现实践育人的功能。学校和各个二级学院要牢固树立"责任田意识",转变先前"说起来重要,做起来次要,忙起来不要"的认知缺位现象,要成立思想政治理论课实践教学领导小组,可将本校和各院系负责学生思想政治教育工作的主管领导作为第一负责人,负责思政课实践教学的长期规划和宏观指导工作,由思政课教学部门、教务处、研究生院、学院的学工部门、团委协助第一负责人,指导思政课实践教学活动的开展,由各年级辅导员、学院的党团组织、学生会、马克思主义学院教师等具体组织实施,使之互相统一、互相补充,构建起各部门协调合作的管理机制。第二,我国各高校现行的思想政治理论实践教学大纲和教学计划,是按照教育部规定制定的,这无可厚非,但是,各高校未能很好地坚持与时俱进的原则,将实践教学活动融入"大思政"的教学大纲和教学计划之中。基于此,反映时代的新要求、学情的新变化、校情的新发展,从顶层设计层面跟上实践教学模式变革的新步伐,使得思政课实践教学大纲和教学计划在科学性、时代性、实践性的指导下得到合理的制定和完善,做好日常思政课实践教学的统筹规划工作,是建立健全教学管理机制的重要环节。

2. 建立健全后勤保障机制

促进思政课实践教学长效发展的一个基础是建立健全后勤保障机制,加强人员队伍建设,完善经费投入管理机制,着重建设多维度协同作用的实践

---

① 柳礼泉主编《大学思想政治理论课实践教学研究》,湖南大学出版社,2006,第48-55页。
② 李会先、李松林:《高校思想政治理论课实践教学的困境及对策》,《思想教育研究》2011年第10期。

基地,同时,要利用新兴技术加大对网络的开发力度,实现思政课实践教学和网络的有效连接,促进实践教学活动突破时空限制,实现长效发展。

一是加强思想政治理论课教师队伍建设,全面提升实践教学的指导能力,打造协同创新和教研相长的教学团队,实现师资攻坚。习近平总书记在学校思想政治理论课教师座谈会上指出:"办好思想政治理论课关键在教师,关键在发挥教师的积极性、主动性、创造性。"由此可见,教师自身的理论素养和实践教学涵养影响了实践教学的长效发展,其整体素质是影响思想政治理论课实践教学实效性的重要因素。首先,应根据思政课实践教学的基本要求和规范,加强对教师的培训,不断促进教师的理论素质和实践教学指导能力的提升。可继续实施思想政治理论课教师后备人才专项计划、高校思想政治理论课教师专项计划,鼓励教师攻读马克思主义理论学科博士,建设思政课教师社会实践研修基地,开设择优资助和骨干教师研修项目等,多方位多角度多层次加强教师队伍的建设,提升教师队伍的理论素养和指导实践教学的能力。其次,为教师的实践教学提供必要的支持和帮助,完善奖励机制,提高教师对实践教学活动的积极性。学校要制定相关的实践教学管理规定,做到有章可循、有规可依,在人才引进、教师培训、评优评先、职称评定等方面为思想政治理论课教师的发展创造良好的制度氛围,进一步激发教师队伍投身实践教学的积极性主动性。最后,要实施集体备课和专项备课相结合的措施,组织思政课教师进行教学研究、研讨和交流,促进教师间的"传帮带",打造协同创新和教研相长的教学团队,提升教师队伍的实践教学能力。

二是完善经费投入和管理机制,这是建立思政课实践教学的必要条件。俗语有云"巧妇难为无米之炊",为了促进思想政治理论课实践教学的长效发展,就必须完善实践教学的投入机制,尤其是要做好经费保障等后勤保障工作。思想政治理论课实践教学活动的开展实施、实践基地的开辟和构建、实践教学资源的开发和丰富、相关硬件设施的配套建设、实践教学课题研究、教师和学生参与实践教学活动都要求有充足的经费作为后勤保障。学校应成立专门的实践教学经费支持、管理和监督部门,健全实践教学的经费投入和管理机制,充分利用社会资源的力量,做到专款专用,使实践教学的经费用到实处、落实到位,为思想政治理论课实践教学的顺利展开和提高教学实效,建立长效机制提供必需的物质保障。

三是注重多维度的实践基地建设。《普通高校思想政治理论课建设体系创新计划》指出:"积极争取社会各方面支持,整合实践教学资源,拓展实践教学形式,建设一批相对稳定的实践教学基地。"实践基地是开展思政课实践教学活动的基础和有力支撑,可以确保思政课实践教学的长期稳定发展,是提高思政课实践教学实效性的前提条件。第一,搭建稳定适宜、与时俱进的校外实践基地,争取社会方面对高校思政课实践教学的支持和帮助,为思政课实践教学活动的长期开展奠定坚实的群众基础,营造良好的社会环境。高校可以根据思政课实践教学的目标要求,结合所处地域人文社会、历史发展、新农村建设具体实际等,充分开发周边的爱国主义教育基地,牵头与一批跟学校办学特色相近的实践基地开展深度合作,共建实践教学基地,以便双方在教学、科研、实践等多方面开展交流合作。比如,河南师范大学马克思主义学院与林州红旗渠红色教育基地结成对子,定期组织教师和学生代表前去实践参观学习,充分挖掘红旗渠精神对师生的教育作用。第二,打造特色鲜明、因地制宜的校内实践场所。校内实践基地作为思政课实践教学的大本营,高校要根据学校的鲜明特色,充分利用校史馆、图书馆、陈列馆等教学资源,积极利用学生社团等特色资源,还要建设校内实践场所,打造校风教育基地,因地制宜地建设独具特色的校园实践场地。第三,促建线上线下、联通互动的虚拟实践基地。互联网技术的发展使得社会迅速进入信息化时代,出现了"无人不网、无日不网、无时不网、无处不网"的现象,为了顺应时代发展的潮流,推进实践基地的建设,应积极利用互联网技术的发展为其服务,建立以网络平台为基础的促进师生间线上线下、联通互动的虚拟实践基地,以虚拟仿真的方式为大学生打造一个接受隐性教育、感知社会实践、反映受众心理的网络化虚拟世界,形成"虚实联通,立体推进"的良性发展局面。

  四是重视思政课实践教学软件的建设。随着新媒体技术的快速发展,网络信息逐渐深入人们的日常生活,影响着人们的生活习惯、生活方式、思想观念等。由此观之,将新兴技术应用于实践教学活动是时代发展的新要求、新趋势。观念影响行动,思想决定思路。转变传统的教学观念,充分认识到网络技术发展为思政课实践教学活动提供的新机遇、新载体、新平台,在促进实践教学长效机制的形成过程中发挥着重要的作用,可以从以下几方面着手加强实践教学的软件建设。第一,设置专题教育网站,并配备专门教职人员进行管理。专题教育网站可以划分为长期固定实践专题和时政热点栏目,分别将红色教育资源传播学习和时政热点、重大活动作为研讨的重点课题,同时,该网站也可成为师生交流互动的平台,克服时空的限制,拉近彼此之间的距离。第二,通过开发手机 App,搭建网络实践平台,为实践教学提供新的网络阵地,手机已成为学生的日常必需品,思政课实践教学可以突破时间和空间的限制,将其开发为新载体,比如中宣部开发的学习强国 App 是将手机和实践教学相结合的有效典型,在其中学生可以观看最新时政新闻,学习理论知识,观看高校慕课等,将观、学、思有机结合,成为思政课实践教学的新借鉴。

3. 建立健全评价反馈机制

灵活高效的思政课实践教学评价反馈机制是检验教学效果的重要手段,是提高思想政治理论课实效性的关键环节,对高校思政课实践教学长效机制的建设起着重要的导向作用。因此,为了促进思政课实践教学的长效发展,必须建立健全评价反馈机制。

第一,建立多主体共同参与的评价反馈主体,这是完善该机制的重要条件。实践教学活动是一个多元化情景,关系到多个利益相关者,思政课实践教学的考核评价工作关系到高校的多方主体,做好评价反馈工作首先是确定主体。从教育学双主体的角度来说,教师在思想政治理论课实践教学过程中占据主导地位,控制着实践教学的过程,是主体,相对于教师教的主体而言,学生是教育内容的接受者,是客体;而从接受教育内容的角度来说,学生掌握着接受教育的主动性,成为主体。由此观之,要确定师生互评的双主体评价机制。在师生双主体评价机制中,对教师的教学过程和学生的学习结果进行反馈,可以有效反映出思政课教师在实践教学过程中存在的问题、遇到的瓶颈,同时,及时反馈学生在学习过程中出现的思想波动、观念转变情况,有助于匡正传统教学评价的"重结论、重结果、轻过程、轻学生"的风气。从管理系统和教学主体角度来说,高校日趋重视和加强思政课实践教学的重要性,大多数高校将思政课实践教学纳入学校的总体教学规划,制订相应的实践教学计划和大纲。因此,思政课实践教学不再仅仅是马克思主义学院的"家务事",更是全校一起尽心尽力办好的"公家事",学校应组建专门的实践教学小组作为管理部门,对思政课实践教学活动进行评价,并进行相关信息的反馈。

第二,建立完善的评价反馈体系,对思政课实践教学的目标、原则、内容、方式做出细致的规定。确立实践教学目标是完善该体系的前提,包括知识与能力目标、过程与方法目标、情感态度价值观目标。知识与能力目标考查学生在实践教学活动中对教学大纲所要求的知识和思想政治理论课的原理、观点、标准、方法的掌握情况,以及运用所学知识发现、分析、解决问题的能力及实践能力的发展情况。过程与方法目标分析学生在实践教学的过程中参与教学活动的积极性、主动性,以及运用所学知识发现、分析、解决问题的能力的方法情况。情感态度价值观目标是思政课实践教学的终极目标,检验学生在实践教学中掌握马克思主义理论,形成正确的世界观、人生观、价值观的情况。实践教学的评价和内容以客观性、科学性、发展性、民主性、开放性为原则,对教师的实践教学过程和学生的实践教学结果进行评析和反馈。评价标准坚持定性与定量相结合的原则,结合学生在实践教学中的表现和成效进行综合评定。

第三,形成立体、多维的反馈机制。在思政课实践教学活动实施前期、中期、后期都要对其进行适时的监督,及时从实践教学管理部门和思政课教师、学生处了解出现的问题和新情况,以便准确有效地对教师进行恰当的指引,纠正和转变实践教学中出现的错误观念。

(二) 优化高校思政课实践教学的资源支撑

高校思政课实践教学资源是组织开展实践教学的基础性支撑,"是指在思政课的教学过程中,能帮助学生通过能动地认识和改造客观世界的现实性教学活动、影响和改造学生的主观世界和优化学生主体能力的各种有形和无形的因素来源"①。开发、整合、优化思政课实践教学资源成为提高实践教学实效,建立长效机制的重要条件。要建设特色鲜明的实践教学资源链、一体联动的实践教学资源网、系统丰富的实践教学资料库,为实现思政课实践教学长期发展提供丰富的资源。

1. 建设特色鲜明的实践教学资源链

丰富的教学资源是提高实践教学成效、巩固课堂教学成果的重要载体,也是检验学生运用理论观察问题、分析问题和解决问题的能力的重要基础,理应得到充分开发和整合,以形成具有鲜明特色的实践教学资源链。第一,统一思想,重视思政课实践教学特色资源的开发和挖掘。"思想政治理论课

---

① 叶苊、汪洪、赖小莹、戴佳:《整合实践教学资源提高思想政治理论课教学效果》,《武汉工程大学学报》2008年第6期。

实践教学是一项需要学校主管领导、思想政治理论课教学部门、相关职能部门、思想政治理论课教师及受教育者共同参与的综合性活动"①,高校各主管部门要树立正确的资源观,深挖本校、本地区的实践教学资源,并对特色资源进行开发、利用、优化,将其建设成为环环相扣的资源链条。第二,强化思想政治理论课教师的责任意识。思政课教师是实践教学资源的主要开发者和利用者,在建设特色鲜明的实践教学资源链的过程中,要充分发挥教师的积极性、主动性和能动性,加强对实践教学资源的管理,向学生讲清楚、说明白思政课实践教学资源的重要性,主动利用自身扎实的理论知识对思想政治理论课的教学内容进行整合、深化,将理论教学和实践教学结合起来,形成具有教师个人特色的教育资源链条。比如,毛泽东思想和中国特色社会主义理论体系概论课程中的一个主题——中国特色社会主义,这是一个极具有现实性的话题,在学习该主题的时候应该坚持理论与实践相结合的原则,从提出、形成、完善、发展不同的时间阶段出发,将理论知识与实际事件相契合,使学生产生身临其境的感觉,将知识系统化为一个完整的体系,使教学环节与实践环节之间、不同的时间阶段之间形成一个前后联动的统一体。

2. 建设一体联动的实践教学资源网

高校思政课实践教学资源丰富、分类多元、形式多样,因此要有效整合利用各类实践教学资源,对已有的实践教学资源进行优化组合,建设一体联动的实践教学资源网,改变"条框分隔,各自为政"的状况,最大限度地利用思政课实践教学资源,为思想政治理论课实践教学的长效发展提供资源支撑。第一,实现校内外实践教学资源的协同互动,在这一过程中实现课堂、校园、社会资源的有效联结。"校内资源是指在学校内能为思政课实践教学所利用,对大学生的思想行为产生影响的要素,是进行实践教学最直接和有效的资源"②,主要包括课堂资源、校园活动资源。课堂资源是指思政课教师根据不同课程的教学计划和要求组织课堂实践教学活动,比如开展原著选读、主题演讲、辩论赛、征文比赛、角色扮演、情景模拟等活动。校园活动资源是课堂实践教学之外,在校园内开展的形式丰富多彩的校园文化活动,比如社团

---

① 汪馨兰:《高校思想政治理论课实践教学研究》,博士学位论文,电子科技大学马克思主义教育学院,2013,第67页。

② 何林:《高校思想政治理论课实践教学资源的分类、利用与开发》,《渭南师范学院学报》2014年第20期。

活动、纪念活动、学术活动等,学生在实践中自我组织、自我实施、自我教育,能够使其能力得到锻炼和提升。除此之外,各个高校可以充分利用所处的地域环境、文化资源,从本地区实际出发挖掘历史文化资源、革命教育资源、建设成就资源等精神文化与地区实际相结合的产物,使之成为思政课实践教学顺利开展的重要校外教育资源。第一,思政课教师在组织指导实践教学的过程中,要有意识有目的有计划地将校内外实践教学资源进行整合、利用、共享,指导学生走出校门去参加社会实践,从中巩固课堂效果,而不是仅仅囿于课堂资源。比如可以将"原理"课的实践教学与学生的"经典选读、讨论"活动相结合。为了进一步提高实践教学的实效性,学校可以依托当地丰富的教育基地资源,实现基地资源和校内资源的有机结合。大学生在参加实践教学活动时,要开阔视野,既要重视校园教学和实践活动的参与,又要积极投身校外实践活动,将校内外教学资源充分利用起来,实现二者的有机结合,可以将"概论"课的实践教学与"三下乡"暑期社会实践活动、辩论赛等结合起来;将"德法"课的实践教学与公益志愿活动、法律宣传活动、心理健康教育活动等结合起来。第二,推动线上线下教学资源的联通互动。习近平总书记在2016年全国高校思想政治工作会议上指出:"要运用新媒体新技术使工作活起来,推动思想政治工作传统优势同信息技术高度融合,增强时代感和吸引力。"建设一体联动的实践教学资源网,推进线上线下教学资源的联通互动是关键。建设线上线下一体联动的实践教学资源网要依据实践教学纲要和计划,紧扣教材主题和社会热点话题,变教材为教学,利用新媒体、微媒体载体开发思政课实践教学资源,变抽象为具体,着重提高实践教学的趣味性、针对性和形象化,改变学生对实践教学的传统认知,使实践教学可以有效突破时间、空间的限制,促进师生的有效互动,使师生成为实践教学活动的受益者。比如,利用"概论"与新媒体技术相结合,开发新型实践教学模式,利用网上微课、慕课、影视资源,聚焦学生关注的学术与时政热点专题,在网络教学平台上开展话题讨论、有奖问答等形式,提高学生参与的积极性和热情。在此基础上,形成"课程—校园—社会—虚拟"资源相互联结的网络,为思政课实践教学资源网的建设提供丰富的资源,拓展实践教学的覆盖范围。

3. 建设系统丰富的实践教学资料库

在开发、整合与优化实践教学资源的过程中,要紧跟时代发展的新趋势,坚持联动思维,将丰富的实践教学资源纳入"大数据"体系中,建设实践教学资料库。资料库将利用模块化结构,根据不同的呈现形式和不同的教学目标形成不同的资料库。随着互联网技术的发展和移动终端的普及化使用,新媒体的应用已然具有常态化特征。思政课实践教学的信息化水平已经得到进一步提升,因此,建设系统丰富的实践教学资料库是当务之急,促进资源与信息技术的结合是思政课实践教学发展的必然趋势。一方面,应依托现有的思政课实践教学网络资源和数据库,建设一体化开放平台,将现存的实践教学数据资源进行有效划分、归类、整合,形成共建共享、联通互动的新型资料库,以提升思政课实践教学的广度、深度和效度,满足师生对思政课实践教学资源的不同需求。另一方面,应加强对思政课实践教学资料库建设的研究,提高实践教学资料库的专业性、精细化和丰富性,使得资料的查找方式变得简单、方便、高效、实用,更具有普适性。在思政课实践教学资料库建设方面取得有益探索的是中国人民大学成立的思想政治理论课高精尖创新中心,其建设的网络平台集成了文献资料库、教学内容库、优秀案例库、重点难点解析库、优秀课件库、研究成果库、示范教学库、实践案例库、教学素材库、微课资料库等多个资源库,①成为思政课实践教学活动的丰富的资料来源,为师生查找资料提供了便利。

(三) 深化高校思政课实践教学的理论支撑

习近平总书记在学校思想政治理论课教师座谈会上指出,要坚持政治性和学理性相统一,以透彻的学理分析回应学生,以彻底的思想理论说服学生,用真理的强大力量引导学生。要贯彻落实总书记这一要求,就必须搞清楚思政课实践教学的理论支撑并坚定理论自信,这是真正做到政治性和学理性相统一的基本前提。为了切实推动思想政治理论课改革创新,促进思政课实践教学的长效机制建设,要做到"三加强":加强实践教学的学理阐释,加强实践教学的课程开发,加强实践教学的方法研究,以此深化理论支撑的研究,增强实践教学的思想性、理论性、针对性和说服力。

1. 加强实践教学的学理阐释

思政课实践教学活动是理论和现实双重呼唤的教学模式,是坚持办好思

---

① 马福运、张聪聪:《浅析大数据在马克思主义大众化中的应用》,《毛泽东邓小平理论研究》2018 年第 9 期。

想政治理论课的重要环节,是坚持"理论性和实践性相统一"的重要举措,是用理论"说服群众、掌握群众"的重要途径,加强对实践教学的学理阐释有利于提高思政课理论教学"以理服人"的效度。第一,高校思想政治理论课实践教学的学理基础是马克思主义,因此要深化对马克思主义经典著作的学习和研究。马克思主义经典著作是实践教学学理的"源头活水"。2011年,习近平在中央党校春季学期第二批入学学员开学典礼上强调:"只有认真学习马克思主义经典著作,系统掌握马克思主义基本原则,才能完整准确地理解中国特色社会主义理论体系,才能创造性地运用马克思主义立场观点方法去分析和解决我们面临的实际问题,不断把中国特色社会主义事业推向前进。"首先,思政课教师和广大学生要积极提升自身的理论素养,要"读马克思主义经典、悟马克思主义原理",并使之成为"一种生活习惯、当作一种精神追求,用经典涵养正气、淬炼思想、升华境界、指导实践"①。其次,思政课教师要加强对马克思主义理论和思想政治理论课实践教学规律的学理性研究,为在实践中解释世界和改变世界提供进一步的方法研究。恩格斯指出:"马克思的整个世界观不是教义,而是方法。它提供的不是现成的教条,而是进一步研究的出发点和供这种研究使用的方法。"②这指明要总结实践教学发展以来形成的一系列规律性认识和成功经验,"用科学理论培养人,重视思政课的实践性,把思政小课堂同社会大课堂结合起来,教育引导学生立鸿鹄志,做奋斗者",为办好思想政治理论课打牢基础。第二,要加强对中国特色社会主义文化的研究。中国特色社会主义"四个自信"在不断增强,其中"文化自信是更基本、更深沉、更持久的力量"。正如习近平总书记指出的那样,"中华民族几千年来形成了博大精深的优秀传统文化,我们党带领人民在革命、建设、改革过程中锻造的革命文化和社会主义先进文化,为思政课建设提供了深厚力量"。因此要引导思政课教师加强对中国特色社会主义文化逻辑的研究;加强对中华民族五千多年文明历史所孕育的中华优秀传统文化的研究;加强对党领导人民在革命、建设、改革中创造的革命文化和社会主义先进文化的研究;将学理研究和中国特色社会主义伟大实践相结合、相统一,以此加深实践

---

① 习近平:《在纪念马克思诞辰200周年大会上的讲话》,《人民日报》2018年5月5日第2版。
② 马克思、恩格斯:《马克思恩格斯选集》第4卷,中共中央马克思恩格斯列宁斯大林著作编译局编译,人民出版社,2012,第664页。

教学的学理阐释深度,从而提高教师的站位和教学能力,继而提升学生的学理知识水平和实践教学的实际效能。

2. 加强实践教学的课程开发

加强实践教学的课程开发,有利于改变思政课"学而无用"的传统认知观念,实现理论教学与实践教学的良性互动、优势互补、协同作用。开发实践教学课程是提高我国高校思想政治理论课理论性、实效性和针对性的重要基础,是深入挖掘实践教学理论支撑的必要手段,是促进实践教学有效开展的重要条件。2018年教育部印发的《新时代高校思想政治理论课教学工作基本要求》指出,要合理安排教务,使思想政治理论课各门课程做到有序衔接,要设置学分鼓励高校开展思想政治理论课实践教学,将实践教学作为课堂教学的延伸拓展。为了帮助学生巩固课堂学习效果,深化对教学重点难点问题的理解和掌握,加强对实践教学的课程开发成为重要研究课题。第一,要将思政课的具体课程要求和实践教学目标相结合,采用专题化研究的形式对课程进行开发。我国思想政治理论课主干课程包括:马克思主义基本原理概论、毛泽东思想和中国特色社会主义理论体系概论、中国近现代史纲要、思想道德修养与法律基础、形势与政策。每门课程各有其主要任务和教学要求,在开展实践教学的过程中,各门主干课程要与实践专题相结合,探索适合本课程的实践教学模式,促进理论教学成果的有效转化。比如,马克思主义基本原理概论(简称"原理")课程的"主要任务是让学生学习马克思主义基本原理,从整体上准确理解和把握马克思主义的科学内涵、理论内容、精神实质,并在此基础上,理论联系实践,运用马克思主义的立场、观点和方法分析和解决实际问题"[①],具有很强的理论性、体系性、抽象性。作为宣传马克思主义的主干课程,"原理"的根本价值指向是实践性,如果离开实践教学,学生在课堂上将会呈现"不爱听、不愿听、听不懂"的尴尬局面。所以,将理论与实践结合起来,采用"化整为零"的方法,将"原理"课的各个专题进行划分,开展"读经典、讲经典"课堂实践教学活动,通过读经典、搜资料、化想法、讲经典等不同环节,学生能够充分发挥主体性,从而强化对理论的认知和认同。第二,加强对实践教学素材课程研究。为了增强思想政治理论课的时效

---

① 方浩:《马克思主义基本原理概论课堂实践教学探索——基于经典文献阅读》,《重庆科技学院学报(社会科学版)》2018年第5期。

性、针对性和亲和力,加强对实践教学隐性课程的研究是必不可少的环节。作为思政课课堂教学的有益补充,实践教学中大量的现实性教材可以作为理论性较强的课程文本的补充,可以将时政热点、社会生活中的素材转化为实践教学的必要"现实文本"。这些实践教学素材课程资源属于隐性课程,比如校园精神文化、红色革命精神、先进人物精神等,是完成实践教学不可缺少的课程资源。如果是纯粹化的理论说教,其教学效果可想而知。而相对于思想政治理论课主干课程的理论教学而言,素材化课程资源则十分生动、活泼、有趣,是有效提高理论教学和实践教学的必要措施。

3. 加强实践教学的方法研究

思政课实践教学是提高思想政治理论课实效性的重要载体,在促进思政课教学中突出实践教学的重要性和地位是实现实践育人长效机制建设的必要前提;采取适当有效的教学方法,加强对实践教学方法的研究是提升思政课实践教学质量的重要途径。实践教学方法是关系到思政课实践教学"怎么做"的重要问题,是实践教学环节取得重大进展的突破口。为此,可以从以下几方面入手:第一,坚持理论与实践相结合的原则,回应思政课实践教学中的实际问题。"因事而化、因时而进、因势而新"是促进高校思政课实践教学发展的重要理念。实践教学方法的研究也要遵循"三因"理念,要根据大学生关注的现实问题和时政热点,适时改进教育教学方法,坚持以学生为本的原则,充分发挥学生的积极性、主动性和能动性,注重新型媒体、载体的使用,使思政课实践教学方法突显出时代性特征。第二,及时总结本校教学实践成功的方式方法,并勇于创新和借鉴其他高校的成功经验。每个高校都具有自身的优势和特色,需要根据自身的条件进行有效的尝试和必要借鉴。比如,河南师范大学马克思主义学院依托新乡丰富的红色资源和区域特色开展新乡先进群体精神学习活动,利用实际生活中存在的先进典型和实践教学活动相结合的方法进行实践教学,成为本院的一大实践教学特色;同时,本院借助学校的大力支持建成500余平方米的思想政治理论课实践教学平台,采用教学展演舞台和教学作品展示的方法,采用"历史场景再现""舞台模拟""模拟教学""虚拟实践"等由学生直接参与的教学方式,引导大学生关注时代、关注社会,汲取养分、丰富思想,"得到全校师生的高度认同和社会各界的广泛关注,教育部相关部门负责人、河南省委领导、马工程专家以及30多所院校同行到平台参观访问"①。第三,充分发挥任课教师的创造性,开展适合个性化发展的实践教学方法。就"教学方法来说,由于任课教师的不同和授课对象的不同,往往会采取不同的教学方法"②,每个教师都有属于自己的教学方法和教学艺术,在实践教学活动中如何做才能达到最佳教学效果,需要充分发挥教师的积极性、主动性和创造性。比如,课内实践和课外实践相结合的教学方法,课内鼓励、引导学生积极开展分组讨论、辩论;课外支持学生参与教师的研究课题,让学生通过参与收集、阅读、分析与总结材料的形式,实现知行合一,提高学生参与思政课实践教学的积极性和主动性。

三、深度体验:高校思政课实践教学的基本功能③

高校思政课实践教学是高校思政课教学的重要组成部分,同时也是高校思政课课堂理论教学的重要补充。思政课实践教学的基本功能是深度体验,正是因为具备这种功能,思政课实践教学才能提升整个思政课的教学成效。在现实思政课实践教学活动中,仍有一些现实难题制约着思政课实践教学深度体验功能的发挥,这些难题亟待破解。

(一) 思政课实践教学的基本功能——深度体验

思政课实践教学之所以能够拓展思政课课堂理论教学的教育空间,就在于思政课实践教学具备深度体验的基本功能。思政课实践教学深度体验功能是相对于思政课课堂理论教学的理论感知而言的。所谓深度体验,是一种体验的综合体,其包含三个因子,即精准体验、多维体验和持续体验,这三个因子不是孤立的,而是环环相扣的。也就是说,思政课实践教学只有实现了精准体验、多维体验和持续体验,思政课实践教学的深度体验功能才能真正得以彰显。

---

① 马福运、潘颂:《高校思想政治理论课的困境与出路》,《思想教育研究》2016 年第 4 期。
② 丁俊萍:《高校思想政治理论课教学方法改革的若干问题——以武汉大学思想政治理论课教学方法改革为例》,《思想政治课研究》2016 年第 6 期。
③ 陶利江:《论高校思政课实践教学深度体验的层次结构、制约因素及破解路径》,《河南社会科学》2020 年第 11 期。

1. 精准体验

思政课实践教学精准体验指的是大学生在思政课实践教学活动中对某一历史精神、价值观念和现实成就的真切感知和体会。要想获得思政课实践教学精准体验,离不开思政课实践教学主题的精心设计和思政课实践教学活动的有效开展。首先,要精心设计思政课实践教学主题。一是应具备科学性和时代性。思政课实践教学主题设计要以思政课课堂理论教学内容、实践教学资源、思政课热门话题以及马克思主义理论逻辑体系为依据,体现出较强的科学性和时代性。二是应具备全面性和逻辑性。对于中国特色社会主义的五位一体布局,即政治、经济、社会、文化和生态五个领域,思政课实践教学主题设计都应覆盖到。同时,各个实践教学主题之间也应有严密的逻辑,从而构成一个完整的体系。三是具备针对性和新奇性。思政课实践教学的主题是多元多样的,如革命精神主题、时代奋斗主题、社会责任主题、弘扬和传承社会主义核心价值观主题等。当代大学生正处于价值观形成的关键时期,好奇心强,渴望探索未知事物。思政课实践教学主题设计要契合当代大学生身心特点和认知规律,接续创新招,如通过"社会主义核心价值观小品展示活动"等,不断激发大学生参与实践教学的热情。

其次,有序开展思政课实践教学。思政课实践教学的有序开展需要遵循实践教学主题确定、实践教学动员、实践教学实施以及实践教学评价和总结等步骤。在实践教学主题确定环节,教师根据思政课课堂理论教学进度以及大学生兴趣点,从多个实践教学主题中遴选和确定实践教学主题;在实践教学动员环节,借助动员大会,教师为学生讲清楚实践教学意义和目的、开展形式、具体计划和分工、调查方法、任务目标等;在实践教学实施方面,在教师指引下,学生积极开展实践并完成实践教学任务;在实践教学评价和总结环节,教师对学生在实践教学过程中的表现以及完成实践教学任务的情况进行评价和总结,对表现突出的学生给予表彰和奖励。另外,高校、具体开课单位(马克思主义学院等)以及相关职能部门(学生处、教务处、团委等)也要做好思政课实践教学的总结工作,如通过召开校级层面的经验总结大会,及时提炼和总结思政课实践教学的鲜活经验以及存在的不足,为今后开展实践教学提供参考和借鉴。

2. 多维体验

思政课实践教学多维体验指的是大学生在思政课实践教学过程中获得

的多向度体验,既包括知识体验、技能体验、过程体验、方法体验,也包括情感、态度和价值观体验。需要说明的是,这里讲的多维体验是对整个思政课实践教学而言的,而不是指具体的某个思政课实践教学活动。实际上,大学生从某个特定的思政课教学活动中往往能获得多项体验,只是每次思政课实践教学所要实现的体验目标侧重点不同。知识体验侧重开阔眼界和丰富知识体系,如参观大型科技展和成就展等;技能体验侧重动手和操作能力,如尝试使用新的生产技术、先进仪器等;过程体验侧重感悟和追忆历史过程,如观看历史纪录片和重走长征路等;方法体验侧重做事的流程、思路、技巧和效率等,如参与科技发明和各项竞赛等;情感、态度和价值观体验侧重心理感受和精神洗礼等,如参观革命圣地、参加义务帮扶活动、与时代楷模座谈等。

3. 持续体验

持续体验指的是在思政课实践教学持续展开过程中,大学生从中获得的不间断体验。思政课实践教学持续体验的获得需要思政课实践教学形成长效机制。思政课实践教学长效机制的形成主要依赖四个方面的因素。一是高校顶层设计和统筹规划。高校要加强统筹规划,在人员使用、师资队伍建设、经费保障等方面都应给予强有力的支持。二是充足而优质的师资队伍。从数量上看,由于参与思政课实践教学学生人数多以及思政课实践教学自身环节多,思政课实践教学需要有充足的师资;从质量上看,思政课实践教学活动是一项复杂的系统工程,对教师能力有着较高的要求,需要教师拥有较好的知识储备以及较强的实践教学能力。三是实践教学平台构建。思政课实践教学的持续开展需要建设好课堂、校园、社会以及网络这四个实践教学平台,使其相互促进、相互影响。由于各个地区的经济条件、历史和文化背景不同,各地可以依据自身优势,积极建立和拓展实践教学平台。四是学生和教师的兴趣和积极性。师生的兴趣和积极性是思政课实践教学持续开展的动力和关键性因素,能否调动师生的积极性则取决于其主体地位是否得到尊重以及考评方式是否科学。

(二) 制约高校思政课实践教学深度体验功能发挥的主要因素

只有充分发挥思政课实践教学的深度体验功能,才能体现出思政课实践教学的教学成效。然而,现实中仍有一些难题制约着思政课实践教学深度体验功能的发挥,这些瓶颈性因素可以归结为以下五个方面。

1. 高校管理者方面

思政课承担着铸魂育人的历史重任。如前所述,思政课实践教学是思政课教学的重要组成部分并且发挥着重大的作用。然而,在一些高校管理者看来,只需要抓好思政课课堂理论教学,就能完成大学生思想政治教育的任务。在他们看来,思政课实践教学耗时长且意义不大,管理者们未能从思想上认识到思政课实践教学是思政课课堂理论教学的重要补充,是提升思政课教学成效的重要手段。也正是受高校管理者这种消极心理的影响,一些高校的思政课实践教学发展相对滞后甚至趋于边缘化,即便开展思政课实践教学,往往也是流于形式,教师和学生的参与热情度也不高,更不用说建立思政课实践教学的长效机制。

2. 教师层面

教师在思政课教学活动中扮演着"导演"的角色,这一角色至关重要。目前,思政课实践教学教师队伍中存在较多问题。一是部分教师政治素质偏低。作为思政课教师,必须具有坚强的党性和较高的政治觉悟。可是,一些思政课教师政治素质不高,教马列而不信马列,言行不一,社会责任感缺失。二是知识匮乏。有效开展思政课实践教学要求教师具有丰富的知识结构,只有如此,才能回答和解决学生在实践过程中提出的各种问题。而现实情况是,一些教师知识结构单一、知识面狭隘,缺乏思政课实践教学所需要的基本知识,如问卷设计、数据分析和统计、情景剧制作方法等。三是社会经验不足。思政课实践教学涉及组织、策划、协调和实施等环节,需要教师具备丰富的社会经验。目前来看,从事思政课实践教学的教师多为青年教师,多为刚走出校门就直接踏上工作岗位的年轻人,社会阅历有限,社会经验不足。

3. 实践教学平台层面

实践教学平台是开展思政课实践教学的载体和依托。当下,思政课实践教学平台建设存在一些突出问题。一是平台体系不健全且规模有限。一些高校仅仅注重思政课社会实践平台和校园实践平台建设,而不注重思政课课堂实践平台以及网络实践平台的构建,导致平台体系不健全。此外,由于参加思政课实践教学的学生较多,实践教学平台需要具备一定规模,但是一些高校所选择的实践教学平台规模有限,难以满足思政课实践教学的空间要求。二是实践教学平台选择缺乏代表性和典型性。思政课实践教学的主题性要求实践教学平台具有较强的代表性和典型性,可是,一些思政课实践教学平台的选择却充满了随意性,与思政课实践教学宗旨严重不符,这严重制约了思政课实践教学的成效。

4. 实践教学方法层面

科学高效的实践教学方法是开展好思政课实践教学的关键。就现实情形来看,思政课实践教学方法仍然存在一些不足。一是缺乏科学性。这里的科学性主要是针对实践主题而言的。只有具有明确而有效的实践教学主题,在此基础上展开思政课实践教学活动才能让学生获得精准体验。当下,一些思政课实践教学没有依据思政课理论教学内容、大学生身心特点等设计科学合理的主题,而是充满了随机性。二是缺乏规范性。"开展实践教学,必须纳入教学计划,制定教学大纲,规定学时学分,拟订详细的实施计划。"①当前多数高校思政课教学缺乏统一的教学内容、教学方式、教学要求和教学目标等,往往是思政课教师依据课程内容自行展开,呈现出不同程度的自发性和随意性,难以形成统一的思政课实践教学体系。此外,在实践教学活动中,教师对学生缺乏指导,未能充分调动学生的积极性,存在严重的"放羊"现象,整个实践教学活动的开展较为混乱。三是缺乏多样性。多样化的思政课实践教学形式能够激发学生的学习兴趣,拓展教育空间。目前,思政课实践教学形式较之前虽然有所创新,但从整体上看,形式仍较为单调,缺乏多样性。

5. 实践教学考评层面

进行考评是提升思政课实践教学效果的重要手段。目前,实践教学考评层面存在的问题突出表现为三个方面。一是未能做到过程性考核和结果性考核的统一。在进行实践教学考评时,教师仅仅注重结果性考核,如对学生最终提交的社会实践报告给予点评等,而没有进行过程性考核,即忽视了学生在实践教学活动的具体表现和态度等,这样不能充分调动学生参与实践教学的积极性和主动性。二是实践教学交流和总结机制缺位。思政课实践教学尚未开展定期教学交流和总结活动,导致一些现实难题及新鲜经验得不到及时反映和总结。三是缺乏激励机制。不论是对教师还是学生而言,思政课实践教学都是一项不轻松的工作,需要投入大量的时间和精力才能完成。然而,现行实践教学考评缺乏激励机制。一方面,实践教学成绩未能与教师的职称评定、晋级、评优等挂钩,这样容易使教师对难度大、利益少甚至无利益

---

① 张雪飞:《高校思想政治理论课教学实效性研究》,沈阳出版社,2011,第38页。

的实践教学失去兴趣,也就是说,教师组织和参与实践教学的积极性未能从根本上被调动起来。另一方面,思政课实践教学表现及成绩也未能与学生的评奖评优挂钩,导致学生参与思政课实践教学的热情普遍不高。

(三) 高校思政课实践教学实现深度体验功能的路径依赖

为了充分发挥出高校思政课实践教学的深度体验功能,从而真正提升思政课实践教学成效以及整个思政课的教学成效,可以从以下五个方面努力。

1. 加强思政课实践教学的顶层设计

"思想政治理论课是落实立德树人根本任务的关键课程。"[1]首先,高校管理者要彻底转变传统落后观念,从思想上高度认识思政课以及思政课实践教学的重要作用。可以说,高校管理层对思政课实践教学的高度重视是思政课实践教学能够有效开展的逻辑前提。其次,在人、财、物等方面给予思政课实践教学大力支持。思政课实践教学是一项系统工程,需要统筹校内外资源,给予大力支持。高校管理者要对思政课实践教学进行统筹规划,协调具体开课单位和各个职能部门并且出台相关文件,在经费、师资、场地等方面都要给予思政课实践教学大力保障和支持。最后,成立校级思政课监督和考核小组,加强对思政课实践教学的全过程监督以及考评工作,确保真正提升思政课教学成效。

2. 全面提升思政课实践教学教师队伍素质

"办好思想政治理论课关键在教师,关键在发挥教师的积极性、主动性和创造性。"[2]教师是组织和实施思政课实践教学的具体执行人,教师素质直接关系到思政课实践教学的成效,全面提升教师队伍素质势在必行。一是提升政治素质。加强教师政治学习和理想信念教育力度,使思政课教师充分认识到思政课在国家意识形态教育中的重要地位以及自身所承担的重要历史使命,能够不断提升政治觉悟以及自觉树立起"在马言马、在马研马、在马信马、在马爱马"的信念。二是拓宽知识面和提升技能。思政课实践教学涉及多学科知识和技能,这需要思政课教师具备丰富的知识基础和实践技能。学

---

[1] 《用新时代中国特色社会主义思想铸魂育人 贯彻党的教育方针 落实立德树人根本任务》,《人民日报》2019年3月19日第1版。

[2] 《用新时代中国特色社会主义思想铸魂育人 贯彻党的教育方针 落实立德树人根本任务》,《人民日报》2019年3月19日第1版。

校应定期派遣思政课教师参加各种理论学习和实践技能培训,不断拓宽教师的知识面,提升教师技能。三是强化社会实践锻炼。高校要为思政课教师尤其是青年思政课教师创造条件,尽可能多地给他们提供实践锻炼机会。通过实践锻炼,如外出考察、挂职锻炼等,使思政课教师深入社会,深入实际,深入生活,了解新情况,研究新问题,总结新经验,不断提升对马克思主义理论、社会现实、实践教学的认知水平以及自身的组织管理能力和协调能力,从而弥补社会阅历和实践经验的不足。

3. 大力搭建思政课实践教学平台

开展思政课实践教学需要搭建四个实践平台,即课堂、校园、社会和网络,使其相互影响,共同促进。一是课堂实践平台。教师专设时间为学生创设课堂实践教学环境。思政课课堂实践教学可以通过演讲、辩论、案例分析和视频赏析等方式进行。二是校园实践平台。教师可以结合教学内容,在校内开展各类思政课调研和实践活动,如文化活动、科技活动以及公益活动等,不断提升学生解决问题的能力。三是社会实践平台。高校要充分利用区域资源优势,按照双向受益原则寻求社会支持和帮助,不断向外拓展具有历史意义、现实意义和先进意义的社会实践平台,为学生提供更多接触社会的机会,以便促进学生对理论知识的消化、理解和吸收,不断增进学生对思政课实践教学的认同。四是网络实践平台。整合视频、音频和图片等信息资源,选取代表性和前沿性的信息资源建立思政课微信公众号、网络红色板块以及官方微信微博等网络实践教学平台,学校和教师可以借助这些平台与学生进行网络互动,如网络问答、网络辩论等。通过多种方式,不断激发学生学习思政课的兴趣,调动学生的积极性、主动性。

4. 不断创新思政课实践教学方法

随着思政课课程改革步伐和社会发展的加快,思政课实践教学需要不断创新教学方法。一是科学设计实践主题。实践教学是围绕一定主题展开的,主题的科学性显得十分重要。实践主题的设计应契合思政课教学内容、大学生身心特点和认知规律、大学生兴趣点以及马克思主义理论教育精神实质。另外,各个主题之间应有一定的逻辑联系,使各个主题能够形成一个完整的体系。二是突显学生的主体性。努力改变实践教学中教师"一包到底"的现象,充分尊重学生的主体地位,提升学生学习兴趣,让学生主动参与实践活动,不断培养学生"内化为知、外化为行"的能力以及发现问题、分析问题、解决问题的能力,最终真正实现思政课实践教学的价值。三是规范实践教学活动。高校开展思政课实践教学需要统一教学大纲、教学内容、教学形式等,此外,还需要做好具体实践教学活动的策划、组织协调以及考评工作,切实规范实践教学互动,从而使学生真正受益。四是创新实践教学形式。课堂实践教学、校园实践教学、社会实践教学以及网络实践教学,每种实践教学方式都有多种多样的形式。在思政课实践教学活动中,要不断创新实践教学形式,如主题演讲、微视频展示、情景剧表演、案例分析、社区服务、红色考察、网络互动等。随着思政课实践教学的深入开展,探索和总结其他更多更好的实践教学形式。

5. 持续优化思政课实践教学考评方式

建立科学合理的考评方式是提升思政课实践教学成效的重要手段。一是坚持师生考核相统一。以往的实践教学考核仅注重对学生的考核,而缺少对教师的考核,这是不科学的,应坚持师生考核相统一的原则。二是坚持过程性考核和结果性考核相统一。结果性考核注重实践成果,过程性考核注重师生在实践活动中的具体态度和表现等。坚持过程性考核和结果性考核相统一才是真正实现了对思政课实践教学的完整考评。三是坚持评价总结和激励提升相统一。评价总结可以通过教研活动或者经验交流大会等方式进行,借助这些方式对思政课实践教学的经验、成果和不足进行总结和评价,能够不断提升教师对实践教学特点、规律的认识和把握。激励提升指的是建立思政课实践教学激励机制。具体方式有提高教师思政课实践教学津贴标准,推动思政课实践教学与学生奖学金评选、教师选拔任用、教师职称评聘、优秀学生评选、优秀教育工作者评选等挂钩,通过这些激励方式不断提升教师和学生参与思政课实践教学活动的积极性和主动性。

破解阻碍思政课实践教学深度体验功能发挥的瓶颈性因素需要高校、教师以及学生的共同努力,不是一朝一夕就能完成的,需要遵循循序渐进的原则,不断摸索思政课实践教学的特点和规律,合理有序开展思政课实践教学,科学建构思政课实践教学的长效机制,充分发挥思政课实践教学的功能。

参考文献

[1] 马克思,恩格斯.马克思恩格斯选集:第一卷[M].中共中央马克思恩格斯列宁斯大林著作编译局,编译.北京:人民出版社,1995.

[2] 列宁.列宁全集:第2卷[M].中共中央马克思恩格斯列宁斯大林著作编译局,编译.北京:人民出版社,1984.

[3] 中共中央文献研究室.毛泽东文集:第7卷[M].北京:人民出版社,1999.

[4] 中共中央文献编辑委员会.周恩来选集:下卷[M].北京:人民出版社,1984.

[5] 邓小平.邓小平文选:第2卷[M].2版.北京:人民出版社,1994.

[6] 江泽民.江泽民文选:第3卷[M].北京:人民出版社,2006.

[7] 习近平.在中央党校建校80周年庆祝大会暨2013年春季学期开学典礼上的讲话[N].人民日报,2013-03-03(3).

[8] 习近平.思政课是落实立德树人根本任务的关键课程[J].求是,2020(17).

[9] 习近平.坚持立德树人思想引领 加强改进高校党建工作[N].人民日报,2014-12-30(1).

[10] 习近平.在纪念马克思诞辰200周年大会上的讲话[N].人民日报,2018-05-05.

[11] 中共中央文献研究室.习近平关于青少年和共青团工作论述摘编[M].北京:中央文献出版社,2017.

[12] 朱永新.中国教育思想史[M].上海:上海交通大学出版社,2011.

[13] 王章维.高等院校思想政治理论课新方案实施与课程设置及教学

评估指导手册:第1卷[M].北京:中国高等教育出版社,2006.

[14] 王有炜,等.高校思想政治教育新模式"移动课堂"研究[M].合肥:合肥工业大学出版社,2014.

[15] 呼勤,黄少平.高校思想政治教育学原理[M].成都:电子科技大学出版社,2016.

[16] 刘豪兴,朱少华.人的社会化[M].上海:上海人民出版社,1993.

[17] 奚从清.角色论:个人与社会的互动[M].杭州:浙江大学出版社,2010.

[18] 教育部社会科学司.普通高校思想政治理论课文献选编(1949-2008)[M].北京:中国人民大学出版社,2008.

[19] 中共中央文献研究室.建国以来重要文献选编:第11册[M].北京:中央文献出版社,1995.

[20] 中共中央文献研究室.建国以来重要文献选编:第14册[M].北京:中央文献出版社,1997.

[21] 何东昌.中华人民共和国重要教育文献[M].海口:海南出版社,1998.

[22] 中共中央文献研究室.十六大以来重要文献选编:中[M].北京:中央文献出版社,2006.

[23] 陈秉公.思想政治教育学原理[M].沈阳:辽宁人民出版社,2001.

[24] 黄岭峻.高校思政课教学的守正与创新[N].光明日报,2019-01-25(9).

[25] 李明.有的放矢切实增强大学生思政课获得感[N].人民日报,2019-01-25(9).

[26] 陈万柏,张耀灿.思想政治教育学原理[M].北京:高等教育出版社,2015.

[27] 骆郁廷.高校思想政治理论课程论[M].武汉:武汉大学出版社,2006.

[28] 柳礼泉.大学思想政治理论课实践教学研究[M].长沙:湖南大学出版社,2006.

[29] 张雪飞.高校思想政治理论课教学实效性研究[M].沈阳:沈阳出版社,2011.

后　记

　　探讨思想政治教育实践教学模式是深化思想政治教育综合改革的重要内容,党的十八大以来,习近平总书记多次通过专题研讨、校园考察、致信勉励等方式,就办好思政课做出了一系列重要论述和部署。本书立足于新时代中国特色社会主义的时代背景和理论前提,坚持问题导向,在新形势下对我国高校思想政治理论课改革和完善现有实践教学体系、强化实践教学环节、建设与课堂教学相互促进的思政课实践教学体系、提高学生分析问题解决问题的能力等理论与实践问题进行了深入的探索。

　　本书系河南省高等学校哲学社会科学创新团队项目"思想政治教育理论与实践创新研究"(项目号:2018-CXTD-07)的成果。在本书的撰写出版过程中,河南师范大学马克思主义学院一线骨干思政课教师赵翔、李碧石、姚广利、邢淑莲、王会民、王军魁等给予了大量的支持和帮助,因此本书也是河南师范大学马克思主义学院一线骨干思政课教师对数年来教学实践活动的理论总结。本书在高校思想政治理论课实践教学的理论溯源的基础上,充分结合河南师范大学马克思主义学院的实际情况,总结实践教学的基本经验,依照"是什么—为什么—怎么办"的逻辑理路,对实践教学模式进行深入探索,从而界定"四位一体"立体化实践教学的含义和设计、目标和原则、内容和形式、支撑和优化,为高校思想政治理论课实践教学模式实现对机制、资源、功能等实践教学要素的深度整合提供了理论借鉴,推动教学主客体同频共振,课堂教学与实践教学同向同行。

　　作为一名思政课教师,我深知要接过上一代人的精神旗帜,在学习前辈学人的师者风范和情怀中做好学术传承;要站稳马克思主义的立场,承担起传播马克思主义真理的重任;要把道理讲到学生心里,让马克思主义信仰扎根在学生内心深处。感谢河南大学出版社给我一次总结和梳理教授思想政治理论课的实践教学思考的机会,敦促我以"在路上"的"学习者"的身份践行"传授者"的使命。由于自身学识能力所限、资料有限,在材料的运用、文字的表达等方面,难免存在不妥与疏漏之处,敬请读者批评指正。